吉田茂という病

―日本が世界に帰ってくるか

杉原誠四郎・波多野澄雄 著

昭和27年11月／吉岡専造撮影

まえがき

我々二人は、歴史とは何か、政治家は歴史の中で何ができるのか、政治家は歴史に対してどのように責任を負うべきか、などについて、必ずしも見解が一致している訳ではない。だが、かの大東亜戦争（太平洋戦争）で斃れた人たちに思いを馳せ、戦前の日本と戦後の日本とは本来、固く繋がらなければならないという思いでは一致している。我々二人は、直接、戦場に赴いた経験はないが、父母や兄弟の体験を通じて戦争は身近であった。そのため、戦前、戦中と戦後との「断絶」がよけいに気になるのである。

そして戦前と戦後の間にアメリカ軍による占領があり、その占領が戦前の日本と戦後の日本とを切断する原因となっていることを認識していることにおいて一致している。その共通の観点に基づいて、戦前の日本と戦後の日本とは可能な限り繋がり合うことが、かの戦争で斃れた人たちの思いを汲むことになるということにおいて一致した見解を持っている。言い換えれば、かの戦争で日本人はどのような「大義」を抱いて戦ったのか、日本人の大義について忌憚なく語り合うようになれば、そうすれば日本は戦前の日本と戦後の日本とが繋がり合うことになるということで見解が一致している。かの戦争は、避けるべき戦争であったけれども、だとしても、日本人がアジアを変えようと主体的に戦った最初の大戦争であり、西欧近代に対する最後の挑戦であったが故に、そこには何か継承すべきものがあるのではないか、ということである。

日本では昭和二十年、世界では一九四五年、完全に敗北した日本は、一瞬にしてアジアに築いた帝国として地位の全てを失い、直ちに米軍の占領下に置かれてしまった。占領下、日本は日本人の自由意思ではなく占領軍の強制によって、国家の改造を強いられたが、しかしそれは永遠の占領ではなかった。昭和二十七年（一九五二年）四月二十八日以降主権を回復し、日本は日本人の意思に基づいて国家を動かすことができるようになった。そうだとすれば、占領期に占領軍の命令によって強いられた国家改造も、再改造したければ再改造するだけの自由を有していたことになる。

しかるに、現在の日本は、占領に因る様々な「負の遺産」が残り、そのために戦前の日本と戦後の日本とは切断されたままに成っている。それは主権を回復して以後の日本が、占領に対して十分に適切な対応をしてこなかったことにあるのではないか。

そこでまず問題に成るのが､占領期の大方の時期と占領解除直後のしばらくの間の時期を、首相として日本を率いた吉田茂の占領に対する対応に焦点を当てざるをえなくなる。

我々二人は、吉田の占領に対する対応について、どれがどのように、どの程度に、適切で無かったかについては見解が完全に一致している訳ではないが、吉田茂がこの時期もっと適切に対応していたら、日本はかくも戦前と戦後とで切断され、戦没者たちの思いを踏み躙るようなことは無かったということでは一致している。

端的にいえば、この対談は、そうした不適切な対応をした吉田茂を難詰するものである。しかし、戦争の原因を追究した第一章と、そして戦争の過程と終戦の過程を語り合った第二章では、殆ど吉田茂のことは出てこない。しかし吉田の占領下乃至占領終了直後の吉田の問題を追究するためには、そもそもかの戦争はどのような戦争であったのか、そしてその原因はどこに求めたらよいのかを追究しておかなければならない。そこのところを明らかにしておくことにおいて、吉田の占領期、占領終結直後の対応の仕方の不適切さをより鮮明にすることができるからである。

吉田はかの戦争については、昭和になってからの「変調」に基づくものと解していたようであるが、戦争の原因についてのこのような浅い理解が既に吉田が、占領期、占領直後の日本を率いる首相の資格を有しないことを明らかにしているといえる。しかし単に日本を率いる資格の無かった人物と一言で済ませるのではなく、何が、どのように、どの程度に、不適切であったかを、詳細に検討することによって、吉田の遺した負の遺産を克服し、負の遺産の結果「吉田茂という病」に陥ってしまっている日本を回生させることができるのではないか。

この対談本は、基本的に、杉原が設問を提示し、波多野がそれに答えるという形で進行しているが、語り合っている内容を、研究書の如く、完璧に整理して述べているものではなく、重複することがあってもそれを少しも恐れず、言うべきところで言うべきことを自由に言うという形式で伸び伸びと語り合っている。本書は本書を本編として、その応用編たる続編『続・吉田茂という病－日本が世界に帰ってくるか』に繋るが、本編と続編との間にも、結果として必要に応じて重複するところがある。しかし、それも自由に語り合った故と承知していただきたい。そのように自由に語り合うことによって、読者にとっては、却って読み易くなったと思う。

この対談本の企画がどのような経緯で持ち上がったのかを簡単に述べておきたい。国立公文書館では平成十七年十二月よりデジタル展として〈インターネット特別展『公文書に見る日米交渉－開戦への経緯』〉を公開展示して今日に至っているが、このインターネット特別展の「参考資料」の中に、杉原著作の、英訳もされている『日米開戦以降の日本外交の研究』(亜紀書房　一九九七年)が収録されていないのはいかなる理由に拠るのかを、令和元年十二月八日付で公開書簡でもって国立公文書館宛てに問い合わせたことに始まる。

なお、この公開書簡及びその後の遣り取りについては、加瀬英明氏が代表を務める「史実を世界に発信する会」よりインターネットで公開されている。

間もなく、このインターネット特別展の制作責任はアジア歴史資料センターにあり、現在の長は波多野であることが杉原に分かった。そこでこの件の解決のためには杉原と波多野が面会する必要があり、面会すれば解決するという確信を杉原が持って、衆議院議員原田義昭氏に面会の仲介を頼み、仲介の労を取っていただいた。結果、令和二年六月四日、アジア歴史資料センターにて杉原と波多野は会った。この面会によって、杉原の問題提起はたちまち解決することとなり、そして二人の間でこのような占領期、占領直後の吉田茂の功罪を問うべく対談本の企画が持ち上がったのである。それから約一年半、本年の十二月八日の日米開戦八〇周年を期してこのような対談本を出版することに成った次第である。

この対談本に対しては、極めて強い異論を持つ読者もいることは重々承知している。が、また同時に賛同される読者も多いであろうことを確信している。混迷を深める国際情勢の中で、日本が目指すべき国家像について、二人の意見は必ずしも一致している訳ではないが、賛否に拘わらず、この対談本が一つのきっかけとなって、更に議論が深まり、日本の長い歴史や、かの戦争の稀有の経験を踏まえた新たな国家像が形成されていくことを期待して止まない。

なお、本書は、前述の通り、本書を本編とした上で続編となる『続・吉田茂という病－日本が世界に帰ってくるか』を同時に出版することになっている。

本編たる本書では、大東亜戦争とは何かをその原因をも究明し、そしてその戦争に敗れて以降のアメリカ軍に依る占領に対して吉田茂首相の為した不適切な対応に因って、日本は現在「吉田茂という病」に陥っているということを明らかにしている。続編では、本書の応用編とでもいうべき内容であり、「吉田茂という病」に陥っている中で最も大きな課題である憲法改正の問題を語り合うことにしている。そして、もし吉田茂が賢明な政治家で、アメリカ軍の占領に対して最も賢明に対応していたら、現在の日本はどんな日本になっていたであろうかを熱く語り合うことにしている。
既に「吉田茂という病」の中からでしかものが見えなくなっている我々現在の日本人にはいかにも新鮮な指摘が多い筈である。「吉田茂という病」を深く知ってもらうためには是非とも続編の方も読んでいただきたい。

本書に関わる謝辞であるが、先ずは杉原と波多野の仲介の労を取っていただいた衆議院議員原田義昭氏に深くお礼を申し上げたい。票には結びつかない、しかし国家のためには極めて重要なこのような案件に労を取っていただいたことはここで必ずや記すべきである。また公開書簡の公開に労をとっていただき、更に杉原と波多野の最初の面会に同席の労を取っていただいた「史実を世界に発信する会」の茂木弘道氏にお礼を申し上げておきたい。また出版社の関係では、野村誠氏、小関恵氏、平田由香氏に礼を述べておきたい。

令和三年九月

杉原誠四郎
波多野澄雄

第三章　日本は占領をどのように受け入れたか
―「吉田茂という病」の発症の構造

掲載参考文献一覧

第一章

第一節

▽青木得三『太平洋戦争前史（全六巻）』（学術文献普及会　一九五一－一九五三年）　6

▽小倉和夫『吉田茂の自問－敗戦、そして報告書「日本外交の過誤」』（藤原書店　二〇〇三年）　8

▽斎藤鎮男「日本外交の過誤」（外交史料館所蔵　一九五一年）［小倉和夫同右書に収録されている。］　8・29

▽波多野澄雄『国家と歴史』（中央公論新社　二〇一一年）　8

▽井上寿一『戦争調査会－幻の政府文書を読み解く』（講談社　二〇一七年）　8

▽猪瀬直樹『昭和16年夏の敗戦』（世界文化社　一九八三年）　12

▽今野勉『真珠湾奇襲－ルーズベルトは知っていたか』（読売新聞社　一九九一年）　15

▽ヘクター・バイウォーター（堀敏一訳）『太平洋戦争　日米関係未来記』（民友社　一九二五年）［原書はHector C. Bywater,The Great Pacific War; A History of the American-Japanese Campaign of 1931-1933(Constable, 1925）である。］　16

▽杉田誠『総点検・真珠湾50周年報道』（森田出版　一九九二年）［英語版はSeishiro Sughihara (translated by Theodore McNelly), Japanese Perspectives on Pearl Harbor: A Critical Review of Japanese Reports on the Fiftieth Anniversary of the Pearl Harbor Attack (Asian Research Service, 1995)］　16

▽ウィリアム・ホーナン（猪瀬直樹監修・古賀林幸・藤田佳澄訳）『リメンバー－「真珠湾」を演出した男』（徳間書店　一九九一年）［原書はWilliam H. Honan,Visions of Infamy: The Untold Story of How Journalist Hector C. Bywater That Led to Pearl Harbor (St. Martin Press,1991) である。］　16

▽林千勝『日米開戦陸軍の勝算－「秋丸機関」の最終報告書』（祥伝社　二〇一五年）　22

▽茂木弘道『大東亜戦争－日本は『勝利の方程式』を持っていた！』（ハート出版　二〇一八年）　23

▽保阪正康『昭和史の本質－良心と偽善のあいだ』（新潮社　二〇二〇年）　25

▽杉原誠四郎・小山常実『憲法及び皇室典範論－日本の危機は「憲法学」が作った』（自由社　二〇一七年）25

▽朝河貫一『日本の禍機』（実業之日本社　一九〇九年）［英語版は無い。］36・40

▽朝河貫一（由良君良解説）『日本の禍機』（講談社　一九八七年）36

▽Kan'ichi Asakawa,The Russo-Japanese Conflict, Its causes and Issues (Houghton Mifflin, 1904)［日本語版『日露紛争－その諸原因とその論争点』（仮題）は刊行されていない。］37

第二節

第三節

▽ジョン・A・マクマリー（衣川宏訳）『平和はいかに失われたか』（原書房　一九九七年）［原書はJohn Van Antwerp Macmurray, How Peace was Lost: The 1925 Memorandom, Development, Affecting American Policy in the Far East (Hoover Archival Documentaries, 1991) である。］48

▽北村稔『日中戦争の「不都合な真実」－戦争を望んだ中国　望まなかった日本』（PHP研究所　二〇一四年）60

▽茂木弘道『戦争を仕掛けた中国になぜ誤らなければならないのだ！－「日中戦争」は中国が起こした』（自由社　二〇一五年）60

▽河原地英武・平野達志『日中戦争と中ソ関係－一九三七年ソ連外交文書』（東京大学出版会　二〇一八年）62

▽江崎道朗『コミンテルンとルーズヴェルトの時限爆弾－迫り来る反日包囲網の正体を暴く』（輾転社　二〇一二年）63

▽東中野修道『再現　南京戦』（草思社　二〇〇七年）66

▽池田悠『一次資料が明かす南京事件の真実－アメリカ宣教師史観の呪縛を解く』（展転社　二〇二〇年）67

▽南京戦史編集委員会編『南京戦史』『南京戦史資料集』（偕行社　一九八九年）［増補改訂版は『南京戦史』『南京戦史資料集I、II』（偕行社　一九九三年）である。］67

▽杉原誠四郎『日米開戦以降の日本外交の研究』（亜紀書房　一九九七年）［英語版はSeishiro Sughara (translated by Norman Hu), Between Incompetence and Culpability: Assessing the Diplomacy of Japan's Foreign Ministry from Pearl Harbor to Potsdam (University Press of America, 1997)、他に中国語版、韓国語版がある。］68

▽斎藤鎮男「日本外交の過誤」（外交史料館所蔵　一九五

一年）〔第一章第一節注記を参照〕 80

第四節

▽杉原誠四郎『日米開戦以降の日本外交の研究』（亜紀書房　一九九七年）〔英語版は第一章第三節の注記を参照〕 93・99

▽杉原誠四郎『日米開戦とポツダム宣言の真実』（亜紀書房　一九九五年） 93

▽杉原誠四郎『外務省の罪を問う』（自由社 二〇一三年） 106

▽保阪正康『あの戦争は何だったのか－大人のための歴史教科書』（新潮社　二〇〇五年） 108

▽石井秋穂「石井秋穂大佐回想録」（非売品・私家版）（防衛研究所戦史研究センター所蔵　一九五六年） 111

▽杉之尾宜生『大東亜戦争　敗北の本質』（筑摩書房　二〇一五年） 111

第五節

▽森清勇『外務省の大罪－幻の宣戦布告』（かや書房　二〇〇一年） 115

▽野村吉三郎「野村大使と弁護士会会談記録」（国立公文書館所蔵　一九四六年）〔日付は一九四六年九月一六日となっている。〕 120

▽杉原誠四郎『外務省の罪を問う』（自由社 二〇一三年） 122

▽野村吉三郎『米国に使して－日米交渉の回顧』（岩波書店　一九四六年） 122

▽児島襄『開戦前夜』（集英社　一九七三年） 123

▽井口武夫『開戦神話－対米通告を遅らせたのは誰か』（中央公論新社　二〇一一年） 125

第二章

第一節

▽波多野澄雄『宰相鈴木貫太郎の決断－「聖断」と戦後日本』（岩波書店　二〇一五年） 128

▽小堀桂一郎『宰相　鈴木貫太郎』（文芸春秋　一九八二年） 129

▽鈴木一編『鈴木貫太郎自伝』（時事通信社　一九六八年） 134

▽寺崎英成『昭和天皇独白録－寺崎英成・御用掛日記』（文芸春秋 一九九一年） 139

▽藤田尚徳『侍従長の回想』（中央公論社 一九八七年） 141

第二節

▽桶谷秀昭『昭和精神史』（文芸春秋　一九九二年） 144

▽桶谷秀昭（長谷川三千子解説）『昭和精神史』（扶桑社

二〇二〇年） 144

▽ハリー・レイ、杉原誠四郎『日本人の原爆投下論はこのままでよいのか―原爆投下をめぐる日米の初めての対話』（日新報道　二〇一五年）［英語版はHarry Wray and Seishiro Sughara (Translated by Norman Hu), Bridging the Atomic Divide: Debating Japan-US Attitudes on Hiroshima and Nagasaki (Lexington Books, 2019) である。］ 150

▽ジョン・ダワー（大窪愿二訳）『吉田茂とその時代（上・下）』（TBSブリタニカ　一九八一年）［英語版はJohn W. Dower, Empire and aftermath: Yoshida Shigeru and the Japan's experience, 1878-1954 (Harvard University Press, 1979) である。］ 150

▽ハーバート・ビックス（吉田裕監訳、岡部牧夫・川島高峰訳）『昭和天皇（上・下）』（講談社　二〇〇二年）［原書はHerbert P. Bix, Hirohito and the Making of Modern Japan (Harper Collins, 2009) である。］ 151

第三節

▽ジョージ・F・ケナン（近藤晋一・有賀貞・飯田藤次訳）『アメリカ外交五〇年』（岩波書店 二〇〇〇年）［原書はGeorge F. Kenan, American Diplomacy, 1900-1950 (University of Chicago Press, 1951)］ 155

▽五百旗頭真『米国の日本占領政策（上・下）』（中央公論社　一九八五年） 156

▽ハリー・レイ、杉原誠四郎『日本人の原爆投下論はこのままでよいのか―原爆投下をめぐる日米の初めての対話』（日新報道　二〇一五年）［英語版は第二章第二節の注記を参照］ 156

▽アルバート・C・ウェデマイヤー（妹尾作太男訳）『ウェデマイヤー回想録―第二次大戦に勝者なし』（読売新聞社　一九六七年）［原書はAlbertC.Wedemeyer, General AlbertC.Wedemeyer: America's Unsung Strategist in World War II (John McLaughlin, 2012) である。］ 159

▽陸軍省軍事課「最悪事態に処する国防一般の研究」（昭和一九年九月二五日）（防衛研究所戦史研究センター所蔵　一九四四年）［「国防大綱関係重要書類綴」に含まれている。］ 161

第四節

▽栗原健編『終戦工作の記録（上・下）』（講談社　一九八六年） 164

▽岡部伸『消えたヤルタ密約緊急電―情報士官小野寺信

の孤独な戦い』（新潮社　二〇一二年） *164*

第五節

▽新谷卓『終戦と近衛上奏文―アジア・太平洋戦争と共産主義陰謀説』（彩流社　二〇一六年） *175*

▽外務省政務局第六課「米国ニ於ケル戦後日本処理案」（昭和一九年九月）、外務省条約局第二課「研究輯録」［いずれも外交史料館では所在不明、伊藤隆編『高木惣吉日記と情報』（みすず書房　二〇〇〇年）に収録してある。］ *177*

第六節

▽迫水久常「言い残しておきたいこと」（昭和五一年八月）（『会報　特攻』（特攻隊戦没者慰霊顕彰会）第九二号二〇一二年）［迫水久常が同台経済懇話会にて、昭和五一年八月に行った同盟の講演の講演録として収録している。］ *183*

▽保阪正康『瀬島竜三―参謀の昭和史』（文芸春秋　一九八七年） *184*

▽瀬島竜三『幾山河』（産経新聞社　一九九六年） *185*

▽杉原誠四郎『外務省の罪を問う―やはり外務省が日本をダメにしている』（自由社　二〇一三年） *189*

第七節

▽ハリー・レイ、杉原誠四郎『日本人の原爆投下論はこのままでよいのか―原爆投下をめぐる日米の初めての対話』（日新報道　二〇一五年）［英語版は第二章第二節の注記を参照］ *193*

▽『中学社会―歴史分野』（日本書籍　一九六五年） *195*

▽パトリック　M・S・ブラケット（田中慎次郎訳）『恐怖・戦争・爆弾―原子力の軍事的・政治的意義』（法政大学出版局　一九五一年）［原書はPatrick M.S. Blackett, Fear, War and the Bomb; Military and Political Consequences of Atomic Energy (McGraw-Hill Book, 1949)］ *195*

▽鳥居民『原爆を投下するまで日本を降伏させるな―トルーマンとバーンズの陰謀』（草思社　二〇〇五年） *198*

▽有馬哲夫『原爆―私たちは何も知らなかった』（新潮社　二〇一八年） *199*

第八節

▽杉原誠四郎『日米開戦以降の日本外交の研究』（亜紀書房　一九九七年）［英語版は第一章第三節の注記を参照］ *202*

▽仲晃『黙殺―ポツダム宣言の真実と日本の運命』（ＮＨＫブックス　二〇〇〇年） *202*

▽五百旗頭真『米国の日本占領政策（上・下）』（中央公論社　一九八五年）　*205*

▽杉原誠四郎『杉原千畝と日本の外務省－杉原千畝はなぜ外務省を追われたか』（大正出版　一九九九年）［英語版は Seishiro Sugihara (translated by Norman Hu), *Between Incompetence and Culpability: Chiune Sugihara and Japan's Foreign Ministry* (University Press of America, 2001)］　*209*

第九節

▽小野寺百合子『バルト海のほとりにて－武官の妻の大東亜戦争』（共同通信社　一九八五年）　*213*

▽皿木喜久『天皇と法王の架け橋－軍服の修道士　山本信次郎』（産経新聞出版　二〇一九年）　*213*

▽江藤淳編『占領史録（全四巻）』（講談社　一九七八－原一九八一年）［文庫本は、江藤淳編『占領史録（上・下）』（講談社　一九九五年）である。］　*216*

▽陸奥宗光『蹇蹇録』（岩波書店　一九四一年）　*221*

▽内政史研究会・安倍源基『安倍源基氏談話速記録』（内政史研究会　一九六七年）　*220*

第三章

第一節

▽江藤淳編『占領史録（上・下）』（講談社　一九九五年）［原書は、江藤淳編『占領史録（全四巻）』（講談社　一九七八－一九八一年）、第二章第九節の注記を参照］　*228*

第二節

▽江藤淳編『占領史録（全四巻）』（講談社　一九八一－一九八二年）［文庫本は、第二章第九節の注記を参照］　*234・238*

▽江藤淳編『終戦を問い直す－終戦史録別巻・シンポジウム』（北洋社　一九八〇年）　*241*

▽田岡良一「終戦後の日本の法的地位」（昭和二一年初頭）［同右書に収録してある。］　*241*

▽外務省編（江藤淳解説）『終戦史録（全六巻）』（北洋社　一九七七－一九七八年）［原書は外務省編『終戦史録（上巻・下巻）』（新聞月鑑社　一九五二年）である。］　*242*

第三節

▽江藤淳『忘れたことと忘れさせられたこと』（文芸春秋　一九七九年）　*249*

▽江藤淳『一九四六年憲法－その拘束』（文芸春秋　一九八〇年）　*250*

▽江藤淳『閉された言語空間－占領軍の検閲と戦後日本』（文芸春秋　一九八九年）　250・254

▽佐々木泰「占領軍検閲－新聞・通信社を中心に」（『戦後教育研究』（明星大学戦後教育史研究センター）　第六号　一九九八年）　257

▽吉本貞昭『東京裁判を批判したマッカーサー元帥の謎と真実』（ハート出版　二〇一三年）［3－18］　260

▽有馬哲夫『日本人はなぜ自虐的になったのか－占領とＷＧＩＰ』（新潮社二〇二〇年）　260

▽Christopher Simpson, Science of Coercion: Communication Research and Psychological Warfare 1945-1960（Oxford University Press,1994）［日本語版『強制への科学－コミュニケーションと心理戦』（仮書名）は刊行されていない。］　261

第四節

▽杉原誠四郎『日本の神道・仏教と政教分離－そして宗教教育（増補版）』（文化書房博文社　二〇〇一年）　267

▽ルース・ベネディクト（長谷川松治訳）『菊と刀－日本文化の型』（社会思想研究会出版部　一九四八年）［原書はRuth Benedict, The Chrysanthemum and the Sword: Patterns of Japanese Culture（Houghton Mifflin Company, 1946）である。］　272

▽ルース・ベネディクト（福井七子訳）『日本人の行動パターン』（ＮＨＫ出版　一九九七年）［原文はRuth Benedict, Japanese behavior patterns（ベネディクトが戦時情報局（ＯＷＩ）で行っていた日本研究の報告書である。彼女の母校ヴァッサー・カレッジの「ベネディクト文書」に保存されていた。）］　273

▽ヘレン・ミアーズ（原百代訳）『アメリカの反省－アメリカ人の鏡としての日本』（文芸春秋　一九五三年）［原書はHelen Mears, Mirror for Americans: Japan（Houghton Mifflin Company, 1948）である。］　274

▽ヘレン・ミアーズ（伊藤延司訳）『アメリカの鏡・日本』（メディア・ファクトリー　一九九五年）［3－25］［原書は、原百代訳の同右書と同じである。］　274

第五節

▽遠山茂樹・今井清一・藤原彰『昭和史』（岩波書店　一九五五年）　294

▽高坂正尭『宰相吉田茂』（中央公論社　一九六八年）　300

▽阿羅健一・杉原誠四郎『吉田茂という反省－憲法を改正しても、吉田茂の反省がなければ何も変わらない（自由社　二〇一八年）　300

第六節

▽クリストファー・シンプソン『強制への科学―コミニケションと心理戦』（仮書名）［第三章第三節の注記を参照］ 303

▽杉原誠四郎「戦後教育から見た戦前教育の一側面―唐木順三『現代史への試み―型と個性と実存』を介して」（『戦後教育史研究』（明星大学戦後教育史研究センター）第三四号　二〇二一年） 306

▽唐木順三『現代史への試み―型と個性と実存』（筑摩書房　一九四九年） 308

▽高尾栄司『ドキュメント　皇室典範―宮澤俊義と髙尾亮一』（幻冬舎　二〇一九年） 306

▽倉山満『東大法学部という洗脳』（ビジネス社　二〇一九年） 309

▽横田喜三郎『ポツダム宣言と日本の将来』（社会教育連合会　一九四六年） 310

▽杉原誠四郎『新教育基本法の意義と本質』（自由社二〇一一年） 311

▽阿羅健一・杉原誠四郎『吉田茂という反省―憲法改正をしても、吉田茂の反省がなければ何も変わらない』（自由社　二〇一八年） 317

第七節

▽法学協会『註解日本国憲法　上巻』（有斐閣　一九四八年一〇月二七日）［3－47］ 321

▽法学協会『註解日本国憲法　中巻』（有斐閣　一九四九年七月五日）［3－47］ 321

▽法学協会『註解日本国憲法　下巻』（有斐閣　一九五〇年一二月二〇日）［3－47］ 321

▽吉田満「戦艦大和ノ最期」（『文学界』（文芸春秋）一九八一年九月号）［江藤淳がメリーランド大学のプランゲ文庫で発見した吉田満の未発表原稿のゲラ刷りを掲載した。吉田満が吉川英治の奨めに応じて、ほぼ一夜に書き上げた文語体「戦艦大和ノ最期」は昭和二一年雑誌『創元』の第一号に載る筈であったが、検閲によって全文削除処分を受け、掲載されなかった。その後、占領下で口語体の改定稿が他雑誌載るが、昭和二七年八月改定稿の文語体『戦艦大和の最期』として創元社から出版される。なお、吉田満『戦艦大和ノ最期』については、北洋社版（一九七四年）など数種が刊行されている。］ 336

▽江藤淳『忘れたことと忘れさせられたこと』（文芸春秋一九七九年） 337

▽有馬哲夫『日本人はなぜ自虐的になったのか―占領と

ＷＧＩＰ』（新潮社　二〇二〇年） 339
▽遠山茂樹・今井清一・藤原彰『昭和史』（岩波書店　一九五五年） 340
▽檜山幸夫「対英米宣戦布告と開戦責任」（『東アジア近代史』（東アジア近代史学会）第一二号　二〇〇九年） 342

第八節
▽馬場恒吾『近衛内閣史論―戦争開始の真相』（高山書院　一九四六年） 350
▽ルース・ベネディクト（長谷川松治訳）『菊と刀―日本文化の型』（社会思想研究会出版部　一九四八年）［第三章第四節の注記を参照］ 355
▽波多野澄雄『太平洋戦争とアジア外交』（東京大学出版会　一九九六年） 359
▽戸部良一・寺本義也・鎌田伸一・杉之尾孝生・村井友秀・野中郁次郎『失敗の本質―日本軍の組織論的研究』（ダイヤモンド社　一九八四年） 363
▽保阪正康・半藤一利『昭和の名将と愚将』（文芸春秋　二〇〇八年） 363
▽勝岡寛次『抹殺された大東亜戦争―米軍占領下の検閲が歪めたもの』（明成社　二〇〇五年） 365
▽永井隆『長崎の鐘』（日比谷出版社　一九四九年） 365

第九節
▽豊下楢彦『安保条約の成立』（岩波書店　一九九六年） 372
▽豊下楢彦『昭和天皇の戦後日本―〈憲法・安保体制〉にいたる道』（岩波書店　二〇一五年） 373
▽阿羅健一『秘録・日本国防軍クーデター計画』（講談社　二〇一三年） 376
▽フランク・コワルスキー（勝山金次郎訳）『日本再軍備―私は日本を再武装した』（サイマル出版会　一九六九年）［原文はFrank Kowalski Jr. The Rearmament of Japan であるが、英語版の書籍は刊行されていない。新訳版は一九八四年に出版されている。］ 378
▽栗栖弘臣「もし自衛隊が『憲法第九条』を無視したらどうなる」（『週刊ポスト』（小学館）一九七八年七月二八日、八月四日合併号） 380

第一〇節
▽加瀬英明『大東亜戦争で日本はいかに世界を変えたか』（ＫＫベストセラーズ　二〇一五年） 397
▽阿羅健一・杉原誠四郎『吉田茂という反省―憲法改正をしても、吉田茂の反省がなければ何も変わらない』（自由社　二〇一七年） 406

▽高坂正尭『宰相吉田茂』（中央公論社　一九六八年）408・417・422

▽豊下楢彦『昭和天皇の戦後日本―〈憲法・安保体制〉にいたる道』（岩波書店　二〇一五年）409・425

▽エズラ・ヴォーゲル（広中和歌子・木本彰子訳）『ジャパン・アズ・ナンバーワン―アメリカへの教訓』（TBSブリタニカ　一九七九年）［原書は Ezra F. Vogel, Japan As Number One: Lessons for America (Harvard University Press, 1979) である。］417

▽堤堯『昭和の三傑―第九条は「救国のトリック」だった』（集英社　二〇〇四年）421

第一一節

▽鈴木貫太郎伝記編纂委員会編『鈴木貫太郎伝』（鈴木貫太郎伝記編纂委員会　一九六〇年）432

▽田尻愛義『田尻愛義回想録―半生を賭けた中国外交の記録』（原書房　一九七七年）433

▽加藤恭子『田島道治―昭和に「奉公」した生涯』（TBSブリタニカ　二〇〇二年）435

▽福田恒存「『世代の断絶』といふ事」（『母のほん』（「主婦と生活」家庭研究所）一九七〇年）440

▽チャールズ・A・ウィロビー（延禎監修）『知られざる日本占領―ウィロビー回顧録』（番町書房　一九七三年）［この本は監修者延禎がウィロビーに取材し、資料の提供を受けてウィロビーに代わって纏めたもので、したがって英語版は無い。なお、本書の取材に同行し、監修者延禎の制作を手伝った平塚柾緒によって全面的に校正し直され適宜注釈を加えて書名も変え、「延禎監修、平塚柾緒編著」として、『GHQ　知られざる諜報戦―新版ウィロビー回顧録』（山川出版社　二〇一一年）が出版されている。］443

第一章
日米戦争を引き起こした原因はどこにあるか

第一節　昭和の戦争の原因は全て明治の時代にできていた

波多野　杉原先生とは奇しき縁で、日米戦争を中心にして、その原因、終戦の過程、占領下、そして現在の日本が日米戦争との関わりで抱えている問題を話し合うことになったことを大変喜んでおります。

杉原　私も大変喜んでおります。私たち二人は偶々、日本の外交史や日米戦争に関わる研究をしてきました。そして年齢も重ねたこともあり、日本の外交史や日米戦争に関わる今日の日本の研究状況に関係して、何か発言しておきたいと思うことが溜まりました。

波多野　杉原先生は日米開戦の昭和十六年（一九四一年）に、私は日米戦争終結後の占領下で生まれ、日米戦争が色濃く関係している時期に幼少期を過ごされました。そして今は八〇歳をお過ぎなりました。我々の生きた時代を回顧しながら我々の研究に関することを語り合うことは、有意義なことです。

杉原　それでは早速第一章の「日米戦争を引き起こした原因はどこにあるか」に入ります。

「日米戦争の原因」といっても、その原因にはいわゆる「日中戦争」がある訳ですから、日華事変（日中戦争）の存在を前提にしての「日米戦争」の原因のところに入っていきましょう、ということですね。つまりは「昭和の戦争の原因」ということですね。

それを前提にしていうとき、これを「失敗」とか「過ち」として捉えるのは、現在の日本人にとってほぼ共通ですね。

しかしそれをどのように捉えて「失敗」とか「過ち」として捉えるかは必ずしも共通している訳ではない。戦後七五年、いろいろ資料も出てきて、改めて総括して、あの戦争は何だったのか、何故避けることができなかったのか、を明らかにして、次の世代に伝えていかなければなりませんね。

そこでまず第一章では、「失敗」たる日米開戦を中心にして、その原因についての考察がどうしても主要な問題となりますね。

波多野　そうです。「失敗」だと認識するとき、その原因を探るということは、重要な課題であり、昭和の戦争の中で日米開戦とは何なのか、そのことを理解しようとするとき、欠かせませんね。

杉原　第一章で「日米戦争開戦」について語り合うということは、開戦に至ったことを反省的に見るということです。そうすると、最初に言っておいた方がよいと思うのは、東久邇稔彦内閣で、東久邇首相が言ったあの「一億総懺悔」の言葉ですね。

波多野　鈴木貫太郎内閣の後を承けて昭和二十年八月十七日に成立した東久邇内閣で、首相が八月二十八日の記者会見で、「この際、私は、軍官民、国民全体が徹底的に反省し、懺悔しなければならないと思う。一億総懺悔をすることが我が国再建の第一歩」と述べたあの言葉ですね。東久邇は、九月五日の帝国議会での施政方針演説でも、ほぼ同じようなことを言った。

杉原　そうです。あの言葉です。軍、官僚、政治家の戦争責任を国民全体に転嫁したと、この言葉は当時から評判が悪かった。

波多野　戦争指導者の責任を問うことなく、その責任を限りなく拡散した言葉だ、と。

杉原　でも、東久邇自身は、戦争指導者の戦争責任を拡散させようという意図で言ったものではないでしょうね。

波多野　戦争指導者の戦争責任が遥かに大きいことは間違いないけれど、それだけでは済まされないという思いでしょうね。

杉原　確かにそういえなくはない。都市という都市が焼野原となり、その日の食べるものにもこと欠いて茫然とした状態になって、何故このような戦争をしてしまったのだろうと思ったとき、戦争指導者だけの問題ではない。確かに庶民は国政に直接関わっていた訳ではないから、一人一人の責任は小さいといえる。

　だが、戦争が終わったばかりで、あの戦争には戦う理由もあったという思いがはっきりとあり、そして一所懸命に戦ったという思いが強くある中で、この戦争は日本がどこで間違えてすることになったのかもしれないと思いがあったとしても、戦争責任を自分たちから切り離して、戦争指導者だけの問題として見ることはできないでしょう。

波多野　日米戦争に向かっていった軍部や政治家の直接の戦争責任の問題だけでなく、もっと広く、国民全体の問題として戦争の原因を考えていこうということですね。

杉原　私は、東久邇首相がどのような意味でこの言葉を言ったのかはともかく、この言葉の中に、戦争に至った原因を深く追究し、明治以来の日本の在り方まで反省するものでなければならないという意味に捉えたいんですね。そしてその反省を一億全ての国民が共有しなければならない、と思うのです。

その点では、東久邇内閣の後を承けて成立した幣原喜重郎内閣の設置した戦争原因を追うための「戦争調査会」でも、その原因を辿っていけば、必ずや明治以来の日本の在り方の追究ということになると思います。

波多野　幣原喜重郎が最も力を入れて設置した戦争調査会のことですね。

杉原　そこで波多野先生は、幣原喜重郎内閣の下でできた「戦争調査会」のことから話し始めなければならないとか、言われていましたね。

波多野　そうです。正確には「大東亜戦争調査会」です。昭和二十年十一月二十日の閣議決定で設置されることになった「戦争調査会」です。最初は「大東亜戦争調査会」という名称でした。

一〇〇名にも及ぶ調査官や事務官を動員して、戦争責任の追及ということではなく「大なる過誤を将来に繰り返さないため」ということでした。

杉原　しかし、戦争犯罪を厳しく追及している占領軍は、日本側の自発的な戦争の検証を許さず、ソ連も内心後ろめたさもあってのことでしょうが、調査会の委員の中に旧軍人がいるということで難癖を付けた。それに、戦争責任を追及するためのものではないといっても、日本国内では戦争責任を明らかにすることになりますから、負けた側が負けた責任を裁くというような意味が出やすい。そのために日本国内でもこの調査会の設置は、無理解、誤解、批判に取り囲まれることになる。

波多野　それでも幣原は熱心に取り組みます。その背景には昭和天皇から直接お言葉をいただいたということがあるようです。責任感の強い意志明瞭な天皇としては、過誤としての戦争の原因を探究するということは敗戦後、当然取り組まなければならないこととして見えたでしょうね。

杉原　しかしその活動は、占領軍の指示によって翌昭和二十一年九月末に閉じさせられる。

波多野　そうです。しかし幣原は調査の継続を諦めず、戦争調査会の後継となる民間団体としての研究所の建設を目指します。しかしながら占領軍たるＧＨＱは財団法人「平和建設所」の設立も認めなかった。幣原のこの思いが部分的に実現するのは彼の没後です。幣原は昭和二十六年三月十日に亡くなりますが、同年九月に「幣原平和財団」が設立されます。しかし、幣原の初期に期待したような活動は再開できなかった。

杉原　生前の幣原は、戦争調査会の事務局の長官を務めた青木得三に調査の継続を依頼し、青木は一人で個人の著作として『太平洋戦争前史（全六巻）』（学術文献普及会　一九五一－

一九五二年）を出版する。出版が完結するのは昭和二十七年ですね。

波多野　先ほども言いましたように、占領軍は、東京裁判に代わる自発的な戦争の検証を許さず、結局、日本政府は、「先の大戦」の大規模な公的検証に取り組んだのは、これが最初で最後になってしまいます。

杉原　しかも戦争調査会の全一五巻に及ぶ膨大な資料は平成二十八年公開されるまで国立公文書館と国立国会図書館憲政資料室の書庫で眠り続けた。

波多野　そういう意味で我々も日米戦争開戦の問題を議論するのに、会議の総回数が四〇回以上にも及んだこの戦争調査会で、どんなことが話されたかということから始めるのは、一定の意義があります。

杉原　そうですね。敗戦直後に日米戦争という失敗の起こった原因を追究するのは、戦争責任の追及の問題に繋がるので、国内からも正しく理解されず、難しいところがあったと思うのですが、しかし占領軍から活動を中止させられる謂れはないですね。もっとも占領軍から見ても、WGIP、つまり戦争贖罪意識培養計画とでもいったものの真っ最中ですから、日本側で戦争に関する客観的で公正な調査がなされると、必ず食い違いが出てきますから困りますよね。

波多野　しかし、かの戦争の原因を国家的に追究することは意義があります。

杉原　そこで、吉田茂のことを持ち出すのはまだ早いですが、戦争に関する公的な反省の記録として、吉田茂が昭和二十六年一月、外務省の政務課長斎藤鎮男を呼び出して三ヵ月後に作らせた「日本外交の過誤」（小倉和夫『吉田茂の自問－敗戦、そして報告書「日本外交の過誤」』（藤原書店　二〇〇三年）に収録）は噴飯ものですね。吉田茂自身の戦争責任は隠しているし、何よりも、外務省の戦争責任に全くといってよいほどに触れていない。

波多野　その内容は、昭和期の外交の主要課題について外務省の判断の適否が中心で、戦争責任については全く触れていません。

杉原　波多野先生は、この戦争調査会の資料はまだ書物となって公刊されていない平成二十三年の時点で、『国家と歴史』（中央公論新社　二〇一一年）を出して、この調査会のことに触れておられますね。

波多野　はい、そうです。最近では井上寿一氏が『戦争調査会－幻の政府文書を読み解く』（講談社　二〇一七年）を出して、詳しく述べていますね。

杉原　私も読みました。

波多野　この戦争調査会のメンバーは多士済々で、その議事録を見ますと実に多様な観点から戦争原因が語られていて、いずれも今日でも検証に値する論点ばかりで、戦争原因論の殆どが出揃っている感があります。こうした議論が真剣に為されてこなかったことが、例えば、歴史問題について日本の立ち位置を曖昧にしてしまい、その場その場での弁明しかできない国になってしまったのではないでしょうか。

杉原　波多野先生がそう言われるのだから、その指摘の通りなものなのでしょうね。しかし我々のこの対談で述べることはこの戦争調査会で述べられていることを、遥かに凌駕するものでなければなりません。頑張りましょう。

波多野　勿論、そうですね。

杉原　この「戦争調査会」では、幣原喜重郎がこの戦争について「戦争を開始する理由は全然なかった」という発言など、いろいろな見解が示されており、その中に八木秀次という人の、戦争の原因を明治に遡るという見解もあったようですね。

波多野　「八木アンテナ」で有名な八木秀次ですね。アメリカがこのアンテナをより発達させて日米戦争を有利に戦ったという八木アンテナです。

八木は、戦時中、科学技術の発展を目的として設立された技術院の総裁を務めた。その八木が「明治維新という事業の結果として運命的なものがあった」と述べています。

杉原　そうです。私は八木のこの発言にとても大きく共鳴します。この度の戦争は正に明治という偉大な成功があった故に、運命づけられたものがあったと私は感じ入っています。

波多野　杉原先生が先ほどから言われていることですね。でも運命づけられているといえば、嘉永六年（一八五三年）、ペリー来航まで遡ることができるんではないですか。

一九世紀末から二〇世紀に掛けてヨーロッパ諸国とは異質な国が太平洋を挟んでその東側と西側に誕生しました。ヨーロッパ諸国は、互いに領土を接しているため、利害調整を行いながら接触してくるのに対して、後進のアメリカは、門戸開放、機会均等、領土保全といった原則を掲げて台頭してきます。第一次世界大戦後、ウィルソン大統領は、新たな秩序を求めて、世界の指導的地位に躍り出てきます。

そこで日本では、首相になる前にアメリカを見聞した原敬は、イギリスからアメリカへと国際政治の主役が替わったと捉え、「世界のアメリカ化」と認識し、日米協調を日本外交の基軸にしようとします。しかしそのことが遅すぎたのか、それともその後にそれに反する大きなことが起こっていったのか、考え方は二様あると思うんですが、ともあれ、協調に失敗し、日米開戦となった。これは太平洋を挟んで二つの大国が存在したとき、その衝突は初めから必然に起こる関係だった、と。

杉原　確かにそのように見る見方もあるようですね。ペリー来航の頃からそのような見方があったとか……

波多野　条約改正に勤んでいた時の日本は正に受動的な利害調整型の外交でしたからね。アメリカのような外交に馴染んでいなかった。

杉原　日本の国外の関係まで広げて考えれば、確かにペリー来航まで遡れますが、それは所与の条件として触れないこととし、その後の日本国内の原因に限って見れば、日米戦争への原因を探ると、どこのどこまで遡れるか。

その原因を遡ってみると、私に言わせれば、この度の日米戦争の原因は全て明治時代の日本の在り方に胚胎しているように思えるのです。

波多野　日米戦争の原因が明治にあるといえば、つい最近亡くなった歴史作家の半藤一利氏が、日米戦争の原因は幕末の尊王攘夷運動まで遡ることができるのではないか、というようなことを言っていますね。

杉原　いえ、あれは違うんです。日米戦争を一種の攘夷運動として捉えて、尊王攘夷まで原因を遡るということですが、気宇壮大なもの言いですが、それは私が構造的に言う「日米戦争の原因は明治に胚胎している」というのと違います。原因だといえば原因であるには違いないのですが、反省すべき原因にはならず、参考にならない不十分な日米戦争原因論です。

波多野　それで、杉原先生は、慶応四年（一八六八年）、明治元年となるこの年の戊辰戦争にすでに原因が孕まれているとか。

杉原　そうです。故無く会津をはじめ、東北列藩を虐めた戊辰戦争は、その後薩長閥として結実し、明治維新の功を薩長が独占してしまいました。つまり、明治は、会津をはじめ東北列藩に故無き怨念を残した。

よく見てくだささい。今回の日米戦争で活躍した軍人で、薩長出身で活躍した人は殆どおりません。日米戦争の大立者といえば、陸軍では東条英機、海軍では山本五十六。いずれも戊辰戦争のとき、心ならずも賊軍にさせられたところの出身ですね。私は、彼らに、内々には、明治の軍人のように功を立てたいという欲求というか野心のようなものが無意識の内にもあったと思うんです。

波多野　東条といえば南部藩の出身、父の英教は、陸軍大学を首席で卒業した英才でした。しかし、山県有朋や桂太郎のように当時の陸軍を牛耳っていた長州閥ではなく、更には特に山県にうとまれ出世の道を閉ざされ、軍隊を辞めてからは、山県有朋を徹底的に批判します。その父の下で育った英機は、徹底的に長州を嫌います。

杉原　ですから、長州を中心とした明治の軍人のように武勲を立てたいという衝動が潜在的にあることになりますね。国際状況を無視してでも、スジとして言えることがあるならば、それを絶対に譲らないところがありますね。昭和十六年十月十八日、内閣を背負い、天皇の意を受けて、戦争を回避しようと努力しますが、しかし、状況はもはや絶対的に追い詰められたものだった。そしてとうとう自ら日本には言い分があるとして開戦に踏み切った。

波多野　どうしてそう思われるのですか。

杉原　これは、猪瀬直樹氏の『昭和16年夏の敗戦』（世界文化社　一九八三年）に詳しく出ているんですが、少し詳しく話しますね。

波多野　この本に出ている内閣に設置された「総力戦研究所」のことですね。

杉原　そのことです。

波多野　この研究所は昭和十五年の八月十六日の閣議決定で設置することとなった総理直轄の機関で、各省庁より代表のような者が集められ、所長は陸軍の飯村穣中将で、翌年昭和十六年一月十日発足した。

杉原　そうです。そしてこの研究所の結論が昭和十六年八月二十七日、首相官邸で発表された。研究所の結論は猪瀬氏の纏めるところではこうだった。

　十二月中旬、奇襲作戦を敢行し、成功しても緒戦の勝利は見込まれるが、しかし、物量において劣勢な日本の勝機はない。戦争は長期戦となり、終局ソ連参戦を迎え日本は敗れる。だから日米開戦は何としてでも避けねばならない。

東条英機は陸軍大臣としてこの報告会に出席しています。そこで東条は何と言ったか。猪瀬氏の本から引用します。

東条英機陸軍大臣　諸君の研究の労を多とするが、これはあくまでも机上の演習でありまして、実際　の戦争というものは、君たちの考えているようなものではないのであります。日露戦争でわが大日本帝国は、勝てるとは思わなかった。しかし、勝ったのであります。

　あの当時も列強による三国干渉で、止むにやまれず帝国は立ち上がったのでありまして、勝てる戦争だからと思ってやったのではなかった。戦というものは、計画通りにいかない。以外裡なことが勝利につながっていく。したがって、君たちの考えていることは、机上の空論とは言わないとしても、あくまでも、その意外裡の要素というものをば考慮したものではないのであります。なお、この机上演習の経過を、諸君は軽はずみに口外してはならぬということであります。

東条は確かに首相になってからは、昭和天皇の意向を大切にして日米開戦を避ける努力をした。しかし近衛内閣の下での陸軍大臣の時には右のように言った。そして九月六日、天皇も出席する御前会議で「対米（英、蘭）戦争ヲ辞セザル決意ノ下ニ」とする「帝国国策遂行要領」を決めさせてしまったのです。

総力戦として必敗であるという結論が内閣の設置した研究所で出れば、避戦の方向に満身の努力をすべきです。しかし、石油の輸出を止められた状況ではありましたが、そのための避戦の努力の形跡が無いのです。戦えばもしかすれば勝てる展開が起こるかもしれない。明確な根拠も無くそう思った。そこに、戦争になっても構わない、戦争してみようか、という思いがあったようにどうしても思われるのです。

波多野　杉原先生はそう考えられる訳ですか。

杉原　日米開戦のもう一人のキーパーソン、山本五十六についても同じことがいえるのです。山本は昭和十六年九月十二日の時点で、その時の首相近衛文磨に日米戦争になった時の勝利の見通しについて問われて、「それは是非私にやれと言われれば、一年や一年半は存分に暴れてごらんに入れます。しかしその先のことは、まったく保証できません」と答えた。つまり勝利の保証はできないとはっきり言ったのです。しかるに、その時点で海軍軍令部の意向も無視して、真珠湾奇襲の準備を進めます。

　山本をけしからぬと私が思うのは、真珠湾奇襲の作戦は広く知られ、日本が真珠湾を攻撃して仮りに成功しても、最後は日本が負けるというストーリーが本になってすでに広く読まれていたのに、真珠湾攻撃、つまり真珠湾奇襲の計画を進め、実行したことです。

波多野　確かにアメリカでは移民問題で拗れた頃から「日米未来戦」を予測するような戦記物や軍事評論が続々と出版されます。それらに共通するのは、日米戦争は開戦劈頭に奇襲で始まり、戦争初期には日本の優勢だが、最終的にはアメリカが勝利するというストーリーです。ただ、奇襲はグアムかフィリピンと考えられていました。海軍史家のヘクター・バイウォーターの日米戦争論も真珠湾は想定されていなかった。

杉原　しかし今野勉『真珠湾奇襲－ルーズベルトは知っていたか』（読売新聞社　一九九一年）に拠りますが、一九三一年（昭和六年）、ハリー・ヤーネル提督が、二隻の空母を使ってオアフ島に探知されることなく接近して真珠湾を攻撃しうることを実証していますね。いずれにしても、ルーズベルトは、第一次世界大戦のとき、ウィルソン大統領の下で海軍長官を務めています。ルーズベルトは海軍長官のこの時は、太平洋は広くて日米戦争は不可能と考えていたんです。ルーズベルトのその考え方を修正させたのがイギリスの海軍史家ヘクター・バイウォーターです。バイウォーターは太平洋は小さな島が散らばっており、この島伝いに燃料等の補給をしていけば日米戦争は可能となるとしたのです。つまり、日露戦争以降「日米もし戦わば…」という日米戦争をテーマにした小説、軍事評論は多数出版されており、バイウォーターの結論は、戦争は日本の奇襲によって始まり、そして最終的には経済力の差によって日本は必ず敗北するというものでした。バイウォーターは一九二五年、この考えを纏めて堀敏一訳で「太平洋戦争ー日米関係未来記」（民友社　一九二五年）として出版した。そして同年日本でも翻訳され、大いに反響を呼んでいた。

この辺りのことは、先ほど紹介した平成三年、一九九一年真珠湾攻撃五〇周年のとき出た今野勉氏の本に詳しい。

波多野　杉原先生が「杉田誠」のペンネームでお出しになった『総点検・真珠湾50周年報道ー何がどこまでわかったか』（森田出版　一九九二年）でも詳しく紹介されていますね。

杉原　山本五十六は大正八年（一九一九年）から大正十年（一九二一年）まで駐在海軍武官としてワシントンにいて、こうしたストーリーに接しており、後にバイウォーターの本も読んでいた筈。

波多野　ウィリアム・ホーナン（猪瀬直樹監修・古賀林幸ほか訳）『リメンバーー「真珠湾」を演出した男』（徳間書店　一九九一年）によれば、山本はバイウォーターを良く勉強しており、その対米戦略も酷似している、と書いています。

杉原　にも拘わらず、日本必敗とされている真珠湾奇襲にのめり込んでいった。

波多野　真珠湾奇襲は、軍令部の図上演習でも成功しないと結論が出ていたものを、山本が軍令部を脅かすようにして実行した。

杉原　その辺りは波多野先生の方が詳しいですね。ともあれ、山本は昭和十六年一月七日、親友の堀梯吉に出した私信の中で、開戦劈頭に敵主力艦隊を猛撃、撃破することによって、「米国海軍及び米国民をして救うべからざる程度に其の士気を沮喪せしむる」と述べた。

実際に行った真珠湾奇襲は「騙し討ち」になったこともあって、アメリカ国民は憤激し、逆の結果となった。

でもですね、たとえ「騙し討ち」でなかったとしても、真珠湾を奇襲され、軍艦や空母が全て沈められたとしても、それでアメリカ国民は士気を沮喪して日本に和を求めてくるでしょうか。ありえませんね。

波多野　ありえないと思いますね。

杉原　なのに、真珠湾奇襲にのめり込み、実行し、悲劇の日米戦争の原始点を作ってしまった。

波多野　ところで、山本五十六は、昭和十八年四月十八日、前線基地の将兵を見舞うと言ってラバウルを飛び立ち、行く途中で待ち伏せせいていたアメリカ軍機に撃墜されて、ジャングルの中に落下した。山本はその落下した飛行機の中で暫くは生きていたという話がありますね。この「暫くは生きていた」という話について、杉原先生はどう思っておられますか。

杉原　私は生きていたと思いますね。救助隊が到着したとき、山本の死体のみ、腐乱していなかったようですね。

ここからは私の想像ですが、救助隊が来るのを見て、彼は助かってはいけないので、救助隊が自分のところに来る前に自殺したのだと思います。

今言った自殺については私が想像する部分もありますが、山本は、この時期に死に場所を求めていたんですね。

考えてみてください。真珠湾攻撃に成功して以降、太平洋での戦争が、先ほど述べましたように、第一次世界大戦後にバイウォーターらに言われていた通りに進行する訳ですね。つまり、真珠湾攻撃そのものは成功するが、その後は、アメリカ海軍が物量にものをいわせて、太平洋に散在する小さな島を次々と落として、日本の本土に迫り、日本は必ず敗北するというストーリーですね。正に太平洋の戦争はそのように進んでいる訳です。

そして、世界全体で見ても、ルーズベルトは一九四三年（昭和十八年）一月二十四日、カサブランカで、連合国と戦う国は無条件降伏をしなければならないと宣言してくる訳ですね。独ソ戦争では、同年一月十八日ドイツ軍が包囲していたレニングラードが解放され、ドイツが勝てず敗北することが誰の目にも見えるようになった訳ですね。

元々、山本は日米戦争に絶対反対を唱えていた人ですね。それが連合艦隊司令長官になって心が逸り出し、机上演習では成功の見込みのない真珠湾奇襲を企画し、実行し、成功し、そしてバイウォーターらのストーリーの通り、日本は負けていっている訳ですね。

自分の責任を顧みざるをえませんね。ですから山本はこの時期、死に場所を探していたんですね。それで日本の海軍暗号がアメリカ海軍に読まれているかもしれないという懸念が十分に出てきている中で、飛行時間を無線で行き先に正確に伝える訳ですね。護衛機を増やそうという部下の進言も聞かず通常の少ない護衛機でもって飛び立つ訳です。

ですから、山本は、墜落した飛行機のところで生きている訳にはいかなかったのです。そのために先ほど言ったように、救助隊が来るのを察すると、自ら命を絶ったのです。

このことについて波多野先生の方はどう思っておられますか。

波多野　墜落した搭乗機に駆け付けた陸軍少尉が、山本大将生存せる、との第一報を出したが、それは焼け残った機上に、遺骸が焼け崩れず、生きた人のような姿勢のまま天の一角を睨む勇姿を見て見誤った。遺骸のポケットに残された手帖には、「大君の御楯と思ふま心を残しおかまし命死ぬとも」と最期の歌が記されていたといいます。この歌がいつ作られたのか分かりませんが、あるいは山本の密かな決意が込められているのかもしれません。

杉原　そうですか。

波多野　山本と真珠湾攻撃の問題でもう一つ。山本は、絶対に不可能と思われる真珠湾攻撃を敢えて提案して、そんなものは実行できないということになって、実は、対米開戦を避けようとしていたのではないか、という考え方がありますね。

杉原　私はやはりそうは思いませんね。山本は、最後に軍令部に向かって、「この奇襲作戦が採用されなければ連合艦隊司令長官を辞める」とまで言って脅していますね。

山本は、開戦劈頭、アメリカ海軍に大打撃を与えれば、アメリカ国民に厭戦気分が湧き起こってくると言っていました。これは実際の奇襲が「騙し打ち」になったことも考慮しなければなりませんが、真珠湾での大打撃はアメリカ国民を奮い立たせ、戦意を決定的に固めさせました。山本の完全な読み違いです。山本には、大打撃を与えれば、逆に戦意が固まることになるかもしれないというように危惧した気配がありません。やはり、もしかして自分の手で得られるかもしれない大戦果に目が眩み、心が逸ったんだと思います。武勲を挙げたいという衝動ですね。私の言っている戊辰戦争の賊軍の藩の出身者の潜在願望ですね。日米開戦の原因は、明治に胚胎しているということの明確な証ですね。

波多野　確かに山本の父は戊辰戦争に従軍して、敗れて流離の旅を重ね、漸く長岡に帰って小学校長を三〇年も務めた人物でした。山本は少佐の時に、旧長岡藩主に懇請されて山本家の家名を継いだのですが、その山本家も、維新以来、十数年も家名断絶となっていて、山本が相続した財産も僅かなものだったといいます。こうしたことから来る怨念が……。

杉原　ともかく、山本は避戦のために、真珠湾奇襲計画を進めたのではない、というこの私の考えをどう思われますか。

波多野　私もそう思います。山本は、早くから日露戦争以来の海軍の作戦思想である「大艦巨砲主義」といいますか、「艦隊決戦論」に批判的で、アメリカ海軍と戦うならば、「先ず空襲を以て敵に痛撃なる一撃を与える」という「航空主兵論」を主張していました。山本は、アメリカとの国力格差を誰よりもよく認識していましたので、対米戦争には最後まで反対していたのですが、政府と統帥部、そして天皇が開戦を決意したのであればそれに従い、ハワイ強襲作戦を先頭に立って実行する、という考えを固めていたと思います。

昭和十一年（一九三六年）に軍縮条約を離脱した日本は日米建艦競争に突入しましたが、その面でもアメリカの優位は揺るぎないものとなり、主力艦隊決戦で勝利する可能性は一九四一年（昭和十六年）には限界に近づいていました。山本の空母部隊の集中によるハワイ奇襲攻撃は、「艦隊主兵論」の欠点を克服する策としては適切なものだった。ただ、鳥瞰的に見ると、真珠湾奇襲は、予想以上のアメリカ軍民の反発を招いてしまいました。

杉原　真珠湾奇襲は、「最後通告」手交遅延による「騙し討ち」でなかったとしても、アメリカ軍民の反発は必至だったでしょうね。

波多野　ところで先ほど東条英機を語った際に、内閣の総力戦研究所のことが出ましたね。総力戦研究所のことが出たならば、ここで序でながら陸軍の設置した「陸軍省戦争経済研究班」、通称、班長の秋丸次朗中佐の名を取って秋丸機関という研究班のことについても言及した方が望ましくありませんか。

杉原　そうですね。日米戦争に関しては、もしかして総力戦研究所より重要かもしれませんね。

波多野　この研究班については、最近新しい資料が見つかって話題になっていますね。

杉原　そうです。この研究所の研究の中心になった人物の一人有沢広巳の関係の文書で、焼却されている筈の文書が出てきた。

この資料を契機に「新しい歴史教科書をつくる会」の会員の林千勝氏が研究して、『日米開戦陸軍の勝算－「秋丸機関」の最終報告書』（祥伝社　二〇一五年）という本を出版した。

波多野　有沢はマルクス経済学者で、統計学を使って、日米戦争に関わって鋭い役に立つ指摘をした訳ですね。昭和十四年、陸軍にこのシンクタンクが設立されたとき、班長の秋丸に引っ張られてこの研究班の研究を手伝うことになった。

杉原　そこで波多野先生が今言われたように、有沢は統計学を駆使して日米戦争の場合の戦力の推移を比較します。

そして有沢は、アメリカという強国と真正面からぶつかって戦うのではなく、インド洋を押さえて輸送ルートを遮断し、ソ連や中国へ戦争物資を送り込めない状況を作る。そうすれば独ソ戦ではドイツが有利になり、また中国も弱体化する。その結果として日本も勝機を掴むことになるというものです。アメリカで軍需品がいかに生産されようと、ソ連と中国の戦地に届かなければ、どちらも弱体化する。林氏の言葉を借りれば、「帝国陸軍は、科学的調査・

研究に基づいて、大きなリスクを認識しつつも、少しでも可能性のある合理的な負けない戦争戦略案を昭和十六年七月には持つに至った」というんですね。

だけど、この陸軍の戦略を全て壊したのが海軍であり、山本五十六だと林氏は言うんですね。

陸軍の秋丸機関の研究結果に基づく戦略は、長期不敗の攻略態勢の構築を目指していた訳ですが、海軍及び山本五十六は「戦争終結の道は一に米国の戦意を喪失させるにあるとして、いわゆる早期決戦の構想を堅持し、少なくとも如何なる場合においても、攻勢的姿勢を取って敵を守勢に立たせ、敵の反攻拠点を撃破してその反攻の初動を封殺する」ということなんですね。そのために真珠湾奇襲やミッドウェー海戦だという訳ですね。

そして真珠湾奇襲は一応は成功するものの、アメリカ国民の戦意を逆に掻き立てるものだった。ミッドウェー海戦は完敗で、この時点で山本の立てた戦略は根っこから崩壊した。併せて陸軍の戦略も連動して崩壊する。

波多野　そこで杉原先生、そこのところに関係して、茂木弘道氏の『大東亜戦争―日本は『勝利の方程式』を持っていた！』（ハート出版　二〇一八年）を紹介されたらどうですか。

杉原　そうですね。茂木氏は、秋丸機関の立てた戦略を「勝利の方程式」と言うんですね。
先に述べた総力戦研究所の結論では、日本の海軍をまともにアメリカの海軍に挑むことを前提にして、その上で戦力の推移を測るものですが、そうすれば日本は必敗ということになります。そこでそのことを前提にしながら、「西進」を発想する訳ですね。インド洋を押さえて戦争物資の輸送を遮断する訳です。

その陸軍の立てた戦略を、海軍と山本五十六は全て壊したことになります。

波多野 私に言わせてください。国家の存亡を懸けての日米戦争ですから、日本の陸軍と海軍は統一していなければならない。しかし日本では、陸軍と海軍が全く別の組織として、別々に戦った。「大本営」という統合組織が作られますが、しかしそれは敢えて言えば単なる連絡機関でしかなかった。しかも立てた戦略が水と油のように混ざり合わない。全く完全に逆方向の戦略を立てて戦った。

秋丸機関に関する研究はもっと進めれば、これまでの戦史の考え方を変えていかなければならなくなるかもしれませんね。

杉原 もし日本海軍がインド洋を完全に制覇していたら、エジプトに駐留するイギリス軍へのアフリカ東海岸回りの輸送が遮断され、結果として北アフリカではドイツ軍とイタリア軍がイギリス軍に勝利し、その結果、世界の戦況は変わっていたという見方も強ち否定できませんね。

それでもやはり最終的には、アメリカとの戦争は避けるべきでした…。少なくとも、山本五十六の立てた戦略はあまりにも賭博的であり、アメリカ国民の心理を読み違えたものであり、絶対に避けるべきものでしたね。

波多野　今ここでは、本題は日米戦争の原因は全て明治に胚胎しているということを論じるところですから、その視点から見返しますが、アメリカという巨大な国家を相手にして、明治の時の日露戦争より更に巨大な戦争を仕掛けようという時に、陸軍と海軍が別々の組織であり、それぞれ全く違った方向を向いて戦っていたというのは由々しき問題ですね。やはり日米戦争ではそうした態勢でしか戦うことができなかったということで、やはり、昭和の戦争は明治の宿痾、「明治の病」の中で起こったということになりますね。

杉原　言われる通りです。正に言われる「明治の病」の中で起こったことですね。

波多野　それで日米開戦のキーパーソンである東条英機と山本五十六の、開戦に直接に関わる大切なエピソードを言っていただいた訳ですが、二人はそのためどこか似たところがありますね。そのことから杉原先生としては、何がいえると思われますか。

杉原　ですからね、両者ともに、日米戦争は勝利の見込みは立たないままに、開戦に踏み切った訳ですね。そこのところに、私は、戦争を「やってみよう」という思いが密かにあったと思うんですね。「やってみたい」と言ったら言い過ぎかなと思うのですが、ここで明治が災いしているんですね。保阪正康氏の最近出した本に『昭和史の本質－良心と偽善のあいだ』（新潮社　二〇二〇年）という本があります。

その本に次のような記述があります。

実は昭和の戦争を進めた軍人たちは、自分たちが華族になりたかったためだというのが、文官たちの意見である。実際に木戸幸一の存命中に、私は書簡で意見を確かめたことがあったが、木戸はそのことを指摘し、そして彼らは戦争に勝つことで華族の身分を手に入れようとしていたと語っていた。「もしあんな連中が華族になっていたら、と思うと噴飯物です」と答えている。

軍事指導者の名誉のために戦争という手段が選択されたというなら、国民の存在は何だったのかということになる。

「華族」というのは、明治になって、江戸時代のそれぞれの藩では天皇に当たる藩主をいきなり四民平等の平民に位置づけることはできない。そこで公、侯、伯、子、男の五段階の爵位を付けて旧藩主を華族として遇した。しかし爵位の問題はそれだけではなかった。明治政府にとって偉勲、勲功のあった者にも爵位を与えた。

これは私が小山常実氏と対談した共著『憲法及び皇室典範論－日本の危機は「憲法学」が作った』（自由社　二〇一七年）で、私が述べていることですが、伊藤博文は最たる例だった。

華族制度は明治二年、公家と大名を潰さないために作った制度ですが、明治十七年五爵の制度に整備されるとき、伊藤は伯爵になっている。さらに日清、日露の戦争を経て伊藤は山県有朋とともに最高の爵位である公爵となっている。これは旧藩主の毛利家と同位なのです。

伊藤博文の問題は、これからもいろいろと述べることになりますが、明治のこの人たちは、勲功を私物化した訳ですね。彼らの働きは確かに評価しうるものでしょうが、彼らがそのような役割を担う地位に就いたのは、多数の先輩の屍の上に築かれたもので、彼らの勲功は決して私物化してはならないものだった。

にも拘わらず、彼らは爵位を自らに授けて、勲功を私物化した。

それを見ていた戊辰戦争のとき賊軍となった人たちの怨念はすさまじいものがあるでしょう。それが保阪さんの言うように戦争指導者の勲功華族になりたいという欲求です。だから戦争をしてみたいという欲求ですね。勝利の見込みは見通せないけれど、負けるとも決まってはいない。だったら一度は戦争をやってみよう、そうすれば手柄を立てられるかもしれない、という欲求です。

まさに日米戦争は、明治によって作られたというところですね。

波多野　なるほど。公的な言動には表れない、東条や山本の内面に宿るもう一つのストーリーということですね。

杉原　それに伊藤博文を許せないのは、内閣で総理大臣の統率する指導権を認めない脆弱極まる内閣制度を、大日本帝国憲法を作るとき、作ってしまったことです。

これも上記、小山常実さんとの共著で私が述べているのですが、伊藤はそれを過失ではなく意図的に、つまり確信的にそうした脆弱極まる内閣制度を作った。

このことをこの本で述べたとき、小山氏はなかなか同意してくれなかったんですが、伊藤は、イギリス流の議会に対して責任を負い、総理大臣の主導性を認める議員内閣制を不注意ではなく意図的に採用しなかったんです。

弱い内閣を作って、明治の元勲の指導力、影響力を残そうとしたとしか思えない。

その結果、大正、昭和の内閣は直ぐに倒れる内閣となり、結果として、統帥権独立を生み出すことに繋がった。

そういう意味でも、昭和の日米開戦の原因はすべて明治において作られたといえます。

波多野　伊藤博文は、内閣制度の創出に際して、明治十八年の内閣職権では、「大宰相主義」の原則を堅持し、さらに「公文式」を制定して内閣の統制力を強め、全ての法律、勅令は閣議に諮り国務大臣の副署を経ることになりました。ところが帝国憲法に関連する一連の制度改革の際に、陸軍（山県有朋）が反発したため、明治二十二年末には改めて内閣官制が制定されたのですが、そこでは「大宰相主義」は否定され、不安定な内閣に戻ってしまいました。この過程については、まだ説得的な説明が憲政史の上で為されていませんね。

杉原　だから、伊藤は確信的に弱体の内閣制度を作ったと、私は言うんです。犯罪的ですね。

波多野　いずれにしても、内閣制度の創設に当たって、憲法起草者が、目先の藩閥の利害に捉われたために、将来の展望を欠いた不安定なものとなってしまいました。

杉原　そのために国家の運命を制する重要な決定でも直ぐにはできない、とても時間の掛かる内閣になった。

波多野　これに関連して、この節で先ほど話題となりました外務省、斎藤鎮男の昭和二十六年執筆の「日本外交の過誤」の中に、「当時の内閣制度の下においては、一人の大臣が頑張れば、内閣の総辞職を余儀なくせしめることができたのである」と指摘された部分があります。それだけ内閣は弱体だったということでしょう。

杉原　その通りです。

波多野　ところで先ほど、杉原先生は、藩閥と勲功華族のことを話されたけれど、これは大正十年駐スイスの駐在武官となった永田鉄山らが中心となった「バーデン・バーデンの密約」に関係していませんか。

杉原　言われてみれば関係していますね、大いに。

波多野　バーデン・バーデンの密約というのが駐スイスの駐在武官となった永田鉄山と、ロシア公使館付き武官の小畑敏四郎と訪欧中の岡村寧次がドイツのバーデン・バーデンで人事刷新や軍政改革による陸軍の近代化、要するに長州閥を打破することを申し合わせました。因みに永田は信濃、小畑は土佐、岡村は幕臣の出身だった。

杉原　それで陸軍大学には長州出身者は入れないことになるんですね。このことを、昭和十六年四月ワシントンで「日米諒承案」の作成で活躍する岩畔豪雄が、昭和五十二年の時点で日本近代史料研究会の行った談話速記録で述べているのを読んだことがあります。

波多野　陸軍は明治の初め、長州出身者によって作られていくのですが、軍隊は国の生死に関わることですから、比較的に、人事が実力主義で行われました。するとだんだん将官の中で長州以外の人が多くなる。そうして一定程度多くなり、長州以外の人がある程度中枢を占めるに至ったとき、一挙に、長州閥追い落としに掛かる。その申し合わせが、バーデン・バーデンの密約ということです。

杉原　それほど長州への怨念があったということですね。だから、明治の長州の軍人のように、できれば勲功華族になりたいということになる訳ですね。

波多野　勲功華族の問題は、あまり指摘されてきませんでしたね。

杉原　そうです。重要なことなのにですね。その上で更に言います。明治は日露戦争の処理で誤った。

波多野　日露戦争の処理を誤った？　それはどういうことですか。

杉原　確かに、日露戦争では、陸軍も海軍も素晴らしい勝利の仕方をした。しかしその勝利の功を自分たちの功として全て私物化してしまった。

波多野　意味が分かりませんけど。私物化とはどんな意味でしょうか。

杉原　要するに戦った人たちの軍功だけに終わって、舞い上がったままで、後世のためにきちんとした整理をして、後世への教訓を残すことをしなかった。教訓としては、後世の者が自ら学ぶものではあるけれども、その方向に向けた動機づけは勲功を挙げた者が為しておくべきものでしょう。それをしないで、明治は明治に勲功を挙げた者に全ての名誉を与え、後世のことを考えず名誉を受けた者が舞い上がるままにした。要するに皆で作った名誉をそのとき作った個人だけのものにしたということですね。

波多野　日露戦争史について具体的史実としていうと、日露戦争が終わった翌年の明治三十九年、参謀総長となっていた大山巌は「日露戦史編纂要綱」を定めます。この要綱の下にできた「日露戦史編纂ニ関スル注意」で「事蹟ノ真相ヲ顕彰スルヲ主トシテ、之ニ批評ヲ加フルヲ避クベシ」として功績本位に書き、批判は厳禁ということとしています。そして実際の原稿執筆に際して「日露戦史稿審査ニ関スル注意」では、「軍隊又ハ個人ノ怯懦・失策ニ類スルモノハ之ヲ明記スヘカラス　然レトモ為メニ戦闘ニ不利結果ヲ来シタルモノハ情況不得已カ如ク潤飾スルカ又ハ相当ノ理由ヲ附シ其真相ヲ暴露スヘカラス」ということが記してあります。

このような方針を書きたい気持ちも分からなくはないですが、顕彰や功績本位の編纂方針や執筆基準では、後世の役に立たない。後世の人が誤りますよね。軍隊も誤るし、一般国民も誤る。

杉原　そうです。少なくとも、開戦に当たってセオドア・ルーズベルト大統領の仲裁を頼んだとか、戦争を開始するに当たっては、戦争終結の見込みができてからしか開戦してはいけない、というような教訓を誰もが分かるように残しておくべきだった。日露戦争が始まると、伊藤博文は直ちに、アメリカのルーズベルト大統領と話のできる関係のある金子堅太郎をアメリカに送り込み、見事に日露講和の仲介の労を取らせることに成功した。

また、日露戦争で、日本軍はロシア軍全体を破った訳ではない。大まかにいえば、日本は初戦で勝ち、その時点で講和に持ち込んだので勝ったように見えた。ロシアは背後に精鋭の大部隊を保持しながら、何故、講和に応じたのか。それはヨーロッパにいた明石元二郎という軍人が、ロシアの革命勢力を支援し、ロシアを不安定にしたからです。つまり、広い意味での情報操作をして戦ったからです。戦争をするに当たって情報の収集、分析がいかに大切かも、誰もが分かる教訓として整理し残して欲しかった。日中戦争も含め日米戦争でいかに情報に疎かったかを考えると、日露戦争で全く誤った記録を残したからです。

波多野　情報の収集や戦訓の整理という面を疎かにした全く疎かったというのは、杉原先生の言われる通りですね。

杉原　究極には、日露戦争は絶対に先例にしてはならない、先例にすれば必ず国を誤ると、その後の軍人や国民に言い残しておくべきでしたね。

日本を取り巻く情況は必ずや変化します。そうするとその情況の変化をいかに把握するか。その上で、軍隊は日本の勢力を拡大していくことではなく、あくまでも国を護ることであるとして、戦争があってもいかに負けない軍隊を、又は国を作っていくか、ということが課題となる。そのことを、陸軍大学などで教えていくようにしておくべきだった。

　要するに、明治以来の陸軍の教育は間違いだった。特に陸軍大学の教育は間違っていた。

波多野　明治十五年に陸軍大学校ができました。ドイツから招いたメッケルのもと、参謀になるための戦術教育が専らだった。軍略というか、戦略のための教育が欠けていたといわれます。

　そして一般に軍隊教育として上から言われたことだけを実行するという訓練によって、融通のきかない組織になってしまった。

杉原　そこで再び日露戦争最中の問題に戻ります。アメリカの仲裁によって辛くも初期の優勢に見える時期の内にロシアと講和を結びえ、ポーツマス条約となった訳ですが、日本国内では、新聞報道の伝える連戦、連勝に酔った日本国民は、戦勝の成果の少なさに怒り、これを屈辱外交として怒り、世間は憤怒の坩堝と化した。

波多野　歴史教科書にも出ている日比谷焼討事件などですね。頭山満らが東京日比谷公園で集会を開き警官と衝突し、暴動は全国に広がった。

杉原　そこでまた日露戦争の真実の問題に戻ります。日露戦争の勝利の真相を国民に知らせるべきだった。たとえ、直ぐにはできなかったとしても。

波多野　トリッキーな駆け引きで勝利の形をもぎ取った訳ですから、この時点では言えなかった。

杉原　そうです。この時は仕方なかった。しかしその後の日露戦争史を纏めるに当たってこの事実を国民に知らせ、このような稀有な幸運は二度と期待してはいけない、少なくとも国際関係を無視して戦争を行ってはならない、ということを教訓として記すべきだった。

にも拘わらず、勝った、勝ったで、功を私物化し、舞い上がったまま、この戦勝を世間に伝えた。挙句の果ては、明治四十三年の韓国併合ですね。

波多野　韓国併合も明治に行われた訳ですね。残念ですね。

杉原　あれだけ長い歴史を持った韓国を併合して問題なくいく筈はありません。これも日露戦争で勝利の面のみを見て、〝行け、行け、どんどん〟で行った訳ですね。

波多野　先ほど述べた永田鉄山が昭和九年の時点で、朝鮮は早く独立させるべきだと言っていましたね。日本にとって重荷だということが分かっていたんですね。

昭和十年八月十二日、統制派の中心人物として斬殺された永田は当時軍務局長をしていたんですね。「永田の前に永田なく、永田の後に永田なし」と評されていた逸材です。この人が生きていれば、その広い識見と人脈からして日米戦争は回避できたのではないかとまでいわれる人ですね。

杉原　韓国併合時の李朝は、天皇の下に纏まっている日本の場合と違って、王朝そのものが国民のことをあまり思う王朝ではなかった。そして、対日姿勢が一貫しなかった。そのために一挙に併合して、日本から見て安定を図るというのも選択肢の一つとして考えられたのでしょうか。でも、これだけ古い歴史を持つ国を併合するというのは浅はかだった。

波多野　そこで杉原先生は、日本の韓国併合は、日本が日米戦争に負けた時の、アメリカ占領軍が日本に対して行った占領の程度のものにすべきだったと、いつか言われていましたね。更には強制ではなかったようですが、創始改名とか皇民化政策とかは、やはりやり過ぎだ、と。

杉原　そうです。韓国併合後、日本は、韓国の民生を安定させ、韓国国民の生活を向上させたという、日本人なりの善政を敷きましたが、韓国併合は、そんな程度で解決する問題ではなかった。この時点で、韓国に向けて、日本として最大限にできることは、ちょうど日本が戦争に負けて、アメリカの占領軍が入ってきて、日本に向けて国家の諸制度の改造を図りました。あの程度であるべきだったのです。日本の安全のためにどうしても必要だということであれば、親日関係を前提に、日韓安全保障条約を締結して、日本軍を韓国に駐留させてもらえばよかった訳です。

波多野　日清戦争後の一八九七年（明治三十年）に大韓民国が成立して韓国は漸く列強の頸木から逃れて独立国となる訳ですが、朝鮮半島の安全保障という観点からしても、その大韓帝国に、日本軍の駐留を認めさせる安全保障条約を結ぶというのは一つの選択肢だったかもしれませんね。韓国に対するロシアの浸入に悩まされていた当時の国際環境からすれば困難だったとは思いますが……。

もっとも、占領軍に依って占領軍の主導の下に国家改造を図るというのは、この韓国併合の時点では国際的に事例が見当たらず、アイデアとして着想するのは出にくくあった。

でもですね、韓国併合のとき、すでに将来、韓国は独立するであろうという目論見を内々に持っておくべきだった。日本としての自重の精神の温存のためにも、そのような目論見を内に持っておくべきでした。

ともあれ、この韓国併合によって、日本が無限に拡大していくというような錯覚とか衝動を日本は持つことになった。日米戦争の原因が明治に胚胎するというとき、この韓国併合を入れて考えるべきでしょう。

杉原　日米開戦の原因は明治に胚胎していると指摘するとき、知識人の動きも言っておかなければなりませんね。

そこで明治四十二年に『日本の禍機』（実業之日本社　一九〇九年）という本を出した朝河貫一のことに触れておきたいと思うんです。

朝河貫一は、知る人ぞ知るで、世界では有名な人ですが、日本では一般にはあまり知られていません。朝河は福島の人で、明治二十八年に二十三歳でアメリカに渡り、ダートマス大学やエール大学で歴史学を勉強し、ダートマス大学、その後はエール大学に移り、長く教鞭を執る訳で、日米開戦の時には、戦争回避のために、ルーズベルトの天皇への親電の件にも関わるんですね。

先ほど述べたこの人の『日本の禍機』が、由良君美の解説で、昭和六十二年に講談社から出ている。

解説者の由良が彼の人物像を見事に紹介しています。朝河の歴史家としての揺るぎ無い信念には、世界史乃至人類史には道義又は倫理が存在していることがあった、と。そこで、人類の一員である日本は、いかに世界史の舞台に遅く現れたにせよ、世界史の軌道に正しく貢献すべきであるという認識が生まれ、それ故に日本を離れアメリカの地から客観的な眼で見て、それが日本の危機存亡に関わることであれば、手を尽くし身を賭してでも直言することが在米日本人としての自己の義務であると考えたんですね。

そこで、日露戦争が始まると、まだその勝敗が全く分からない時点で、具体的にいえば二〇三高地で乃木第三軍が苦戦をしている時点で、英文で『日露紛争－その諸原因とその諸争点』という本を出版して、アメリカで日本への理解を求めます。

そしてその五年後の明治四十二年、今度は日本を諌めるため和文で『日本の禍機』を出版する訳です。

波多野　日露戦争が終わったばかりのこの時点で、ですね。私も朝河を少しばかりかじったことがありますが、いかにもアメリカにいながら日本を憂える朝河らしいですね。

杉原　そうです。前者の『日露紛争－その諸原因とその諸争点』では、世界を前にして人類史を背景にして堂々たる日本弁護の論であり、『日本の禍機』では、日本に対する痛烈な批判と叱咤を行っている。

その最もエッセンスになっている文章を紹介しますね。

支那が高慢、不条理、頑固のために我が情を傷つくることはなはだしかるべきは明らかなれども、これに答うるに我が横暴をもってせば、十目の視るところ、十指の指すところ、弱き支那に同情して強き日本を咎むべきがゆえに、支那はこれに乗じてますます非理に出ずることなきにあらざるべし。これに反して、我は諄々として彼に諭し、その利を諜りてこれを恩とせず、旧式の利権を求めず、彼もし頑童(道理のわからないこども)のごとく不条理にして、老狐の如く狡獪（悪がしこいさま・ずるいさま）ならば、我はこれに対するに公明正義をもってし、ただ抗告によりて彼を益すと信ずべき場合にのみ抗告すべし。彼もしなお非行あらば、世は始めてその責の所在を知らん。惟うに支那をして正直ならしむるの望ある方法は、ただかくのごときのみならんか。もし我が方針確固不動ならずば、我は常に支那に対する自己の感情に翻弄せられて困難を重ぬるのみなるべし。

何と、その後の日本と中国の関係を言い当てているではないですか。

波多野　言われてみればその通りです。この警告を踏まえて、その後の政治家や軍人が中国に対応していたら、日米戦争に至る過ちは起こらなかった……。そこまで思える警告の一文です。

杉原　中国人の悪行もきちんと指摘しながら、日本の執るべき行動の仕方を明確に教示していますね。

波多野　実に見事な指摘ですね。

ここで話を進めて明治からは離れますが、大正に入ってから日中関係が悪化していった根本的な原因について、日本人の中国観ということに触れておきたいと思います。

日清戦争後には、両国の立場が逆転したことで、守旧・開化、伝統・近代といった定型的な見方が定着していきます。大正四年に対華二一カ条要求という形で、日本が単独で中国に関与するようになると、遅れた中国と進んだ日本、統一国家を作れない中国と成し遂げた日本、という図式ができあがります。

更に、昭和五年以降一九二〇年代には、「支那は国家にあらず、支那は一つの社会である。少なくとも近代組織の法治国と見做す国ではない」といった見方、言い換えれば、中国は近代国家建設の能力に欠けているという認識が、多かれ少なかれ日本人に共通のものとして定着していきます。昭和九年のいわゆる天羽声明に象徴されるように、欧米が提供する国際規範は中国の現状にそぐわないものとして、日本の指導の下に、新秩序を東アジアに構築するという地域主義、つまり東亜モンロー主義の根拠とも成っていきます。

杉原　そこで世界の趨勢を無視して、中国に深くのめり込んでいく訳ですね。本来は、中国を欧米諸国と比べて最もよく知っておかなければならない日本なのに。中国への誤った対応の仕方の原型が既に明治にできていたということですね。

先ほど述べた朝河貫一は、先ほど紹介した『日本の禍機』で、日露戦争以後、ポーツマス条約精神に違反し、門戸開放、機会均等の公約を公然と破り、権益を逞しく求め、明治四十年（一九〇七年）を境としてアメリカの対日感情は反日に転じたと述べています。

第二節　日米開戦の遠因としての直接原因

波多野　杉原先生は、ここまで、日米戦争の原因の中の間接原因として、明治の日本の在り方に全て日米開戦の原因が作られていると述べてこられました。
ここからは、直接原因、つまりは日本の外交と軍事行動を中心とした直接原因について焦点を当て、話し合っていきたいと思いますが、どうですか。
杉原　そうですね、次のテーマは、外交と軍事の直接原因ですね。どこまで遡りますか。
波多野　日米戦争ということで考えれば、やはり日露戦争直後の、アメリカの鉄道王ハリマンの満州の鉄道の共同経営の申し込みを、外務大臣小村寿太郎が断った辺りでしょうか。
杉原　そうでしょうね。アメリカはそれまでセオドア・ルーズベルト大統領が、日露講和を斡旋してくれて、基本的に友好的だった。その延長にあるハリマンの南満州鉄道の共同経営の申し込みを断ったんですね。

波多野　アメリカで鉄道王といわれたエドワード・ヘンリー・ハリマンは日露戦争外債募集に最も協力した一人でした。アメリカのポーツマスで日露講和条約を結んだ小村寿太郎の帰国より一足先に日本にやってきたハリマンは伊藤博文をはじめ、桂太郎首相と会って、彼らに、他日、ロシアが復讐戦を行って来る可能性のあることを言い、南満州鉄道の共同経営を申し込んだ。伊藤も桂も当然同意し仮約束までした。

しかし、そこに帰って来た小村は猛烈と反対した。

満州に行って一滴の血も流していないアメリカが満州鉄道に対等の所有権を獲得することが許されてよいのか。南満州鉄道を日本の満州経営の根幹と位置づけていた小村にとっては、アメリカは、日本の権益を横取りするに等しい、という主張だった。一応筋としては通っている。

杉原　日露講和条約で日本の取り分が少ないと激昂している一般国民からすれば、賛成できる見解かもしれない。

波多野　しかし日露戦争は決して日本が完勝した戦争ではない。最初の勝ったように見えたところで、ルーズベルトが講和を仲介して、恰も完勝かのように見えたに過ぎない。だから、ロシアの復讐戦というのは十分に有りえた。少なくとも、有りうると考えておかなければならなかった。

だから、保険を掛けるという意味では、日本側がアメリカの鉄道会社に話し掛けて誘致してもよいような案件だった。ハリマンの申し出には、更に日露戦争による財政の逼迫を支えるという効果も有った。

それに、アメリカの大統領ルーズベルトには、日露講和を仲介してくれた多大なる恩義があった。にも拘わらず、南満州鉄道の共同経営というハリマンの申し出を断った。

杉原　この時の小村寿太郎の行動は、決定的な過ちですね。

波多野　小村は、講和条約締結後、過労でアメリカで臥していたのですが、その疲れが癒される前にアメリカを発ち、日本に帰ってきた。そして帰ってハリマンの提案を聞くと、「何という失態だ。こう事態を恐れて病を押して帰朝したのだ」と言って、猛然と反対してこの案を潰したといいます。

杉原　私は、このことを聞くとき、歴史は繰り返すで、いつも昭和十六年四月、松岡洋右がスターリンと日ソ中立条約を結んで日本に帰ってきたとき、日米諒解案なるものを潰す過程と酷似していると思うんですよ。

松岡は日本に帰ってきて、「日米諒解案」なるものが、自分の締結した日ソ中立条約の効果ではなく、自分の知らないところでできた案だと知ると途端に機嫌が悪くなる。そして六月二十二日、独ソ戦争が始まるまでに日米和解をしなければならないのに、日米諒解案を放置して、日米和解の絶好の機会をわざと潰してしまった。自分の功に拘った故ですね。

波多野　「日米諒解案」の話は後でも議論することになると思います。

杉原　小村の話に戻ると、このとき、小村は難題の日露講和条約締結の功を独占しようと思ったのだと思う。講話条約で得た権益を最大限にしておいて、それを自己の功とする、ということでしょうか。そして、自分の知らないところで話が進んだということへの怒り、不満でしょうか。

　そしてね、この対談でしばしば出てくることになると思いますが、総理大臣であっても外務大臣の言うことを抑えられないという、大日本帝国憲法の欠陥が早くも出てきていると思うんです。

波多野　次の問題に移りましょう。次に大きなのはやはり「対華二十一箇条要求」でしょう。大正四年（一九一五年）、第一次世界大戦の最中、二一カ条の要求を、一九一二年（明治四十五年）に誕生したばかりの新生中国に押し付けました。しかも「最後通告」という形で。

杉原　日露戦争の結果、日本がロシアから譲り受けた関東州の租借期限が迫り、満州鉄道なども経営期限が切れるなど、交渉事項があったことは事実。しかし、欧米諸国が第一次世界大戦に没頭しているとき、その留守を狙って日本の権益を拡大して要求したのは良くなかった。しかも時期的にも問題があった。

波多野　「二十一カ条要求」というのは、よく知られるように、元々、中国が命名したもので、内容は五つに分けられ、そのうちの第五号は「要求」ではなく、単に「希望条項」だった。

杉原　しかも「最後通告」というのは、「最後通告」として要求された方が要求を受け入れやすいと中国の方から申し出があって為したもの。そうして出したら、その要求内容を世界に通報され、日本は散々非難されることになった訳。中国でも学生らの反日運動が盛んになります。

波多野　細かいことは省きますが、辛亥革命後に誕生したばかりの中華民国政府の政治、財政、軍事の顧問に日本人の採用などを要求した第五号も公表されてしまい、日本は袋叩きといっていいような状況に陥る。

杉原　「最後通告」の形で申し込んでくれる方が、政府としては仕方なく受諾するということで却って体面が保てることになるから「最後通告」で出して欲しいと言われて、それで最後通告で出して、直ちに公表され、世界をして日本非難に立ち上がらせる。中国常套の悪意に因るこんな罠に引っかかる。私が常に強調している外務省の能力の無さですね。

波多野　ともあれ、詳しい経過は省きますが、第一次世界大戦を天与の機会として対独参戦を主導し、日英同盟を基礎に権益拡張の外交方針を掲げ、懸案の満州権益を定着、拡充するため、大正四年初頭に二一カ条要求を中国に提出した。

それを主導したのは、大隈重信内閣の加藤高明外相でした。基盤の弱い大隈内閣の下で、雑多な要求を統制できなかったこと、中国や米国の反発を見通せなかったことが致命的でした。

「二十一カ条要求」は、巧妙な外交的戦術の成果であり古典的な帝国主義外交の典型とも評されますが、加藤の性急な交渉は高圧的で一貫性を欠き、中国側の激しい抵抗と米英の強い批判を浴びることになります。

同年五月に交渉が終わったとき、日本外交を取り巻く環境は危機的な状況にありました。中国との関係はもとより、日英同盟には亀裂が生まれ、アメリカの対日不信感は深刻なものとなっていきました。「二十一カ条要求」の悪評は、パリ講和会議からワシントン会議を経て、大正後半から昭和に入って日本外交の重い負担と成ってしまいます。

中国では、最後通告後の受諾日の一九一五年（大正四年）五月九日は「国恥記念日」とされ、「国恥」を忘れるなというスローガンは長く集会やデモに使われます。そして、「二十一カ条要求」によって、満州以外の中国本土に初めて獲得した山東権益も、激しい中国の国権回収運動の中で、一部の経済権益を残して結局は手離してしまうことになる。

事態が収まった後、加藤は外相を辞任し、その後、一〇年近くも野党（憲政党）の党首にとどまり、「二十一カ条要求」の成果を誇示して弁明に努めます。

加藤は、有力な首相候補でしたが、元老西園寺公望は強硬論の加藤を遠ざけ、首相に推薦しませんでした。しかし、大正十三年に第二次護憲運動を起こした加藤は首相となります。気心のしれた義弟の幣原を外相に起用すると、加藤の外交は中国への内政不干渉協調主義の「幣原外交」として大きく転換するわけです。

杉原　でも、二一カ条要求の後遺症は続いた。アメリカとの関係でいえば、門戸開放、機会均等などを掲げるアメリカに不信感を醸成させるのに格好の事案でしょう。

第三節　日米開戦の近因としての直接原因

波多野　それでは先に進んで、昭和に入ってからの日米開戦への原因の追究に入りましょう。そしてこの原因は直接原因とし、且つ近因として押さえることにしましょう。

そこでまず昭和三年の張作霖爆殺事件、「満州某重大事件」と当時呼ばれましたが、この事件が目につきます。どうですか。

杉原　張作霖は、中国の東北三省、つまり満州に勢力を張った軍閥。一九二八年（昭和三年）六月四日、北京から奉天に帰還中、奉天の近く乗っている列車が爆破されて死去した事件ですね。

この事件は、関東軍参謀の河本大作大佐が張作霖を爆殺しようとして工作したことは確かなようですが、実際に死んだのは車内に仕かけられたソ連の工作による爆弾ではないかという説も有力になっています。

ともあれ、河本大佐の仕かけでは中国人が仕かけたようになっていたので、日本軍が仕かけたということは当時ははっきりとは言わなかった。しかし張作霖の息子張学良は、日本軍のやったこととし、それ以後、中国共産党に接近し、西安事件を引き起こすなど中国に滞在する日本軍に対して多大な悪影響を及ぼすことになりました。

波多野　河本らの謀略であったことは、日本政府内部で直ちに知られた。日本政府からすれば、関東軍が勝手に動き、国の在り方に関わる重要な事件を惹き起こしたことになります。河本らの処分は有耶無耶に終わったのですが、問題はその背景とその後の影響です。

中国国民党に依る北伐が満州にも及び、日本の満州権益を脅かし始めた。そこで関東軍は、張作霖との提携では満州権益の安定と維持が望めないとして、張作霖を排除し、新たな親日政権を満州に樹立するという構想を固め、張作霖爆殺事件を引き起こした。この張作霖爆殺事件は、田中義一内閣を退陣に追い込んだだけではなく、陸軍中央による関東軍の統制が弛緩し、安定した政軍関係の破綻を意味していました。更に、満州における親日的な新政権樹立という関東軍の構想は、そのまま軍事行動による満州支配という満州事変の構想に成っていきます。

いずれにしても、国民党に依る北伐の進展に因る中国の国権回収運動の過激化は、日本を含む列国の中国権益や居留民をも脅かすに至り、一九二八年（昭和三年）五月には、日本軍と中国国民党の北伐軍との間に日本人居留民を巻き込んだ大規模な衝突事件、済南事件が起こります。日本で、中国の対日侮蔑的な態度を戒めるという意味の「暴支膺懲」という言葉が使われるようになるのはこの頃からです。

杉原　日本が段々おかしくなっていく訳ですね。

波多野　少し遡りますが、軍閥による内戦が絶えない中国では、新興勢力として中国国民党が台頭し、一九二六年（昭和元年）から蒋介石の率いる国民革命軍が北伐を、つまり北方軍閥の打倒キャンペーンを開始します。

北伐は、不平等条約を強いた帝国主義列強によって奪われた中国の権益を取り戻すという、中国国民のナショナリズムと一体となり、しばしば「革命外交」と呼ばれるような、過激な国権回復運動を伴っていました。

そのため、イギリスを筆頭に、中国に権益を持つ列強は大きな被害を受けます。日本もまた、中国各地で被害を受けます。

一九二八年（昭和三年）には北伐は完成し、中国国民党による国民政府が発足します。第一次世界大戦以来の日中関係の悪化は、この北伐の過程で齎されました。中国革命軍と日本軍が衝突し多数の犠牲者を出した済南事件や、先ほど述べた張作霖爆殺事件も起きていますが、これらは北伐キャンペーンが齎した結果に外なりません。

一九二〇年代にアメリカの中国公使であったジョン・アントワープ・マクマリーがメモランダムの中で、ワシントン条約体制を崩壊させた第一の責任は中国の過激なナショナリズムにあると指摘していますが、日本側から見るとその通りかと思います。ジョン・A・マクマリー（衣川宏訳）『平和はいかに失われたか』（原書房　一九九七年）に出ています。

それでも、日米英三国は、一九三〇年（昭和五年）までに、個別に中国に対する関税自主権の承認などの措置を取り、中国との関係改善に努めるのですが、「革命外交」は満州にも及び、在満日本人の生活をも脅かす事態となり、関東軍が満州事変を引き起こす背景となります。

杉原　「革命外交」というのは、治外法権の撤廃、疎開、租借地、鉄道利権等の回収を、それまで結んだ条約を一方的に破棄して断行しようとしたことですね。不平等条約とはいえ、過去に正式に条約として結んだものを一方的に破棄しようというのだから、日本もアメリカもイギリスも抵抗しようとする。

そのような状況の中で、関東軍参謀の石原莞爾は、中国における排日の収束は、日本が満蒙を領有することによってのみ達成されると考えるようになる。満州には日本人は既に多数入り込んでいたし、その日本人の保護も考えると、石原のこの考え方も一理あることになりますね。

それで石原は、昭和六年（一九三一年）九月十八日、奉天郊外柳条湖で南満州鉄道を爆破して、これを張学良軍の犯行として軍事衝突を起こし、そこからたちまちのうちに満州を制圧した、いわゆる満州事変ですね。

波多野　満州事変を基点として、日米戦争の原因という問題を探ってみますと、昭和六年（一九三一年）の柳条湖事件から昭和十二年（一九三七年）の日華事変と続く日中間の紛争を、双方が納得する形で解決できなかったことが大きい。

こうした観点から日米戦争に至る過程を眺めてみますと、先ず、満州事変は何故、拡大してしまったのか、関東軍の「独走」を抑制できなかったのか、その要因や背景を探ることが重要です。

国際環境という面では、欧米列強は世界恐慌への対応に追われ、極東の紛争に介入する余裕がなかったことがあります。また、若槻礼次郎首相や幣原喜重郎外相ら大正末から昭和初期の、一九二〇年代の国際協調の時代を築いた「穏健派」のリーダーシップによる抑制に期待していた、という面がある。

それでもアメリカは、満州事変で作り出したところの既成事実を承認しないという「スチムソン・ドクトリン」(不承認政策)を発表して関東軍の行動の抑制に掛かりますが、英仏は乗ってこない。特にイギリスは、日中の軍事的紛争に因って中国市場を荒らされることを懸念して、寧ろ「対日宥和策」を取る。こうして関東軍の行動を国際協調に拠って抑制するという機会も失われてしまいます。

杉原　ここでも、アメリカの外交の基本原理、門戸開放、機会均等等が出てきますね。イギリスは既に築いていた中国における利権が有ってそれが荒らされるのは困る訳で、日本にも同調するところがある。しかしアメリカからすれば許せない訳で、特に、スチムソンはフーバー大統領の国務長官を務めていましたが、日本の為す現状変更を認めないとする「スチムソン・ドクトリン」を発することになる。

波多野　いよいよ日本は危険水域に入っていったことになりますね。

杉原　昭和六年（一九三一年）満州事変を起こして、日本は昭和七年（一九三二年）三月、清朝最後の皇帝愛新覚羅溥儀を執政として、満州を中国から分離、独立させた。昭和九年には溥儀を皇帝として帝国とした。日本の満州国承認が国際連盟脱退の原因と成るんですよね。

波多野　日本は結局、満州占領を終えると、昭和七年（一九三二年）三月に満州国建国を宣言するのですが、その満州国を日本政府は同年九月に承認します。しかし、国際連盟はこれに異を唱え、現地調査のためリットン調査団が一九三二年（昭和七年）一月に派遣されます。そして調査団は同年十月報告書を公表します。調査団は、斎藤実内閣の内田康哉外相とも二度会見し、満州国承認の外に解決策がないかを再三、尋ねています。しかし内田はそれ以外に解決策はないと繰り返すのみでした。更に調査団が、中国の意向を受けて、「広汎な自治」を満州に齎すことを考慮していると解決策を示唆しても、内田は満州国は住民の自由な意思の産物であるとして応じませんでした。

余談ですが、調査団の団長リットンが立派だったと思うことがあります。

一九三二年（昭和七年）四月、調査団と会談した張学良（東三省主席）が、日中間の危機は専ら領土的野心に基づく日本の明治以来の「中国侵略政策」に原因があると論じた。これに対しリットンは、調査団は過去の行為に判定を下すのではなく、今後の両国関係がいかに調整されるか、過去よりも未来に関心があるとし、張学良が日本の侵略政策や領土的野心を強調しても事態の解決の助けにならない、と答えていることです。そしてそれを報告書の「結論」の中にも書いています。

杉原　ですから、リットン調査団の報告書は日本の積み上げた特殊権益を真っ向から否定するものではなかった。だから、今日の目で見れば、この報告書を認めることのできる余地は十分にあった。

波多野　結局、この報告書を認めないことで、昭和八年（一九三三年）、日本は正式に国際連盟から脱退してしまうのですが、連盟脱退を主導したのは内田外相だった。内田外交の問題点の一つは、満州国の単独承認をあまりに急いだことです。

満州国の成立直後に、日本政府は対外的承認を各国に求めましたが、それに応える国は後にドイツやイタリアなど少し出てきたが、この時点では事実上、皆無でした。そうした中で昭和七年（一九三二年）八月には、パリの長岡春一大使、ベルギー大使の佐藤尚武大使らは、日本の単独承認を回避しようという共同意見電を東京に送った。その要旨は、満州国の連盟加入を促進し、加入までは満州国の領域における中国の主権を維持する、日本の仲介による満州国の連盟加入を支援する、といった内容でした。陸軍の宇垣一成も、列国の承認が伴わない日本だけの単独承認は国際関係を悪化させるものと批判したが、内田は一顧だにしなかったんです。

問題は、リットン報告書が公表される前に、単独承認に踏み切ったことです。更に、報告書が示唆する解決策についても、交渉に持ち込もうとはしませんでした。

もう一つの問題は、国際連盟から提起された「和協委員会」の下での日中直接交渉というイギリスを中心とする合同収拾案を拒絶したことです。これは連盟外交の最終局面での話ですが、日本を何とか連盟内に留めようという、イギリスの好意を無視してしまった。

杉原　内田は昭和八年の八月二十五日、帝国議会で「国を焦土にしても満州国の権益は譲らない」という答弁をしたようですね。その後日本は、確かに焦土と化したけれど、満州は跡形もなく無くなってしまった。

その内田が松岡洋右をして為さしめたのが、昭和八年二月二十四日の国際連盟脱退。勇ましい演説をして議場を去る松岡の姿は、ことあるごとにテレビなどで放映され松岡を非難するシーンとして報じられている。

しかし松岡自身は、本当は連盟脱退に反対だったようですね。国際連盟で不調に終わり、連盟を脱退することになり、これを外交上の失敗と見ていた松岡は直ぐには日本に帰らなかった。正式には三月二十七日の帰国になります。しかし四月二十七日、横浜に帰ってみると、歓迎のパレードが行われ、凱旋将軍のように迎えられた。松岡は「馬っ鹿じゃないの」と言ったとか、言わなかったとか。

私の友人に倉山満という人がいます。この人の公式サイトを見ると面白いことが書いてあります。外交史料館で資料に当たっているとき、「史上最悪の外相は誰か」と館員と話し合ったら、内田康哉と田中真紀子がダントツに一位を争ったというのです。田中真紀子のことはこの対談本の読者には、言わなくても分かりますよね（笑）。

波多野　ただ、注意すべきは、内田外交は、確かに連盟脱退という結果を招いてしまい、国際協調路線に背を向けてしまったように見えますが、実際は、国際協調の意欲を失った訳ではなかったことです。その証拠に、昭和八年二月には、世界不況の克服のためにロンドン世界経済会議への参加を決定しています。更に、国際軍縮の意義を認める立場から軍縮会議からは離脱しようとしませんでした。そして二国間外交では、連盟脱退を梃子に、米英中ソとの間に一定の親善関係を維持します。特に日中間の懸案解決による関係修復には力を注ぐ訳です。

杉原　でも、世界の全てを敵にするような連盟脱退はありえませんよね。

波多野　結局、日本は、昭和八年三月に国際連盟を脱退してしまうのですが、日本の脱退は日本よりも連盟自身に与えた打撃が大きかったと思います。国際連盟は日本軍の満州侵攻を抑えることができず、日本という有力な常任理事国を失い、大国間の協調によって成り立つ集団安全保障体制の危うさを露呈してしまいました。

　重要だったのは、日本はその後も国際協調を無視しなかったことです。連盟からの脱退は同時に国際協調からの離脱であって「国際的孤立化」の第一歩という見方が一般的です。しかし、日本の政軍指導者にとって、連盟脱退は必ずしも国際協調の放棄を意味せず、むしろ大国との間に二国間協調を維持していきます。

実際、連盟脱退後には、アメリカ、イギリス、ソ連などとの間にそれぞれ関係修復のための外交的模索が始まり、一定の効果を上げ、これらの国々との関係は後退することは無かったのです。こうして、柳条湖事件以来の対外危機は沈静化に向かい、中国との間にも昭和八年（一九三三年）五月には停戦協定が締結され、満州事変は一段落する。中国は、満州国を正式承認した訳ではなかったのですが、満州国との間に実務上の交流を容認し、日中間は相対的安定の時期を迎える訳です。

この相対的安定期には、日中関係は修復に向かいます。日本政府や軍部、更に現地軍の中に、イギリスに支援された一九三五年（昭和十年）の通貨改革の成功による経済の安定化を踏まえ、中国は分裂ではなく統一に向かっているという「中国再認識論」が生まれます。こうした変化の中で、昭和十二年（一九三七年）二月に発足した林銑十郎内閣での佐藤尚武外務大臣は、関係悪化の原因となっていた華北分離工作の停止や経済提携のための大規模な使節団の相互訪問などに乗り出すのですが、僅か四カ月というあまりに短命で実績を残せなかった。佐藤は長く国際連盟で活躍していたので大局観に優れ、視野も広く期待されていたのですが……。

もう少し佐藤外務大臣の時期が長く続いていれば、盧溝橋事件という衝突事件も局地的に抑え、日中の決定的な対立は避けられたかも知れません。今から見ると惜しまれます。

杉原　日華事変、当時は正式名称として「日支事変」と呼ばれていた日華事変のその元となった盧溝橋事件の真相は未だ確定したものがないようですね。

波多野　つまり、昭和十二年（一九三七年）七月七日に盧溝橋の傍で夜間演習をしていた日本軍に目掛けて数発の実弾が撃たれ、これに因って日本軍は盧溝橋城を砲撃し、日本軍と国民党の正規軍第二九軍の間で衝突が起こったという事件ですよね。

杉原　この最初の日本軍に目掛けての発砲が、中国共産党の工作によるものかどうかということが確定していないということですね。

でも、私は思います。当時、日本軍も中国軍も本格的に戦う意思を持っていなかった。このことから考えれば、これは謀略の行為であることは間違いないことです。そうすると当時の状況ということが大切になるのですが、考えてみるべきは当時の共産党の置かれていた状況です。

蔣介石は約半年少し前の一九三六年（昭和十一年）十二月十二日に起きた西安事件で、国共合作に同意した。しかし、蔣介石はその後次々と厳しい条件を突きつけ、半年後の、盧溝橋事件の起こる六月ごろには、再び国共関係は決裂寸前となり、共産党は正に窮地に陥っていた訳です。つまり、何とかこの状況を打開しなければならないという状況に落ち込んでいた訳ですね。謀略を仕掛ける必要が大いにあったということですね。

そしてさらに決定的なのが、いわゆる「七八電」といわれるものです。

翌日八日に、共産党は延安から、中央委員会の名で長文の電報を、蔣介石をはじめとする有力者、新聞社等に発信します。予め準備なくして、発砲事件のあったことを前提にしてこれだけ手際よく長文電報を発信することは考えられません。研究者の中には、これは後日発信した電報を、記録として、七月八日の発信にしたのだと言うような人がいるようですが、何故なぜそんな日付変更をしなければならないのか、意味が通じません。確かに中国における文書というものは、書かれていても信憑性がなく、改竄を平気でし、文書の管理も杜撰ということはあるのですが、この場合、後日打った電報を八日付にする理由が分かりません。

更に言うべきは、文化大革命が起きるまでは、毛沢東に次いで実権を握っていた劉少奇がこの計画に噛んでいることを認める発言をしているとのことです。

つまりですね、一〇〇パーセントの断定はできませんが、ほぼ中国共産党の仕組んだものといってよいでしょう。

波多野　杉原先生はそう思いますか。共産党説も有力ですが、私はむしろ国民党の息のかかった宋哲元軍の兵士が半ば偶然に発砲したことがきっかけと思います。宋哲元軍は現地の日本軍と常に直接、対峙しており、兵士は反日感情が強かった。偶然であるかどうかはともかく、宋哲元軍の兵士による発砲という事態は十分ありえたと思います。

杉原　ともあれ、問題は、盧溝橋事件を契機として日本と中国が本格的な戦争状態、つまり戦争に入っていったことですね。

波多野　ただ、日本の現地軍といえども、華北から更に南下して全面戦争に発展させるつもりはなかった。それを全面戦争に拡大させたのは、上海事変における国民政府軍の厳しい抗戦にあった。

杉原　そうです。日本では、盧溝橋事件が上海に飛び火したと理解されていますが、盧溝橋事件はどちらかというと偶発的事件であり、その後間もなく静かになります。

波多野　注意が必要なのは、満州事変が満州における張学良軍と関東軍と戦い、つまり「軍閥戦争」であったのに対し、日華事変は、国民政府直轄の正規軍との戦いであったことで、それだけ日華事変は、中国にとって後に引けない戦争であったということです。

杉原　そうです。正規軍の衝突であったために、盧溝橋事件自体は間もなく落ち着くのですが、その後、蒋介石は、日本軍と本格的に戦うことを決意して、日本に本格的に挑んでくる。昭和十二年（一九三七年）八月十三日始まる上海事件ですね。

波多野　一九三七年（昭和十二年）七月の「偶発的」に起こった日中両軍の衝突事件、盧溝橋事件は、局地的な紛争として収拾する可能性は十分ありました。第一は現地解決に委ねる方策、第二は、双方とも増援部隊の派遣を中止するという選択です。日中両軍の相互の根強い不信感がそうした選択を妨げていたといえます。それだけでは、一九三六年（昭和十一年）から多発していた日中の衝突事件の中で、何故、一九三七年（昭和十二年）七月の事件だけがエスカレートしてしまったのかは説明できません。

杉原　だから、中国に、日本と戦争をするという意思が中国側に生まれたということになります。

波多野　そこで、上海事件についてですが、約三万人の日本人居留民を海軍陸戦隊二千四〇〇人で守っているところに、三万人の中国国民党軍の精鋭部隊が襲ってきた。

杉原　これは蒋介石が日本と本格的に戦うことを決意した上での戦闘です。

蒋介石が何故このような決意をしたのか。やはり一番大きなのは、ソ連、スターリンの指示、強制でしょうね。一九三七年（昭和十二年）七月の時点でコミンテルから指令が出ています。五項目あるうちその第一の項目は「あくまで局地解決を避け、日中全面衝突に導かなければならない」とあります。そして八月二十一日に締結された「中ソ不可侵条約」で、大量の武器の供与が決まったことでした。

ソ連からすると、日本軍を中国奥に誘いソ連の安全を確保し、日本軍と国民党を戦わせて共倒れ状態に陥れ、中国共産党を支援することで、十分に採算に合いました。

その上、国民党軍はドイツのファルケンハウゼン将軍の指導を経て、精鋭の兵器を整え、兵に訓練を施し、防備も強化していました。

波多野　ともあれ、ここまで見た限りでは、日華事変を局地紛争に止めず、上海事件を契機に本格的な戦争にエスカレートさせたのは中国だ、ということになる。

杉原　そうです。満州事変については、満州は元々、満州人のもので、満州人が開いた清朝の下で最後の皇帝となった溥儀を皇帝にして満州国を建国するということは、ある程度は満州を中国から切り離す理由と成りえた。そのことによって満州が安定することは、日本にとっても大きな利益があった。

しかし、日本側には満州を除いた中国全体を支配しようというような動機は毛頭無かった。盧溝橋事件以降は、正に中国が望んだ戦争であり、日本が望んだ戦争ではない。

ここで二冊紹介したい本があります。一つは北村稔『日中戦争の「不都合な真実」－戦争を望んだ中国　望まなかった日本』（ＰＨＰ研究所　二〇一四年）と、茂木弘道『戦争を仕掛けた中国になぜ謝らなければならないのだ！－「日中戦争」は中国が起こした』（自由社二〇一五年）です。前者は書名通りで解説する必要はありませんが、後者では、上海事件は、例えば、自衛隊が、日本に合法的に駐留しているアメリカ軍に、しかもその家族の住んでいる所に目掛けて攻撃したようなものであり、そうしたらどういうことになるかと問い詰めたものです。当然ながら謝罪すべきは日本側であり、アメリカ軍やアメリカ政府ではありません。上海事件では非は明らかに国民党政府にあるということですね。

波多野　ご意見に全く反対という訳ではないのですが、ここで二つのことを指摘しておきたいと思います。

その一つは、日華事変を局地紛争に止めず、本格的な戦争にエスカレートさせた原因は日本側にもあるということです。陸軍中央でも、衝突事件をきっかけに、反日的な行為を繰り返す蔣介石政権を一挙に打倒してしまおうという「一撃論」が陸軍中央や政府の中にも根強く、徐々に「早期和平派」を圧倒していったことです。

マスコミも「暴支膺懲」一辺倒となって対立を煽りました。近衛首相も、昭和十二年七月十一日夜には言論界、政財界の指導者を集め、国民政府に反省を促すために「関東軍、朝鮮軍それに内地から相当の兵力を出すことはこの際已むを得ぬ」として派兵への全面協力を求めた。近衛は事態の拡大を望んではいなかったが、派兵に踏み切ったのは、派兵という強硬姿勢を示すならば「中国側は折れて出る」筈であり、事件は短期間で片付くと信じていたからです。

また、現地軍（支那駐屯軍、後の北支那方面軍）も居留民の保護や外国諸機関との協調というそれまでの姿勢を転じ、資源豊富な華北一帯の占領を目指して箍が外れたように南京に向け突進します。こうした現地軍や東京の強硬論が現地解決の方針を押し流していった点も重要です。

杉原　この章の第一節で触れた朝河貫一の忠告が、耳に痛いですね。

波多野　もう一つは、コミンテルンによる指令についてです。確かに、国、スターリン民政府はソ連の支援を求めており、ソ連の対日参戦も望んでいました。しかしは物資の援助こそ米英に先駆けて行いますが、国民政府軍の対日抗戦を助けるために参戦することは最後まで避けました。実際、一九三七年（昭和十二年）十一月十七日、上海戦に敗北していた国民政府の代表団がスターリンと会談し、対日参戦を要求しますが、スターリンは曖昧な態度ではぐらかします。

一方、蒋介石自身も国共合作こそ進めますが、日本軍との戦いは、「持久戦論」など自前の戦略、自前の軍隊、即ち外国軍に頼らず国民党の正規軍による抗戦に固執していました。このように見ますと、コミンテルンの指示と蒋介石に依る本格的な抗戦決意とを直接結び付けるのは、今のところ無理があると思います。

いずれにしても、ソ連やコミンテルンの活動に関する史料が公開されない限り、確実なことはいえないのではないでしょうか。ソ連の史料といえば、最近、今世紀に入ってロシアが公開した一九三〇年代の外交文書の中から一九三七年の文書を選んで日本語訳した史料集が出ています。河原地英武・平野達志『日中戦争と中ソ関係－一九三七年ソ連外交文書』（東京大学出版会　二〇一八年）です。ただ、この史料集でもソ連の外交軍事を牛耳っていたスターリンの考えは殆ど分かりません。上記の国民政府代表団とスターリンの会談録もこの中に含まれていますが、例外的です。

ともかく、十分に解決可能だった局地紛争が、何故、解決できないで拡大の一途を辿ったのか、個々の軍事行動と、そして国際関係や外交にも目を向けるべきだということになります。なお、コミンテルンについては、最近ではルーズベルト政権との関係にも触れた江崎道朗氏の『コミンテルンとルーズヴェルトの時限爆弾－迫り来る反日包囲網の正体を暴く』（展転社　二〇一二年）があります。

杉原　さて、日米開戦に向けての、南京攻略戦ですね、上海事件に続いて起こる…。

波多野　上海事件の起こった一九三七年（昭和十二年）八月十三日に、日本政府は、松井石根大将のもと、二個師団の派遣が決まり、上海に上陸したのは同月二十三日、そうして中国国民党軍を敗走させるに至ったが、国民党の抗戦は続き、これを阻止するために、国民党政府の首都、南京を攻略することになった。十一月二十八日、参謀本部は南京攻略を決定します。そうして十二月一日、大本営は中支那方面軍司令官となっていた松井石根に南京攻略の命令を下します。上海から敗走する国民党軍を追撃し、十二月九日に南京の包囲を完成します。

杉原　私は、唐突な言い方になりますが、この南京を包囲したところで、戦闘は止めるべきではなかったかと思うんですね。

波多野　松井司令官は、南京入城の直前、十二月七日、「南京城攻略要領」を全軍に示達して「不法行為」の発生を戒めています。更に、同時に「入城に関する注意事項」を示して、「軍規風紀を特に厳粛」に保ち、中立地帯（安全区）に対する立ち入りを禁じ、「略奪行為」を為す者を厳罰に処すこと、憲兵をもって「不法行為」を摘発する等の具体的な注意を与えています。

そして、十二月九日、包囲完成の日に「和平開城の勧告文」の中国語訳文のビラを飛行機で散布しました。しかし、南京防衛司令官の唐生智は投降や和平を拒否したため、松井司令官は総攻撃を命ずるわけです。

杉原　そういう南京攻略の仕方ではなく、南京を包囲したならば、始めから、南京城には入らないという作戦がありえたのではないでしょうか。

ビスマルクというドイツの有名な宰相がいますね。彼は、強硬姿勢の強面外交でドイツを統一しましたね。しかし彼はドイツ統一後、これまでの武断外交を捨てて、慎重なる避戦外交をするんですね。これを「ビスマルク的転換」と政治学ではいうらしいのですが、これに倣って、包囲したところで勝利したことを明示して一切攻撃を止めて包囲を解くということですね。

実はですね、ビスマルク的転換として包囲を完成させた上で包囲を解くという案を、近衛に進言した人がいるんですね。当時、同盟通信社長をしていた岩永裕吉が文字通りビスマスクの故事、つまりビスマルクがオーストリアの首都ウィーンを包囲するや、たちまち和平工作に転じてオーストリアに向けて「包囲を解いて和平とする」と提案したんですね。これに応じたオーストリアは、それ以降、ドイツと友好的となった、という故事ですね。

これを岩永は時の首相近衛文麿に進言したそうです。しかし近衛は一向にその方向で動かなかったというんですね。

波多野　しかし、当時の国内の雰囲気からすれば、そのような案を考慮することは難しかったでしょう。

杉原　中国に対する国民の怒りは大変大きかったから、難しいことは分かります。しかし、全体を見通し、先の先を読むのが外交というものでしょう。当時の参謀本部も、全体としては不拡大方針を理解できる姿勢にあったんですから。

波多野　そうです。当時石原莞爾が参謀本部にいましたが、彼は、上海で戦闘を激化させるより日本居留民を日本に引き揚げさせた方が安上がりだ、と考えていました。昭和八年に建国宣言をした満州国の安定のためにも、戦争を拡大することは危険だと考えました。

杉原　当時、既に南京の国民党は、軍を北上させる準備をしており、日本は不拡大方針を改めざるをえない状況に置かれていた。また同じ年の七月二十九日には北京の郊外の通州という町で、二五〇人以上の日本人が、中国人によって残虐に殺された。この事件を通州事件といいますが、この事件によって「暴支膺懲」で日本国民は激昂していた。

波多野　しかし、満州事件以来の日本を非難する世界の世論、中国国民の反日感情の激化を考えれば、杉原先生の言われるようなビスマルク的転換が必要だったかもしれませんね。

杉原　ビスマルク的転換を図っても、中国が日本に対して友好的になるとは限らない。しかし世界の目を前にして、日本が好意的に見られ、中国問題から大きく解放される機会にはなったと思います。元々、南京攻略は、上海における国民党軍の一方的攻撃があったものであり、非は中国にあるものだったけれど、中国との衝突を早急に解決し日中関係を安定させるのが、この時の日本の至上の課題だった。
当時の状況として南京さえ落とせば、国民党政府は和を求めてくると見えたかもしれませんが、世界の世論と中国国民の反日攻勢を見てみれば、中国に深入りしてはいけない、という方向に気を回すべきだったんですね。先の先を読んでいない軍事行動と、そして外交ということになります。

波多野　ところで、南京陥落後、日本軍によって一般市民や捕虜への虐殺が行われたという、いわゆる「南京事件」について、杉原先生はずいぶん研究しておられますね。

杉原　私自身が研究した訳ではなく、研究の趨勢を知ってきているということですね。

波多野　杉原先生からすると虐殺はなかったと……。

杉原　そうです。「虐殺」を定義すれば、軍が組織として意図的に、又は計画的に、あるいは組織的に放置したものとして、市民や捕虜を不法殺害することです。そのように定義すれば「南京事件」は完全になかった、と。
「南京事件」研究の泰斗といえば東中野修道氏でしょう。東中野氏の『再現　南京戦』（草思社　二〇〇七年）は、今の時点の氏の研究の終着点でしょう。
この本ではありえませんが、東中野氏は国民党が保存していた文書から、国民党は南京戦を挟む約一一カ月の間に三〇〇回外国人記者を招いて記者会見を開いているのですが、日本を悪宣伝すべきその記者会見で、一度も、南京虐殺があったと思わせる非難はしていないんですね。これは、明らかに「南京事件」は無かったという強力な傍証になりますね。

それなのにどうして南京事件はあったかのような嘘が広がったのか、その点では、最近、池田悠という若い人が『一次資料が明かす南京事件の真実－アメリカ宣教師史観の呪縛を解く』（展転社　二〇二〇年）で明らかにしています。

それは南京戦のとき、南京に残留した外国人二二人の中で一四人がアメリカ人宣教師で、この宣教師の人がつるんで、先ほど述べた国際委員会などを通じて、虐殺があったかのような偽情報を発信したらしいんですね。

外務省に残る、南京虐殺があったかのような情報は全て伝聞情報で、元を辿っていくとアメリカ人宣教師に辿り着くようです。

波多野　私も南京事件そのものを深く研究したことはないのですが、旧陸軍将校の集まりである偕行社の有志会員が研究グループを作って、南京攻略戦に取り組んだことがありました。昭和の終わり頃です。その目的の一つは「学校の教科書等に記載されている「南京事件」の誤った記述を是正してもらう根拠を提供すること」にありました。私も僅かでしたが手伝いました。
そこで、この研究グループは、数年間の調査研究の結果、南京戦史編集委員会編『南京戦史』『南京戦史資料集（Ⅰ・Ⅱ）』（偕行社　一九八九年）を刊行しました（増補版は一九九三年刊）。可能な限り客観的な史料によって南京事件に迫ろうというもので、松井石根の陣中日記、第一六師団長の中島今朝吾の日記、上海派遣軍参謀長の飯沼守の日記、歩兵第三〇旅団長の佐々木到一の手記、各部隊の戦闘詳報、南京安全区国際委員会の資料など貴重な一次史料を収めています。

偕行社としの見解は抑え気味で、「虐殺」について明確な結論は出していないのですが、第三国人の作った、いわゆる「スマイス調査」（南京地区における戦争被害）に対比する形で、南京城内の掃蕩作戦においては、便衣兵に混じっていた敗残兵を処断する際に、「一般市民が兵士と誤認された可能性はあるが、一般市民に対する計画的・組織的な大量無差別殺害は記録にない」と述べています。

杉原　私は『日米開戦以降の日本外交の研究』（亜紀書房　一九九七年）を纏めた平成九年の当時は、小規模ながら虐殺はあったと思っていました。しかし今は研究状況が進み、厳密な定義の下では、意図的、計画的、組織的な意味での南京事件は存在しなかったと思っています。

波多野　南京攻略前後の「虐殺」などの不法行為について、私の考えを述べれば、日本軍が組織的、計画的に一般市民や捕虜を殺害したという事実はないが、一般兵士による住民に対する略奪、暴行、強姦、捕虜の殺害などの「不法行為」が相当の規模で行われたことは否定できない、というものです。昭和十三年（一九三八年）一月四日には、閑院宮載仁参謀総長名で、松井司令官宛に「軍紀・風紀ノ振作ニ関シテ切ニ要望ス」との異例の要望が現地軍に出されています。これは各国大使館からの情報によるものとはいえ、不法な殺害などを認めざるをえなかったことを示しているのではないでしょうか。
　その原因を探ってみますと、日本側には、俘虜（捕虜）の取り扱いに関する指針や占領後の住民保護を含む軍政計画が欠けており、また軍紀を取り締まる憲兵の数が少なかった点、食糧や物資補給を無視して南京攻略を敢行した結果、略奪行為が生起し、それが軍紀弛緩をもたらし不法行為を誘発した点が挙げられます。一方、中国軍にも、早々と南京防衛を放棄してしまった撤退作戦の誤り、それに伴う指揮統制の放棄、民衆保護対策の欠如などを指摘できます。

杉原　兵士の一般市民、敗残兵、捕虜に対する不法殺害、不法行為が皆無であったと言っている訳ではありません。どこの戦場でも起こりうる不祥事はあったと思います。軍紀の振作も必要であったかもしれません。しかし先ほど申し上げたように、あったという情報源の殆どは宣教師の言い出したものであって、組織として意図的、又は計画的に、あるいは意図的放置によって、不法殺害や不法行為があったかといえば、その点では明確に存在せず、したがって「南京事件」は存在しなかったということになるのだと思います。

波多野　話を進めたいと思います。日米開戦への原因の直接原因、軍事行動と外交の問題で、近衛文麿首相の声明「爾後国民政府ヲ対手トセズ」の問題ですね。この近衛声明の問題については、杉原先生はどう思われますか。

杉原　この近衛声明の問題は、この声明への過程として、昭和十一年二月二十六日に起きた二・二六事件から始めるとよいでしょうね。これを契機として同年三月九日、外務省出身の広田弘毅を首相とする広田内閣が発足します。

しかし、広田は内閣を組閣するとき、軍部に妥協して、久しく禁じられていた陸軍大臣や海軍大臣に現役の武官を就任させるという現役武官制を復活させた。そのことによって軍部の発言力が一層、強くなり、統帥権独立の弊を更に大きくした。そのことが直ぐに災いして、昭和十二年「腹切り問答」が起こり、寺内寿一陸軍大臣が議会で陸軍が侮辱されたと言って辞職し、そのために内閣が崩壊し総辞職となった。この程度のことで陸軍大臣が大臣を辞めそのために総辞職となったことについては、大日本帝国憲法に定める内閣制度がいかに脆弱であり、大日本帝国憲法が日本をしていかに悲惨な状況に置いていたかを物語ります。ともあれ、その広田弘毅が、林銑十郎内閣を経て、昭和十二年六月四日に誕生した近衛文麿内閣の外務大臣に就任します。

近衛は由緒ある公家の出で、輿望を担って総理大臣に就任します。その近衛にとっては不運ということになるのでしょうが、就任して一カ月も満たない七月七日に盧溝橋事件が起き、そのまま上海事件、南京戦へと繋がっていきます。

そして十二月十三日には、南京を陥落させた。ここで、世界の情勢、中国国内の情勢を考えれば、まさにビスマルクの転換を為すべきといえるのですが、近衛は真逆のことをした。

波多野　単に真逆といっただけでは済まされないと思います。日米開戦に関わると、決定的な真逆の間違いを犯したことになります。翌昭和十三年一月十六日に「爾後国民政府ヲ対手トセズ」という声明を出します。付言しておきますが、この「対手」というのは「あいて」と読みますね。

昭和十三年一月の近衛内閣によるこの「対手トセズ」声明は、蔣介石政権との和平の可能性を閉ざしたものとして有名ですが、その発出の過程で広田弘毅外相の役割は大きいですね。日華事変直前に外相となった広田は、東京裁判でも南京虐殺事件の責任者の一人として起訴されています。広田は事件の重大性に気づき「早く何とかせねばならぬ」と杉山元陸相に軍紀粛清を要望したものの、閣議などではこれを提起しませんでした。その代償は大きく、東京裁判で「犯罪的な過失」と見なされました。

その広田は他にも過ちを犯します。昭和十二年十二月、上海線における敗勢を悟った蔣介石は、ドイツのディルクセン駐日大使と通じて日本側の和平条件を基礎として交渉に応じる姿勢を伝えました。しかし広田は、最新の情勢変化は講和条件の変更を必要としているとして即答を避けた。最近の情勢変化とは、南京攻略が迫っていたからで、「戦勝ムード」が国内で高まり、対中姿勢が強硬になったことを意味します。実際、十二月末までに中国側に示された講和条件は、石射猪太郎東亜局長の抵抗にも拘わらず、華北や内蒙古への保護駐兵、華北における「特殊機構」の設置など、講和条件が加重されていました。

中国側は、加重条件の説明を求めましたが、広田はそれを遷延策と見なしてドイツの仲介に対して拒否に大きく傾きます。これに対し、参謀本部は寛大な条件で停戦和平すべきであると主張したため、昭和十三年の一月に入って日露戦争以来の御前会議が開かれます。しかし、参謀本部の立場は劣勢で、もはや講和条件を議論する場ではなく、期限付きで交渉打ち切りを主張する広田の方針が通ってしまうんです。

杉原　蒋介石の側の状況をから見ると、まさにビスマルク的転換は実際には可能だったということですね。

波多野　御前会議で決めれば変更できなくなるのに交渉打ち切りを御前会議で決める、尋常ではないですよね。それにしても、アメリカとの関係も含めて、どうしてこのような声明を出すことに固執したんでしょうね。

杉原　日本国民に受けようとしたのでしょうね。上海事件を起こしたのも、国民党だし、満州事件を起こしたのも中国人だし、そのことで日本の国民は怒っていましたからね。

波多野　それにしても、「国民政府ヲ対手ニセズ」では、以後交渉のしようが無くなる訳ではありませんか。

杉原　この声明を出す一月十六日の前日、大本営政府連絡会議で、広田外相は、中国の回答には誠意が見られないから国民党政府とは交渉を打ち切りにしようと言い張った。このとき、陸軍を代表して多田駿参謀次長は必死になって反対した。中国との交渉で国民党政府を交渉の窓口として残しておかなければ大変なことになると、猛烈に反対したのです。
しかるに、外務大臣がですよ、外交を司る外務大臣が「参謀次長は外務大臣を信用しないのか」と言って押し切った。本来ならば、外務大臣が交渉を切ることに最も反対しなければならないのに、その外務大臣が最も強硬な意見を出す。平常において外務省がいかに、世界の趨勢を見透かす力がないかということですね。波多野先生はどう思われますか。

波多野　盧溝橋事件を挟む広田外交は、「和協外交」として日中関係の改善が期待されたのですが、昭和十年（一九三五年）の半ばころから、華北で現地軍による華北分離工作が進展して日中関係が悪化していくにも拘わらず、広田はこれを抑えようとしない、モラル・サポートさえ与えていました。華北分離工作にも「支那の内政問題」として関与しなかった。
更に、南京陥落後には戦勝ムードに溢れる国民の強硬な世論や、軍部や現地軍の一部の強硬論に迎合する一種のポピュリズムに陥ってしまいました。

杉原　序でながら言いますが、戦争に敗れて占領下、広田は、東京裁判で、七人の絞首刑のうちの一人として、絞首刑に処せられますね。
私は東京裁判を肯定する者では決してありませんが、東京裁判で、日米開戦に責任ある者として日本側の責任者を七人選ぶとしたら、広田は当然その一人に入っているべきだと思います。

波多野　南京陥落のときに軍による不法行為を知った広田は、その重大性に気づき「早く何とかせねばならぬ」と杉山陸相の軍紀粛清を要望したものの、閣議ではこれを提起しませんでした。その代償は大きく、東京裁判では先ほども言いましたように「犯罪的な過失」と見なされ、絞首刑の一因となっています。

杉原　昭和六年の満州事変を経て、一九三二年（昭和七年）一月七日、スチムソンがフーバー大統領の国務長官として、門戸開放、領土保全のもと、中国の領土の侵害を認めないとするスチムソン・ドクトリンを日本に向けて出していました。さらにもっと恐れなければならないのは一九三七年（昭和十二年）十月五日の時点でルーズベルト大統領が、名指しこそしなかったものの事実上、日本、ドイツ、イタリアを念頭に置いて「国際的無政府状態を引き起こしているので隔離しなければならない」という有名な「隔離演説」をしていました。そんな状況を見れば、中国との衝突はできるだけ早急に終息を図るように外交を展開すべきであったと思います。

近衛声明は、日米開戦に向けて、国際連盟脱退に続くまた更に近づいた痛恨事ですね。

波多野　それでは、日米開戦への原因追究の直接原因、しかも昭和になってからの近因としての外交と軍事行動の問題に関して、第一次近衛内閣の末期の昭和十三年十一月三日の東亜新秩序の声明と第二次近衛内閣での三国同盟の問題について話し合いましょう。

杉原　近衛の東亜新秩序声明は、同年一月の「国民政府ヲ対手トセズ」の声明で、にっちもさっちもいかなくなった対中国問題で、新たな解決案を探ろうとして出てきたものといってよいでしょうね。要するに、日本と満州と中国とで新しい平和的秩序を作って、東アジアに平和で豊かな地域を作ろうという呼び掛けですから。

波多野　この東亜新秩序の構想は、このとき急に出たものではなく、遡れば満州国が成立した後の昭和八年十月二十一日の、斎藤実内閣の下での広田弘毅外相に依って為された閣議決定にその芽を見ることができます。「帝国指導のもとに日満支三国の提携共助を実現し、これにより東亜の恒久平和を確保し、惹て世界平和の増進に貢献する」とあり、満州事変の起こった後で、ある意味自然に出てくる日本の外交方針だったと言えます。しかし、この決定を受けて、昭和九年四月十七日、外務省の情報部長の天羽英二がいわゆる「天羽声明」を出して、東亜の平和と秩序の維持に日本は特別の使命を持っており、列強による対中支援は日本の使命達成を妨害することになると発表する訳ですが、これは明らかに欧米への対決姿勢です。そしてこれが昭和十一年の二・二六事件を経て誕生した広田弘毅内閣にも引き継がれる。そして更に、昭和十二年（一九三七年）七月七日の盧溝橋事件を経て、八月十三日上海事件となり、十五日に近衛の「暴支膺懲」の声明となり、翌昭和十三年一月十六日の「国民政府ヲ対手トセズ」の声明があって、そしてこの新東亜秩序の声明に成る。

新東亜秩序声明の良い面のみを見れば、この声明は出るべくして出た自然な声明だということになります。

問題はその良いことをいかなる方法と手段によって実現するかということで、天羽声明のように、欧米への対決のためのものであってはいけない。

杉原　実現したいものは東アジアの平和と安定だけれど、当時のにっちもさっちもいかなくなった対中国問題の中で天羽声明のように言えば、それは欧米と摩擦を生むことになる。

波多野　日華事変が長期持久戦の段階に突入した昭和十三年十一月、近衛内閣が公式に打ち出した、日満華の三国が東アジアに新たな国際秩序として「東亜新秩序」を建設するという構想は「東亜新秩序声明」といわれるもので、日中満の三国が、平和互恵、経済提携などの理念のもと共同で東アジアに新たな国際秩序を打ち立てようという構想でした。

その三国の一角を占める筈の中国は、蒋介石政権に代わる親日政権（後に汪兆銘政権）が想定されていましたが、未だ不透明でした。その直前の十月、アメリカ政府は長文の対日覚書で、盧溝橋事件以来のアメリカ人が中国で被った差別待遇、市場独占化の現状を例示して、門戸開放原則、機会均等原則（九カ国条約）の侵害に対し、速やかな改善を要求してきました。

これに対し有田八郎外相は、事変前の事態に適用されていた九カ国条約などの国際原則をもって、もはや東アジアの現状と将来の事態を律することはできないと反論しましたが、これは東亜新秩序声明を踏まえたものでした。同年十二月末、更にアメリカは、門戸開放原則を無視して樹立される「新秩序」は承認できないと改めて通告してきたように、「望ましい国際秩序」を巡る日米の対立は頂点に達しました。

しかし、そのことが日米戦争に直結した訳ではありません。というのは、現実の「東亜新秩序」を支える日本の戦時経済体制は、アメリカに対する経済的依存を無視しては成り立たないものと成っていましたから。したがって、「東亜新秩序」政策の実際は、東アジア市場への欧米資本や技術の参入を促し、商品市場としても平等の条件で世界に開放すべきであるという議論を踏まえたものでなければなりませんでした。

つまり、経済開放主義が「東亜新秩序」性格の基盤であり、英米との衝突に発展する性格のものではなかったのです。

こうしてみると、「東亜新秩序」構想は、当初から排他的ブロックを志向していた訳ではなく、「経済的開放主義」を内包するものであったのです。

しかし、東亜新秩序構想は、ドイツが提唱するアウタルキー色、つまり自給自足色の強い新秩序構想と結びついていく。昭和十五年（一九四〇年）九月の日独伊三国同盟の締結はこうした傾向を決定的なものとし、貿易の矛先をドイツに転換せざるをえなくなり、アメリカは「経済的交戦国」と化してしまいます。

三国同盟はそうした意味でも一つの転換点でした。

杉原　にっちもさっちもいかなくなった中国問題で、それを解決するためには、欧米と協調路線を取っていかなければならないのに欧米の対中支援が気になり、欧米との対決姿勢を強めていくことになる。

軍部はまさに兵士が戦死している戦争の中で思惟している訳だから、敢えて弁護して言いますが、いささか視野が狭窄になっていくのはある程度は仕方がない。しかし外交を司る外務省は、全体の更なる全体、先の更なる先を読んで外交方針を立てなければならない。にも拘わらず、軍部も反対している「国民政府ヲ対手トセズ」の声明を出して、対中問題を極めて解決困難なものにする。

やはり私に言わせれば、日米開戦は、軍部より外交を司った側に大きな責任がある。そのことがよりはっきりするのが、今、波多野先生が言われた日独伊の三国同盟ですね。

波多野　まず、広田弘毅内閣での昭和十一年（一九三六年）十一月二十五日締結の日独防共協定があります。これが翌年の昭和十二年十一月六日の第一次近衛文麿内閣での日独伊の防共協定になります。いずれも陸軍が主導したものですが、「防共」というイデオロギーを共同で防止するという世界史の中でも特異な協定でした。具体的にはコミンテルンの活動を抑えるということでしたが。

そして昭和十五年（一九四〇年）九月二十七日調印の、日独伊の、第二次近衛内閣で松岡洋右外相の下での軍事同盟が結ばれます。ただ、防共協定がソ連（コミンテルン）への対抗を目的としていたのですが、この三国同盟は、米英を対象としたものに変質していきます。

杉原　二〇世紀の世界を動かしたもう一つの大きな要素に共産主義、コミュニズムがありました。特に日本の場合、天皇制のこともあって共産主義については警戒しなければならない関係にあった。そのためソ連のコミンテルンへの警戒に力を注いでいるドイツとイタリアと協力関係を築くことには、ある程度は自然の流れといえるところがあった。

波多野　しかしアメリカなどから見ると、旧秩序を力で破壊しようとしている勢力に見える。昭和十二年（一九三七年）十一月六日のイタリアも含めた日独伊防共協定を結ぶに当たっては、その約一カ月前の十月五日、アメリカの大統領ルーズベルトが日独伊を念頭に置いての「国際的無秩序状態」を引き起こしている国は隔離しなければならないという、先ほども指摘した「隔離演説」が行われる。昭和十五年九月二十七日の三国軍事同盟を結ぶと、その約二週間後の十月十二日、ルーズベルト大統領は、独裁者たちの脅迫や威嚇には屈しないという強い口調の演説を行っている。日本は、石油の殆どはアメリカから輸入しているという生存に関わる経済的関係からも、もっとアメリカの動向に警戒心を持つべきでしたね。

杉原　そこに私が何度も指摘する外務省の致命的無能力がある。

波多野　日独伊三国同盟についてもう少し詳しく述べておきます。

日独伊三国同盟に関しては、昭和十四年九月に、ドイツと英仏との間に欧州戦争が始まると、三国同盟を結ぶ前ですが、日本は当初、「不介入」政策を取ります。

昭和十五年春になると欧州戦争は大きく動き出します。ヒトラーは、北欧から西欧にかけて電撃作戦を展開し、六月にはフランスが陥落し、イギリスも危うい情勢となります。ドイツの欧州席巻は、まず日本の軍指導者に、オランダ、イギリス、フランスなどのアジア植民地がドイツの掌中に落ちるのではないかという危機感を募らせます。こうした危機感を背景に、欧州とアジアを日独が大まかに「勢力分割」するという日独同盟構想が生れます。
この構想が第二次近衛内閣において日独伊三国同盟として結実するのですが、日独の同盟に対する実質的な期待は「勢力分割」というより、欧州の戦争とアジア戦争（日華事変）へのアメリカの介入を阻止することにありました。松岡洋右外相は、三国同盟にソ連を加えて「四国連合」とし、その国際的圧力をもって日華事変を有利に解決するという構想を抱いていました。しかし、この昭和十五年秋には、ヒトラーは既に対ソ攻撃を密かに決断していました。

にも拘わらず、その後、松岡外相は、「四国連合」の実現のため、ベルリンとモスクワを訪問して、昭和十六年四月に、スターリンとの間に日ソ中立条約を結び、「四国連合」は曲がりなりにも完成したかに思われました。ここから大きな問題に発展していくのですが、この「四国連合」の問題は、次の第四節の「日米交渉」を扱うところで話し合いましょう。

杉原　日米開戦の日、三国同盟の立役者である松岡洋右は「三国同盟の締結は、僕一生の不覚だった」と涙を流したと言われています。

波多野　第一節で杉原先生が言及された外務省、斎藤鎮男の昭和二十六年の「日本外交の過誤」ですが、その「結論」部分で、ソ連を三国同盟に抱き込むという夢が独ソ開戦で破れた以上、三国同盟は一切御破算とすべきであったと強調されています。その上で、「日独伊三国条約を御破算にしていたら、日米交渉にも本気にかかれたであろう」と述べています。外交の大転換の機会を逃してしまったという反省ですが、行き掛かりに拘わって三国同盟を「御破算」にできない大局観の無さというか、当時の外務省の脆弱性をよく表していると思います。

杉原　そうですね。

第四節　日米開戦前一年間に生じた直接原因

波多野　それでは、日米開戦前一年間の開戦原因について話し合いましょう。

杉原　松岡洋右外務大臣はいやがる海軍出身の野村吉三郎を駐米特命全権大使にして日米交渉をさせる訳ですね。この日米交渉について、波多野先生はどのように総括されますか。

波多野　野村は、大正十四年（一九一五年）一月海軍武官としてワシントンに赴任していす。このときルーズベルトはウィルソン大統領の下で海軍次官を務めており、親しく付き合った仲でした。そういう関係を見込んで、松岡は野村を懇請して駐米大使になってもらった。

日中戦争の勃発後の昭和十三年十一月の近衛内閣による「東亜新秩序声明」です。東アジアに日中満が協力して新たな地域秩序を築く決意を示したこの声明は、米英主導の国際秩序の原理（自由貿易、門戸開放など）に公然と挑戦したもので、望ましい国際秩序を巡って原則的な対立に陥りました。しかし、東亜新秩序建設のためには、アメリカ資本や技術に依存する必要があり、決定的な対立は避けねばなりませんでした。

昭和十五年九月二十七日の三国同盟の締結で、対英米関係を決定的に悪化させてしまいました。松岡外相の意図は、アメリカを牽制して、アメリカがアジアとヨーロッパの戦争に介入するのを防ぎ、日華事変の解決に繋げるという意図であったのですが、その後はその主観的意図とは逆に進んでしまいます。

日本にとって対米交渉における期待している最良の成果は、中国問題へのアメリカの介入（援蔣行為）を避けつつ、アメリカの「橋渡し」によって日中直接交渉を実現し、日華基本条約を中国にそのまま受け入れさせることでした。

日華基本条約とは、昭和十五年（一九四〇年）十一月三十日に汪兆銘政権との間に結ばれた条約で、華北における国防上、経済上の優越権の設定、中国による満州国の承認、所要軍隊の華北への防共駐屯や資源開発について便宜供与など、日本の優越的地域の設定が含まれ、中国にとっては不平等条約でした。蔣介石政権はむろん反発しました。

松岡は、昭和十五年十二月の野村大使の送別会で、三国同盟はアメリカに敵対するものではなく、汪兆銘政権の承認についても、「アメリカが日本の真意を正しく理解すれば、われわれの建設の努力を妨害せずに協力してくれるものと信ずる」と演説しました。そして、こう結んでいます。「要するに、現実を直視して、日米両国が相互に和協の精神をもって、他方の立場を諒解するのが肝要であって、日米戦争が万一にも起きれば人類の破滅を招来することを銘記し、この際、忍耐強く友好の大道を、ともに歩みたい」と。

多分にリップサービスが含まれているとはいえ、松岡演説は、政府や外務省の関心がどこにあったかをよく示しています。松岡が強調する「現実を直視」する必要があったのは、実は正に日本側でしたけれど……。

杉原　外務省や外務大臣は、国際関係に最も鋭敏でなければならないのに、この独善、相手国への無理解は何といえばよいのでしょう。

波多野　松岡としては、元はといえば日中問題を日中間で解決を図るために、三国同盟を結んでその威力の下にアメリカの中国への支援、援助の介入を避けるという目的の範囲のものでした。

しかし日中問題は一向に解決する目途は立たず、日米交渉は、中国問題を解決するためにアメリカの日本に向けての協力を招請するというものに変わっていきました。

しかしアメリカから見て、中国が犠牲となることを意味する日中和平交渉を、自由貿易、門戸開放を国是のように固い外交方針にしているアメリカにとって、受け入れられる筈はありません。中国援助を停止して妥協を図るということは、もはやアメリカにとっては何のメリットもないものになっていました。

日米交渉というのは、初めから失敗に帰する交渉だったといえなくはありません。日本は藁にも縋る思いで、日華事変の解決をアメリカの仲介斡旋に賭けた。

杉原　私はここに至る経緯において、軍部も戦闘地域を拡大していきましたから軍部にも責任はありますが、それより遙かに大きい責任が日本の外務省にあると思います。

昭和十三年一月十六日の「国民政府ヲ対手トセズ」の声明は何ですか。中国問題を中国と共に解決するのを不可能にするということではありませんか。

近衛はこの声明を反省して同年十一月三日の「新東亜秩序」建設の声明を出し、蒋介石政権であってもこれを拒まないとしており、修正を図っていますが、昭和十五年三月三十日、蒋介石政権の一部を使って、汪兆銘政権を立てるではないですか。汪政権がうまくいけば解決に向けて大いに進むかもしれませんが、その可能性はどこにあるんですか。失敗をすれば、日中問題をもっと拗らせ、もっと解決不能のものにする。

この私たちの対談で既に何度か紹介しましたが、日露戦争の終わった後に朝河貫一という学者が言っていましたね。中国は平然と悪行を行うけれど、それに対して日本が更に日本の利益を上乗せして、力で押し切ろうというのは誤りであると。日華事変における上海事件は確かに蒋介石の国民党政府の方が悪かった。しかし南京戦へと拡大し、日中問題の解決の目途をすべて潰してきたのは、日本の外交ではありませんか。

このような日本の外交の責任を問う論は戦後は余り聞きませんが、それこそが波多野先生の言われる「吉田茂という病」であり、それ故にこそ私は外務省の責任を強く問うのです。

波多野　でもですね、日米交渉も成功する可能性もないではなかった。日米交渉は、昭和十六年四月中旬、アメリカから齎された「日米諒解案」から始まります。未だ非公式の提案でしたが、行き詰まっていた日華事変の解決をアメリカの仲介によって解決しようという政府と軍の指導者はこれに飛びつきます。日本に有利な条件で、アメリカが蒋介石政権との和平を斡旋してくれそうな内容だったからです。

しかし、アメリカは単なる仲介者ではなく、和平斡旋に応ずる前提として「ハル四原則」の遵守を求めていました。①領土保全と主権尊重、②内政不干渉、③門戸開放・機会均等（通商上の無差別原則）、④平和的手段に依らざる限り太平洋の現状不変更です。当初日本側はこの「ハル四原則」を重視しませんでした。日本側の立場は、何度か私が述べてきましたように、日華事変はあくまで日中の間で解決するもので、アメリカの役割は単に仲介斡旋だけだと考えていました。

杉原　そこでこの「日米諒解案」については、これはハルが直接手渡したものではなく、つまりは実際にはアメリカから承認を得たアメリカ案ではなく、ワシントンに在って日本側で勝手に作ったもので、実際には実現する筈もなく、最初から日米交渉の進展に資するものでは無かったという考え方があります。

しかしそれは違います。この日米諒解案が出てきた時は、日本の外務省では十分に把握されていませんでしたが、アメリカの政府の中ではドイツのヒトラー政権が独ソ戦争を始めようとしていることが分かった時です。

独ソ戦争が始まった際、日本はドイツ側につくのか、ソ連側につくのか、それとも中立を維持するのか。日本は三国同盟に従えばソ連に侵攻してよい立場に立ち、松岡が訪欧してヒトラーと会った後、昭和十六年四月十三日に締結した日ソ中立条約の立場に立てば、ソ連への侵攻はしないことになる。

ルーズベルトは必死になって、日本をしてソ連侵攻をさせないように仕向けたかったのです。何と松岡は、ヨーロッパ滞在中、当時のアメリカの言論人ロイ・ハワードを使って、リスボンからの飛行機の座席を手配済みだからヨーロッパからの帰路、アメリカに立ち寄って大統領との会見をしないかとの電報を、野村大使を通じて受け取っているのです。チャーチルも、そのようなルーズベルトと会わせる工作をしていたのです。

松岡はそれほどすごい切り札をこのとき、手にしていたのです。四月二十二日、松岡は羽田に帰ってくる。「日米諒解案」のことを聞くと最初は喜んだが、それが自分の働きかけた線でできたものでないと知ると、途端に機嫌が悪くなる。確かにこの日米諒解案は陸軍から派遣された岩畔豪雄大佐だけではありませんが、岩畔が中に入ってできたものであり、松岡の為したスターリンとの日ソ不可侵条約締結の延長上にあるものではなかった。

松岡は、日本に帰ってきた時に、ドイツの独ソ戦計画は十分に知らなかった。しかし間もなくこのことを知ります。そうすると、「日米諒解案」に賞味期限のあることは分かった筈。にも拘わらず、この諒解案を無視して、結局、日本は、何も有効な手を打たないで、六月二十二日の独ソ戦を迎えるんですね。

あまりにも馬鹿げている。独ソ戦が始まって日本がソ連侵攻をしないことが分かれば、アメリカは今度は日本への虐めに掛かってくることは、火を見るより明らか。

「日米諒解案」には今、波多野先生が言われたアメリカ外交の四原則が付してあったから、元々、成立する筈は無かったと考える人たちが居ますが、しかしこれは私に言わせれば明らかに幼稚で誤った考え方です。

ルーズベルトの政策を通覧すればすぐ分かることですが、ルーズベルトは必要に応じて原則をいくらでも引っ込める人です。飛行機の座席まで用意して松岡と会おうとしたのは、独ソ戦争の際の日本のソ連攻撃を阻止するためであり、その目的のためには、このような原則はいとも簡単に目を瞑ります。

要は、このような絶大なる効果のあるカードを持ちながら、そのカードを全く使わなかった外務省の無定見です。こんなことのために日米戦争の回避ができなかったのだと思うと…。

波多野　杉原先生のいつもの桁違いの外務省批判ですね。

杉原　私はね、日華事変にあって、最初の昭和十二年七月七日の盧溝橋事件も、日本軍と国民党軍を戦わせようとする中国共産党の画策、そして八月十三日に始まる上海事件、更には上海事件の少し前の残虐な通州事件を考えると、中国に大いなる非があるのであって、第三節で紹介しましたが、茂木弘道氏の言うように日中戦争は本来、中国に謝罪する謂れはないと思うんです。そして当時の日本の国民が怒るのも無理はないと思うんです。

しかしこうして起きた日中衝突を解決不可能にしたのは、日本の外交です。そして日米交渉は、元は、アメリカの中国支援を切るためのものであったけれど、結局はにっちもさっちもいかなくなった日中問題を、アメリカの仲介によって解決しようとしたということになる。しかし、先ほどの四原則を外交の原則としているアメリカによって日中問題は解決される筈はない。最後は結局、日米開戦ということにさせられる。

日米交渉で唯一、解決の可能性が出たのは独ソ戦争の始まる前に出てきた「日米諒解案」の瞬間、この好機を外務省が自ら潰して駄目にした。

更に次のことを口走っておきたいんです。前に触れましたが、ワシントンで日露講和条約を結んで日本に帰ってきたとき、ハリマンの満州鉄道共同経営の申し出を壊した小村寿太郎のことを思い出しますね。功を独占しようとしたあるべからざる外交官としての所業ですね。それにこのような松岡の独断行動を制御できない内閣の脆弱性ですね。伊藤博文をここでも恨みたいですね。

波多野　日米開戦前一年間の開戦原因について次に取り上げるべきは、近衛首相の提唱したルーズベルトとの首脳会談ですね。

だが、その前に一九四一年（昭和十六年）六月二十二日に始まった独ソ戦争以降の日本国内の動きを少しだけ見ておきましょう。

独ソ戦開始に伴って、日本は国策の再検討を迫られ、独ソ開戦情報が伝わった六月二十二日から七月二日の御前会議の決定まで、南進か北進か、政軍指導者の間で喧々囂々の議論が行われます。

南進は、平和的に東南アジアに進出するというのは、すでに既定路線となっていて、蘭印(オランダ領東インド)との石油交渉が行われ、それが昭和十六年春には行き詰まっていました。そこで、武力によって進出するか否かが争点でした。

一方、北進とは、三国同盟をバックに、極東ソ連領を攻撃するという選択で、積年の対ソ問題を一挙に解決するという陸軍の構想でした。

こうして南進か北進か、陸軍と海軍の首脳と松岡を含めて三つ巴の論争となり、結局、「南北併進」に落ち着く訳ですが、その過程を見ますと、国力の現状や冷静な情勢判断を欠いた「作文合戦」の様相となります。つまり、海軍は強硬な陸軍の北進論を抑えるために、敢えて南進論を唱える、逆に陸軍は海軍の南進論を抑えるため、強硬な北進論を説く、といったように紙の上にどちらを優先して書くかという意味で「作文合戦」になってしまった。陸軍、海軍のそれぞれが官僚組織としての利益を優先した主張を繰り返した結果でした。

杉原　そこに外務省の無能が輪を掛ける。結局、日米開戦が目前に迫っていないこの時点で、各組織の面子や利益の争いですね。どうしようもない大日本帝国憲法下の内閣ですよ。

波多野　ともかく「南北併進」が国策となるのですが、南進の場合は南部仏印進駐の準備が進み、七月下旬には実行されます。これにアメリカが強く反発して、日米交渉は殆ど行き詰まってしまいます。

北進の場合は、極東のソ連領、つまりシベリアを攻撃するため、関特演（関東軍特種演習）という動員準備に入る訳です。北進は準備だけで八月初旬には中止されます。シベリアの気候的条件が北進を断念させた、といわれます。

ただ、このとき武力で北進すれば、ソ連は西からドイツが、東から日本が挟み撃ちの形になり、ソ連は敗北に向かっただろうという見方もあります。

杉原　日本が本格的にソ連侵攻をすれば、ソ連は確かに崩壊していたでしょう。アメリカが助けるといっても、助ける暇もなく、ソ連は敗れていたでしょう。

しかしですね、天皇の下にある日本にあっては絶対にソ連侵攻というようなことはありえません。法令遵守、国際法尊重の真面目な昭和天皇の下で、日ソ不可侵条約を破るようなことは絶対にありえません。確かに、ソ連侵攻は議論されましたが、議論の段階だからこそ考えられた一つの考え方であり、実行の段階でしたら、昭和天皇が認める筈はありません。

波多野　一つの考え方というより、実際に「関特演」という形で内地から続々と満洲に兵を送るのですが、しかしこうして武力行使の条件が整ったとしても、最後は昭和天皇が止めたかもしれませんね。

杉原　そこで日米首脳会談の問題に移りますが、近衛首相は松岡洋右を外務大臣に置いたままでは日米交渉は成り立たないと思い、昭和十六年七月十八日総辞職し、外務大臣を海軍出身の豊田貞次郎に代えて七月十八日第三次近衛内閣を発足させました。

ルーズベルトは日本の南部仏印進駐への警告として七月二十五日、在米日本資産の凍結を発表します。それでも日本は七月二十八日、南部仏印に進駐を開始したことになります。松岡がアメリカとの対立が起こるとして絶対にしてはならないと言っていた南部仏印進駐です。ルーズベルトは八月一日、ついに石油全面禁輸を断行します。

こうして窮地に立った近衛が考え出したのが、ルーズベルトと直接に会談する日米首脳会談の構想だった。首脳会談を開いて日米の問題を一挙に解決するという構想でした。近衛は八月八日、野村大使を通じて国務長官ハルに、会談を申し入れていました。

波多野　この会談は見せかけだけですが、最初はうまくいきそうだった。

杉原　そうです。ですが、この首脳会談の話に入る前に、日本の外交の脆弱性を物語る一つの話をしておきたいと思います。

七月五日、すでに六月二十二日に独ソ戦開始となって約二週間経った時点で、ルーズベルトは、グルー駐日大使を使って、日本がソ連攻撃の意図を持っているという報告には何の真実性も無いことを、首相近衛の言葉によって保証してもらえればありがたいと言ってきた。このとき近衛は、まだ外務大臣であった松岡を通して七月八日「ソ連と戦争を開く可能性を考慮したことがないと陳述したい」と文書で返したんですね。

何を言いたいかということですが、これは、ルーズベルトが、日本の対ソ侵攻は、外交上の大きなカードだということを態々知らせてきた訳ですね。だったら、例えば南部仏印への進駐を、このカードを使ってアメリカの了解を取るように何故使われなかったんですか。具体的にいえば、ソ連侵攻を止める替わりに南部仏印に進駐することを認めてくれ、などと。それを認めてくれなければ日本はソ連侵攻を考えていかざるをえなくなる、と。あるいは、その後の日米首脳会談の話に繋げるために敢えて回答は控える、とか。

何故、この程度の知恵が出ないのですか。実際の史実としては、松岡をして、ルーズベルトからの問い合わせの三日後に、何の含みも持たせず、先ほど述べた通り、「ソ連と戦争を開く可能性を考慮したことがないと陳述したい」と答えるんですね。この回答に関する直接の責任は近衛にあるといえるのでしょうが、日本に外交の専門機関として外務省があるのに、何故、このような知恵の無いことをするんですか。このような脆弱な外務省によって、日米開戦は避けられなくなっていくんですね。

波多野　相変わらず、杉原先生は外務省に厳しいですね。対ソ侵攻計画を交渉カードに使う、といった発想は確かに外務省には生まれようがなかった……。

ともあれ、その日米首脳会談ですが、八月八日、ハル国務長官に提案していたのです。その時は、ルーズベルトは大西洋の洋上で秘密裏にイギリスの首相チャーチルと会っていた。全く秘密の会談ですね。

そのルーズベルトが十七日、ワシントンに帰ってきますが、帰ると直ちに野村大使を招いて会った。そして日米首脳会談の構想について、時期は十月の中旬で、場所はアラスカで、とかまで言って、極めて積極的に反応した。そして八月二十八日、再びこの件で会ったとき、野村は近衛の親書を渡した。このときルーズベルトは「これは素晴らしい」と称賛したんですね。

首脳会談は実現するかに見えた。しかしこれはルーズベルトのジェスチャーに過ぎないのであって、ルーズベルトの側は、最初から首脳会談をする意図は全くなかった。そのことについて、杉原先生は『日米開戦以降の日本外交の研究』（亜紀書房　一九九七年）で、そこのところを詳しく述べておられますね。

杉原　そうです。ルーズベルトはジェスチャーとして好意を示し、開催する意図は全くなかったんです。

序でながら言っておきますと、この本の前身は『日米開戦とポツダム宣言の真実』（亜紀書房　一九九五年）です。今、問題の日米首脳会談に関して、ルーズベルトはジェスチャーとして好意を示したに過ぎないと書いてあるところを、亜紀書房の当時の社長の棗田金治氏が高く評価して亜紀書房から一般向け研究書として出すことになったんです。また、日本では重要な史実でありながら何故か余り知られていない史実、つまり日本でもアメリカの外交電報をある程度解読し読んでいたという史実ですね。その史実をその顛末も含めて日本で事実上初めて詳しく紹介した本です。それでこの本が契機となって、幾人かの人の協力を得て、ノーマン・フー氏の訳す英訳本に結晶した訳です。それでその英訳に合わせて日本語版も正式の研究書として纏め直して出したのが、今、波多野先生から紹介して頂いた本です。この新しい本は更にいろいろな人の協力を得て、中国語版や韓国語版もできています。

さて、話を元に戻して、日米首脳会談の問題に返しましょうね。

首脳会談といえば途方もなく規模の大きい、政治的な行為ですから準備が大変です。日本では実現の可能性が出てきたとして直ぐに準備に取りかかり、八月の末には乗っていく船まで決まります。しかしアメリカ側では、ルーズベルトから一かけらの準備の指示も出なかった。

では、何故八月十七日の時点で極めて好意的に関心を示したのか。考えてみてください。秘密裡にチャーチルと何日も会談して帰ってきたのです。その秘密会談の存在は「大西洋憲章」の公表で既に知られていました。そこでワシントンに帰ったとき、戦争を嫌うアメリカ国民の前で、チャーチルと軍事的な秘密協定を結んだのではないかとしつこく追及される可能性があります。そのために記者会見をする前に、野村と会って首脳会談に乗り気を示し、日本に向けて平和への舵を切ったかのような印象を振り撒き、記者会見でイギリスとの間で秘密の軍事協定を結んだのではないかという疑いの質問を回避するのに利用した訳ですね。

だから、客観的には情況は何も変わらないのに、近衛は十月二日、事実上、首脳会談を拒否する覚書をハルにより渡されて、日米首脳会談の構想は消えてどうにもできなくなり、十月十六日、内閣を投げ出しました。

波多野　近衛は、何かうまくいかなくなると、直ぐに無責任に内閣を投げ出す。

杉原　そうです。でも、その問題の前に、もう一点、日米首脳会談で話しておきたいことがあります。

アメリカが日本の外交電報をことごとく解読して、読んでいたことはよく知られていますが、実は、先ほども言いましたように日本もアメリカの外交電報をある程度、解読できて読んでいたんですね。しかしこの日米首脳会談の話の過程で、日本がアメリカの外交電報を読んでいることをアメリカ側に通報するという事件が起こった。

八月六日のことですが、近衛の秘書牛場友彦が、アメリカ大使館にいるエマーソンという人物に、日本がアメリカの外交電報を読んでいることを伝えたんですね。日本に対するとんでもない裏切り行為ですが、これは当時の牛場としては、日本を裏切るための行為としてではなかった。日米首脳会談で何を話すかという話の内容を駐日大使グルーには話したいけれど、その内容をアメリカに通報されるとその電報を陸軍が傍受して、その内容を知る。その内容は中国における撤兵問題などを含み、それを軍部に知られる。そうすれば軍部が反対してくる。したがってルーズベルトと直接会って話すまでは、事前にアメリカに伝えることはできない、ということだった。

牛場のしたことは犯罪行為ではあるけれど、日米首脳会談が成功した暁には、そのための已むを得なかった行動ということになる。

しかし牛場は近衛内閣が崩壊してからもこのことを誰にも漏らさなかった。そのためにその後の日本の外交は、日本がアメリカの外交官報を読んでいることをアメリカは知っているのだということを、知らないで展開していくことになる。次のハル・ノートの時に出てくる問題です。

それにしても考えてみれば、中国からの撤兵問題など、日本の内閣で解決すべきことをアメリカの大統領を使ってしか解決できない、という内閣の脆弱性ですね。諄いですが、このような内閣制度を大日本帝国憲法の中に作った伊藤博文が恨めしいですね。

波多野　戦争のできる政治制度、政治の仕組みではなかった…。

杉原　そうです。

波多野　それで近衛の問題ですが、近衛は、第三次内閣の終わりまで、波はあったが国民的人気がありました。聡明で鷹揚な態度、もったいぶらない挙措、名門の出自といった要素が、大衆の事大主義的な心理に適合していました。しかし、交友の範囲は広いが優柔不断でした。他人の意見に異論を唱え、自己の意見をもって説得するといった場面は少なかった。

第二次内閣の南部仏印進駐が、アメリカの石油禁輸を齎したことについて、「日米国交調整の見地よりすれば、蘭印なれば兎も角、仏印なれば大した故障なかるべしとの見透しが、陸海軍とも一致したる見解にて、この見透しが誤り居り、今日の如き結果となりし事遺憾至極に存居候」という書簡を、第一次近衛内閣の最後辺りで外相を務めた有田八郎に送っています。つまり、首相として何の見識も決断もないまま、進駐から生じた事態は軍部にある、という訳です。このようなリーダーシップや決断力に欠け、軍部の意見に容易に流される無責任さが、本来、政治的資産となりうる筈の人気をうまく活用できなかったのだといえます。寧ろ人気の故に利用された。

彼が対米戦争の意思のなかったことは確かですが、人々が歓声を上げるような大見栄を切りながら、結局は、日本とアメリカを戦争の渕に誘い込んだといえます。戦後の昭和二十年十二月十六日に彼が自ら命を絶ってから発表された近衛の手記には、平和への努力が縷々述べられていましたが、これに昭和天皇は「近衛は自分にだけ都合の良いことを言っているね」と漏らされたといいます。

杉原　日米開戦前一年間の近衛の失政は大きいですね。そのうち一番大きなのは日米戦争を避けなければならないと思っているのに、内閣を投げ出したことでしょうね。日米開戦を避けなければならないと思っているのであれば、余計に内閣を投げ出してはならなかった…。

波多野　さて、それでは話を進めて、日米開戦前一年間の開戦原因について、ハル・ノートに焦点を置いた問題に移りましょう。

日本側からすれば、一九四一年（昭和十六年）八月一日の対日石油輸出全面禁止という、最高度の経済制裁は正に「自存自衛」に対する切迫した脅威であり、八月初旬には、まず海軍の中堅層の中に開戦止むなし、という声が上がり始める。その声は陸海軍部内で徐々に大きくなり、一カ月後の九月六日には、まだ近衛内閣の下ですが、「対米戦を辞せず」という決意を含む御前会議決定「帝国国策遂行要領」となる訳です。

昭和十六年夏から日米交渉はいよいよ中国問題が焦点となる。南部仏印進駐が齎した日米危機は、日米交渉にも影響を与え、アメリカの強硬姿勢に拍車が掛かる。日本側は、通商上の門戸開放などで譲歩の姿勢を見せつつ交渉を進捗させようとする。

十月十八日成立した東条英機内閣は白紙還元という昭和天皇の意向を踏まえて、東条自身が日米交渉の妥結に向けて努力するのですが、既に状況は途方もなく悪化し後戻りできなくなっていた。東条首相は、大きく開戦に傾いていた参謀本部の作戦部の幕僚たちから「変節」の非難を浴びつつ、十一月五日には、十一月末日を目途に外交交渉と戦争準備を併進させるという「帝国国策遂行要領」を御前会議決定に持ち込みます。

この御前会議では、東郷茂徳外相の下で作成された対米交渉案も決定します。それが、いわゆる甲案と乙案です。甲案というのは、無差別通商、三国同盟問題、中国からの撤兵という三問題について、それまでの主張と譲歩の限度を整理したものでした。乙案というのは、甲案がアメリカ側に受け入れられない場合のもので、東郷が吉田茂らに相談しながら用意した暫定協定案でした。

杉原　そして十一月七日、甲案は野村よりハルに提出された。そして予想された通り甲案はアメリカの側に受け入れられなかった。で、十一月二十日、乙案がハルに渡される。

波多野　私はこの時点では乙案も受け入れられる余地はなかったと思います。交渉の最終段階で日米交渉と日中交渉とを分離させようとしました。それが日本の最終的な妥協案である乙案でした。乙案は、日本軍を北部仏印まで撤退させ、その代わりアメリカは対日禁輸を解除する、という提案と共に、日中交渉にアメリカは介入しない、という要請が含まれていました。

しかし、連合国陣営の結束力が強まる中で、中国が犠牲となることを意味する日中和平交渉と日米交渉との分離や、アメリカが中国援助を停止して妥協を図ることはもはや不可能となっていました。

杉原　しかし、乙案は、当面の軍事衝突を避けるという意味で、暫定協定案なる意味はあった。事実、アメリカ側でも、ルーズベルトの指示のもと、「暫定協定案」なるものが検討される。しかし眼光を紙背に徹すれば、このルーズベルトの指示でできた「暫定協定案」は、日本側に本気で提示しようとして作成したものではないことが分かります。日本側が暫定協定案を提出してくるとなれば、避戦に拘るアメリカ国民やルーズベルト内閣の閣僚の間では、妥協すべきだという意見が出てくる恐れがある。それで時間稼ぎのため、暫定協定案も国務省に作成させる訳です。この間の微妙な経緯は、先ほど波多野先生より紹介して頂いた私の『日米開戦以降の日本外交の研究』（亜紀書房　一九七七年）に詳しいので、微妙な時間の推移の下に見ていただければよく分かります。日本の外交電報はことごとく解読され、日本側の情況は手に取るように解る状況の下で、そのようなことが可能なのです。

そして十一月二十六日、大統領は、さしたる大きな軍事的動きであるとはいえない日本軍の動きについて報告を受けると、怒ってもいないのに、「事態は一変した」と烈火のごとく怒った振りをして、「暫定協定案」とともに検討されていた「基礎協定案」を突き付けるんです。この突き付けた基礎協定案こそ、「ハル・ノート」なんです。

そこで、ルーズベルトの悪巧みの凄いところですが、日本が解読している暗号を使ってグルーや中国のアメリカ大使に向けて「暫定協定案」について、その内容もくどくど説明しながら提示しないことにしたと伝えるんですね。日本はそれを解読してこっそり読んでいるつもりでこの暗号電報を読み、ハル・ノートがアメリカの「最後通告」だと判断せざるをえなくなる訳です。日本はアメリカの外交電報をこっそり読んでいるつもりだったけれども、実は読まされていた訳ですね。

吉田茂が、ハル・ノートをアメリカの最終案ではないとして、東郷外相に交渉の継続を主張します。結果から見て、吉田茂の主張は正しく、外相がこれに従っていたら、日米戦争に関してはまだ別の展開があったかもしれません。が、東郷は、この解読電報を読んでいた。そのためにアメリカ側との再交渉はありえないと考えざるをえなかった。

波多野　十一月二十六日のハル・ノートは、中国や仏印からの一切の日本軍の撤収、汪兆銘政府と満州国の否認を求めていました。さらにハル四原則が太平洋地域の平和の基礎であることを強調しつつ、日英米蘭中等による多角的条約の締結を提案していた。日本側から見ると、それは大正十一年（一九二二年）のワシントン会議で中国を含めた主要九カ国で決めた、中国の主権尊重、領土保全、門戸開放、機会均等について締結した九カ国条約の再現でした。

東郷外相は戦後の手記の中で、戦争は防げたのではないか、という疑問が提起されることを想定し、九カ国条約に対する政府や議会の反発の大きさを挙げています。九カ国条約は結局、日本軍の中国駐兵は元より、汪兆銘政権や満州国を否定している訳で、東郷としては日本では到底受け入れられる状況にはなかった、という訳です。

日米交渉は、結局、日華基本条約を中国に承認させることによって中国問題の解決を図ろうとする日本と、あくまで「ハル四原則」を基礎に、二国間の問題ではなく多国間協議を通じて国際的解決を図ろうとする対立に収斂していった、と見ることができます。日本にとっては、一九四〇年（昭和十五年）に汪兆銘政権との間で結んだ日華基本条約を中国が、この場合は蒋介石政権が受け入れることは、とりもなおさず陸軍が最後まで固執した華北駐兵の貫徹を意味しました。日本軍の華北駐兵は、到底この時のアメリカが呑めるものではありませんでした。

杉原　しかしながら、原則はそうであっても大正十一年の条約まで遡る厳しい突き付けとなると、それまでの日米交渉で積み上げたものを全てご破算にするものです。もしこのような原則論に立ち返った案を立てるならば、交渉の時間を取るために、それこそ暫定協定案と共に提示すべきでしょう。暫定協定案を棚上げにしてこのような厳しい条件をいきなり突き付けてくるのは、やはり尋常ではありません。

波多野　そこで杉原先生は、アメリカは戦争を覚悟したのではないかと、あるいは日本に戦争を仕かけさせようとしているのではないかと、日本の指導者は何故疑わなかったのか、という問題提起をする訳ですね。

杉原　そうです。私はここでも、外務省の力の無さ、情報の収集力、情報の分析力の乏しさに、思わず憤慨するのです。

東郷茂徳をして、軍部の圧力に抗して日米交渉をしていて、ハル・ノートを突き付けられて、どうしてアメリカは戦争を欲しているのかもしれないという発想が出てこなかったのでしょう。ハル・ノートはそれまで積み上げてきた日米交渉をご破算にするもので、例えば八月の日米首脳会談時に見せた好意的対応を、全てご破算にするものではないですか。そしてハル・ノートを突き付けられて日本側として戦争以外には選択するものがないと考えたとき、アメリカはそのことが分かっている筈だ。だとすれば、アメリカ国民は戦争を欲しているのかと何故考えなかったんでしょうか。当時のアメリカ国民は、途方もなく完全に避戦だった。十月三十日の時点ですが、アメリカの駆逐艦がドイツの海軍によって雷撃され一一五人の兵が死んだ。それでもアメリカ国民は戦争になることを恐れて、怒りを抑えたのです。

だから、日本として戦争に入る以外にないような外交文書を突き付けられたとき、これを撤回させるために、何故この外交文書をアメリカ国民に公表することを考えなかったのでしょうか。そうすればルーズベルトが作成した上で出さないと言っていた暫定協定案を出させることができるかもしれないではありませんか。

波多野　ハル・ノートを公表したならば、という発想はとても興味深い問いかけですね。もし、日本政府が記者会見などで、ハル・ノートを内外に向けて公表したならば、アメリカに対する非難の内外世論が巻き起こったかもしれません。しかし、時をおかずに、アメリカも、何らかの形で交渉経過を公表するでしょう。となると中国やイギリスなどはハル・ノートを援護する声明を出したりして、相互不信の連鎖の中で日米交渉は破綻してしまう。

杉原　しかし当面の武力衝突は必ず避けられますね。そうすれば独ソ戦でドイツが苦戦に陥っていることも考慮しなければならない状況になる。

波多野　確かにそうでしょうね。どちらも武力行使は避け、いわば冷戦状態になる。こうした状態を歓迎するのは、アメリカの対独参戦を恐れていたドイツでしょう。これ以上のシナリオは難しいのですが、暫くは日本に有利な情勢となり、日華事変の解決に邁進する時間ができてくる。

杉原　ともあれ、そうして日本海軍の真珠湾攻撃が中止され、時間の空白が起こります。日本が真珠湾を攻撃するとした十二月八日は、実は、独ソ戦ではヒトラーが全戦線に向けて防衛体制を命じた日で、モスクワ攻略の失敗が明らかになった日なんですね。独ソ戦でドイツが苦戦し、ドイツの勝利が難しいのかもしれないということになれば、日本の軍部も、もう一度考え方を変えなければならなくなります。それ故に日米戦争はないことになるかもしれない。

しかしながら、外務省は、日米開戦に当たって独ソ戦がどのようになるか、情報を収集し分析した気配がありません。

軍部も独ソ戦の情報分析を十分に行わなかったのは責められるべきですが、本来、それ以上に戦争の推移に関わる情報を集めて分析し、軍の行動にそれなりの注文を付けるべきなのは外務省の役割であるのに、外務省にはその役割を果たす気配が全くない。

更に言いたいことがあるんですね。一九四〇年（昭和十五年）十月二十三日にルーズベルトが三選を目指す選挙戦の中で、選挙民に向かって不戦の誓いをするんですね。固く固く誓うんです。そうして三選を果たすんですね。この不戦の誓いの演説から、アメリカは自分の方から戦争を仕掛けることはできなくなった。そうすると戦争をしたい時には仕掛けられるようにもっていく筈と分析しておかなければなりませんね。しかし外務省の外交文書にはそのような分析をしたものがない。

波多野　一九四〇年（昭和十五年）秋の選挙戦におけるルーズベルトの演説について、ご指摘のような分析を行った外交文書などは見たことがありません。

この時の選挙戦では共和党のウィルキーと争ったが、ウィルキーもルーズベルトも、共にアメリカは外国の戦争には、欧州とアジアとを問わず参加しないと公約で述べていた。特にルーズベルトは、「幾度でも繰り返し言明するが、諸君の息子はいかなる外国の戦争にも派遣されることはない」と強調しています。

この演説は、日本の一部では、孤立主義的な国民の反戦感情の根強さを示すものと受け止められたように思います。

杉原　私の付き合っている人に松本道弘という人がいます。「ディベート」について研究し普及している人です。この人と話していたら、外務省の研修で、ディベートを取り入れていたら、日米開戦はなかったという結論になりました。ディベートというのは、問題になるテーマについて、疑似的に二つの対立する主張を作り、二つのグループに分かれてそれぞれ確かな根拠を集めて論争させ、どちらが優勢かを判定させるものです。

例えば、昭和十六年九月の段階で、アメリカの日本大使館の中で、日米首脳会談で、「ルーズベルトは日本と戦争をする意思を持っているか否か」で議論を戦わせるのです。肝要なのは、必ず根拠を持って主張しないといけないことです。この場合、ルーズベルトは戦争の意思を持ってない側のグループはその根拠を探し始めて、その根拠にこの演説を探し当ててくるでしょう。そして議論している内に、ルーズベルトはこのような約束をしているのだから、自分の方から戦争を仕掛けることはできず、したい時には仕掛けられるようにもっていくはずだという認識も生まれてきます。

波多野　なるほど……。一種の頭の体操にも思えますが。

杉原　そうすれば気付くべきなのに気付かなかったことに気付くことが大いに起こるのです。私に言わせれば、外務省は外交官の養成教育も成り立っていないんですね。私は平成二十五年に『外務省の罪を問う』（自由社二〇一三年）という本を出しました。外務省の研修教育への提言ですね。私のように会社勤めも官庁勤めもしたことのない者でも、これだけの改善案が出せるんです。

波多野　外務省の組織的な問題にも触れてありますね。

杉原　外務省の問題はさて置いて、さて、ハル・ノートの衝激から開戦に至るまでに、どうして日本の陸軍と海軍は開戦に踏み切ったのか、日本側の考え方も少し見ておいた方がよいのではないですか。無謀な開戦には違いないのですが、そこには開戦に向けた決意に至る陸軍、海軍の思いを見ておかないと、我々日本人が日米開戦を語る上で、公平でないということになります。

近衛内閣で昭和十六年九月六日、御前会議で、「帝国国策遂行要領」を決めます。臨席された昭和天皇が「よもの海みなはらからと思ふ世になど波風のたちさわぐらむ」の明治天皇の歌を詠まれて、平和の意思を示された御前会議ですね。しかしこの御前会議で「帝国ハ自存自衛ヲ全ウスル為対米（英、蘭）戦争ヲ辞セサル決意ノ下ニ概ネ十月下旬ヲ目途トシ戦争準備ヲ完整ス」というものですね。そして十月二日近衛はアメリカより首脳会談開催を拒否されて、十月十六日、内閣を投げ出す。

十月十八日、東条内閣が成立した。天皇に忠実な東条は、それまでは陸軍の主張を唱えるだけの立場から日米開戦回避のための内閣の首相となり、東条は確かに日米開戦回避のために努力した。そのため、東条は日米開戦が決定した日、天皇の期待に反し、開戦となってしまったことで、寝室で号泣していたという話が伝わっていますね。

そうした努力はしたが回避することができず、開戦を決意することに至った。その経緯を波多野先生はどう思われていますか。

波多野　天皇に依る優諚が言い渡された後、東条内閣は、連日、大本営政府連絡会議を開いて、文字通り、白紙で戦争回避の可能性を探るのですが、結局、武力行使の準備と外交交渉とを並行して進めるという結論になり、十一月五日の御前会議で決定となります。

この国策再検討に当たって、徹底して国力や国際情勢の分析を行っておれば、あるいは違った結論になったかもしれません。その意味で私としては、東条内閣の国策再検討はおざなりで、初めから結論ありきだったように思います。

杉原　日米開戦となって号泣していたとしても、東条の国策再検討は浅いものだったという訳ですね。そういえるでしょうね。

波多野　そうです。

杉原　そこで海軍の立場です。東条は、陸軍の立場であるとすれば、海軍の立場はどうだったのですか。

波多野　第三次近衛内閣の及川古志郎海相までは、海軍は戦争回避の立場であったのですが、十月十八日に成立した東条内閣の嶋田繁太郎海相となって、陸軍の開戦論に同調するのです。それは何故だったか。それは今でも議論となっています。

最近、嶋田海相の日記が刊行されたのですが、それを見てもよく分かりません。唯、いえることは、海軍は日露戦後の明治四十年の「帝国国防方針」と「年度作戦計画」の策定以来、アメリカを第一の想定敵国と定め、営々と予算を獲得し、軍備を充実させてきた。対米開戦が現実のものとなって、今更組織として避戦を唱えることはできなかった。戦争回避の立場に固執することは、海軍という組織の存在意義を問われかねなかったということではないでしょうか。

唯、私は、これには確信がありません。あるいは米内光政が海相であれば、避戦を貫いたかもしれません。

杉原　又もや海軍に関係してですが、組織としての大義とか面子の問題ですね。保阪正康氏に『あの戦争は何だったのか－大人のための歴史教科書』（新潮社　二〇〇五年）という本があります。これには海軍が開戦の決定を下さなければいかに陸軍といえども日米開戦はできなかったと書いてあります。というのは対中国の戦争ならともかく、太平洋の向こうのアメリカを相手とした日米戦争は海軍の協力なくして陸軍は武力発動できず、日米開戦は偏に海軍の意思に掛かっていたと保阪氏は言うのです。日米開戦は海軍の意思によって海軍が始めた戦争だということです。日米戦争に関わる海軍の責任は大きいですね。

海軍は日米戦争を始めるに当たって、東条が企画院を通じて行った必要物資の調査でも、石油の備蓄量の正確な数字も教えなかったというんですね。

このような陸軍と海軍の対立で、よく日米戦争をしたものですね。日米戦争を巡る陸軍と海軍の対立は第一節でも話しましたが、明治以来、戦略が全く逆だった。だから日米戦争を始める前の日本は、とても近代戦を戦えるような態勢の国ではなかった。

少し余計な所に入りましたが、それで日米開戦に向けて陸軍はどうだったんですか。

波多野　改めて考えてみると、日米交渉が行き詰まったのは、結局、陸軍が華北、当時「北支」と呼んでいたところですね。そこからの撤兵に応じなかったからですが、何故、陸軍は最後まで華北駐兵に拘ったのでしょうか。

一つの理由は、日露戦争以来、中国大陸において築いてきた権益や安全保障上の利益を無にしてしまう、という危機感ですね。

もう一つは、中国の共産化という問題です。日米交渉の当時、陸軍省の軍務課に勤務され、対米政策の立案にも関わっていた石井秋穂中佐によれば、「北支の共産化の実情をつぶさに説明すれば、米国といえども理解する望みはある」との思いで華北の駐兵に拘ったのだ、といいます。確かに昭和十六年当時の華北は、共産軍の勢いが急速に強まっており、日本軍もその対策に追われていました。そうした華北の実情からすれば、日本軍の駐兵もアメリカは理解してくれるだろう、という見通しはもっともだということで、一理あると思います。実際、終戦間際になると華北一帯は共産化してしまう訳です。

杉原　日米の間に国力の差があることは、当時の日本人は、軍人も含めて誰もが分かっていたと思うんですね。なのに、開戦に踏み切った。陸軍、海軍の組織内の論だけでは納得できませんね。

波多野　日米間の国力格差を認識しながら開戦に踏み込んだのは何故かということですが、開戦前に、日米の国力比較は経済官庁などで何度も行われていました。いずれも日本の優勢を示すものは無く、開戦に消極的な結論を導いていました。しかし、国力比較が和戦の決定を左右することはなかった。それは何故でしょうか。精神主義によって克服できると考えたのではないでしょうか。確かに、昭和三年（一九二八年）に改訂された陸軍の「統帥綱領」は「勝敗の主因は依然として精神的要素に存す」と定めていました。

開戦の主導力となった陸軍の官僚たちは、物資や資源はその統計的数値が問題ではなく、それをいかに戦争に動員し、戦力として活用するかという能力と政治経済システムこそが重要であると考えました。その点では、個人主義や自由主義を重んずる「デモクラシー」のアメリカよりも、統制主義や全体主義の日本が優れていると見なしていました。

例えば、先ほど紹介した石井秋穂中佐の「回想録」によれば、確かに、アメリカは国力において日本よりも勝っているが、個人主義の「デモクラシー」が普及しているので、人と物の動員能力の点では統制が行き届いている「全体主義」の日本より劣る、と考えていたといいます。デモクラシーやアメリカについてあまり知らない陸軍では、ありうる判断かと思います。

石井中佐が実際は全く逆であることに気づいたのは開戦後のことだったといいます。なお、石井中佐の回想録は、刊行されてはいませんが「石井秋穂大佐回想録」（防衛研究所戦史研究センター所蔵　一九五六年）として防衛研究所に保存されています。

杉原　なるほど、一つの大いに理解できる説明ですね。アメリカ人の個人主義、その個人主義からくる軍の合理的行動、そしてその合理的行動を支える、日本軍が想像した以上の圧倒的物量。

でも、ここで言及を止めると、また嘘が含まれることになります。もし日本軍がアメリカ軍と同等に物資が豊かで軍需物資に恵まれていたら、また日本軍の方が圧倒的とはいわないまでも、大いに強かったのではないか。ベトナム戦争ではアメリカは結局のところは勝てなかった。北ベトナムは当時のソ連や中国の支援を受けて戦争物資の補給を必要に応じて十分に受けていた。そのためにアメリカに対して勝ったとはいえないけれど負けはしなかった。

元防衛大学校教授で杉之尾宜生という人がいます。この人の『大東亜戦争敗北の本質』（筑

摩書房　二〇一五年）を読んでいたら、次のようなことが書いてあったんです。

　つまり、日本海軍は、戦闘艦艇を狙うのみで非武装の輸送船を狙わなかったのは、重大な作戦ミスだといわれていますね。しかしこれは作戦ミスでも何でもなくて、魚雷が少なく、魚雷の無駄使いをしないということで止めたということなんですね。物量差の前に、アメリカ流の合理的判断もへったくれもなかったということです。

　それでも合理的判断をせよということでしたら、これだけ物量差のあるアメリカに戦いをしないことが最も合理的判断だったと思います。その合理的判断ができなかったところに、組織の面子とか、明治に余りに大きく作られた戦争原因の齎すところがある。

また、すでに私が述べたように、大義が見つかれば一度戦争をして手柄を立ててみたいという非薩長閥の軍人の心の底にある欲求ですね。これも合理的判断を妨げた。

　そして念のため私に言わせれば、外務省の避戦への徹底的無能力。日本の外務省の外交能力の問題ですね。直接戦地に行くわけではない外交官の無能故に、勝てるはずのない不合理な戦争である日米戦争の開戦を回避することもできないばかりか、日米開戦の直接原因を次々と作っていった。まるで、外務省は無い方がまし、という位に。

第五節　「最後通告」及びその手交遅延に因る戦争の拡大

波多野　それではいよいよ「最後通告」手交遅延問題ですね。これについては、「最後通告」が宣戦布告の意味を備えていたのかという問題と、指定時刻に手交できなかったという問題、そして杉原先生がよく言われる手交遅延直後の日本大使館の対応の問題ですね。

まず、「最後通告」が宣戦布告の要件を備えていたかという問題。

杉原　波多野先生は「最後通告」文についてどのような見解をもっておられるんですか。

波多野　私たちがこの対談をするきっかけとなった時の話し合いの中でも述べましたが、昭和十六年十二月一日の開戦決定後、外務省は、国際法に則る形で最終的な対米開戦通告文を起案しました。最後の結語部分は、已むを得ず交渉を打ち切ること、「将来発生すべき一切の事態」について米国政府の責任に任ずることを通告する、となっていました。宣戦布告として十分な表記ですね。ところが十二月四日午後二時より始まった大本営政府連絡会議で、この結語では開戦決定を米国に察知されるとして、陸海軍の作戦当局が難色を示しました。海軍は真珠湾の奇襲攻撃を、陸軍はマレー半島のコタバルへの奇襲上陸を計画し、既に動き出していました。そこで陸海軍は、奇襲を悟られないよう結語部分を書き換えるよう要求したのです。

そこで外務省は、結語部分を「今後交渉ヲ継続スルモ妥結ニ達スルヲ得ズト認ムルノ外ナキ旨ヲ合衆国政府ニ通告スルヲ遺憾トスルモノナリ」と変更しました。この表現では婉曲に交渉の打ち切りの意思を示すのみで、国際法上の最後通告や開戦宣言の形式を充たしていませんでしたが、東郷茂徳外相は国際法上の最後通牒に代わるものとして各国の在外公館に説明しました。

そのため、手交遅延がなく、指定通り、真珠湾攻撃三〇分前の手交であっても、国際法上の最後通牒（最後通告）、つまり開戦宣言の形式を充たしていないという主張が出てくることになります。

ルーズベルト大統領は、十二月八日の対日宣戦布告を要請する議会演説で、対米通告が奇襲攻撃から五〇分以上遅れたこと、対米通告の内容にも「戦争又は武力攻撃の脅威乃至そのヒントが何も示されていない」と激しく非難しました。そのことを捉えて、戦後、元外務省条約局長で最高裁判事にもなった下田武三は、「仮にこの対米覚書が予定の七日午後一時に間に合っていたとしても、それはただ対談の中止を通告しただけだということであって、後に、騙し討ちをされたと非難される点においてはあまり変わりがなかったのではないか」と述べています。

杉原　この「最後通告」が、「交渉の打ち切り」を言っているのであって、通常の宣戦布告文ではないことは、当時の外務省及び外務大臣の東郷茂徳は十分に知っていたようですね。

そこで国際法上問題ないものかどうかについて外務省の嘱託を務めていた東大教授の横田喜三郎に見せて、そこから国際法でいう最後通牒に適っていると保証を得るんですね。

この対談本の第三章の問題になりますが、典型的敗戦利得者の横田は占領下早々にこの通告文は国際法上の最後通牒になっていないと言う。森清勇の『外務省の大罪－幻の宣戦布告』（かや書房　二〇〇一年）に出ています。

波多野　外務省は、国際法上問題になるかどうか、横田教授にも確認を取っていたんですか。

杉原　そうです。この本によれば、外務省は、もともと無通告開戦を考えていたようです。しかし東条首相や野村大使や山本五十六連合艦隊司令長官、更には昭和天皇からも事前通告をするように言われ、通告文を作り、先ほど波多野先生が言われたような経過を経て「交渉打ち切り」の通告文となった。

波多野　開戦後、手交が遅れたことも踏まえていますが、昭和十六年十二月十一日に、東郷が中立国に駐在する在外公館長宛てに打った電報では、日本は英米の経済的、軍事的圧力によって「自衛戦争」に追い込まれたと反駁するよう訓令し、無通告攻撃の非難に対して、「交渉打切の通告に武力行使の意図を明示せざりしは普通のこと」と強弁しています。

序でながら言うと、敗戦になってからのことですが、東郷は東京裁判において「真珠湾不法攻撃により米軍隊及び一般人の殺害」（訴因三九）で起訴されます。日本側弁護団は、東郷らの証言と研究を踏まえて、「当時、帝国に加えられた軍事的、経済的圧迫等の実情に照らし、我が方は自衛権を発動したるものにして、ハーグ開戦条約の規定は阻却されうる」との弁護方針を採ることになります。ハーグ条約が開戦通告の形式を定めていないことから、ハル・ノートを最後通牒と見なしたうえ、経済的圧迫によって自衛戦争に追い込まれた、という立場を取れば、ハーグ条約違反を追及される可能性は低くなり、通告遅延の問題も事務的ミスとして言い逃れることができる、という訳です。

杉原　この「交渉打ち切り」の問題にはもう一つ、グルーに関係して述べることがありますね。

波多野　そうです。これは次に話し合う手交遅延の問題と重なりますが、開戦通告は、第一次世界大戦における対独開戦の前例のように、東京において駐日大使に交付すれば問題にならなかったでしょう。しかし、東郷外相は、対米覚書が国際法に則った開戦通告でなかったため、駐日アメリカ大使グルーに堂々と手交できなかった。グルーから曖昧さを指摘された場合に、答えに窮するのを避け、開戦決定を知らない野村大使を通じて、奇襲直前にハル長官に手交する方法を選んだ、という解釈は穿ち過ぎでしょうかね。

杉原　その通りでしょうね。唯、もう一つ付け加えるべきことがあります。第三章で焦点となると思いますが、日本人の心性ですね。元々、日本人は嘘をつくことが嫌いなのです。なかなか嘘がつけないのです。日本のために終始一貫して日本に対して誠実に対応してくれたグルーに対して、彼を日本がつく嘘の中に巻き込みたくなかった、ということがあると思います。

波多野　そのようにも考えられますね。

杉原　さてそこで、次は、手交遅延の問題ですね。ハワイの真珠湾を攻撃する日本の機動部隊の攻撃開始時刻は現地のハワイ時間でいえば、一九四一年（昭和十六年）十二月七日午前八時、ワシントン時間では七日午後一時三十分。そのための「最後通告」の手交時刻は、その三〇分前の午後一時に設定されていた。

その「最後通告」手交に関わって、日本時間で十二月六日午後八時三十分（ワシントン時間六日午前六時三十分）に、「訓令次第何時ニテモ米側ニ手交シ得ルヨウ文書ノ整理等万端ノ手配ヲ了シ置カレ度シ」のいわゆるパイロット・メッセージを送った。翌日の手交時間に対して三〇時間と三〇分前です。にも拘わらず、館内勤務態勢に責任を持つ井口貞夫は館内に緊急態勢を敷かず、タイプを打つ担当者はワシントン時間の六日の夕刻、館外に遊びに行って、その夜、解読できた通告文をタイプに打たず、放置したままにした。担当者奥村勝蔵は翌日急いでタイプを打ったけれど、結局、手交時刻の七日午後一時に遅れること約一時間半、真珠湾攻撃開始の約一時間後になった。そしてそれによって日本海軍の真珠湾攻撃は無通告の攻撃となり、アメリカ国民からすれば明らかに「騙し討ち」ということになった。そういうところが大要ですね。

波多野　ここで「最後通告」文の全体一四部のうち一三部までは、ワシントン時間でいうと十二月六日の午前六時三十分に東京で発信された。ですが、第一四部だけは、同じくワシントン時間で七日午前二時。その間一九時間三〇分の差があります。

これは、陸軍の作戦当局が通告内容だけでなく発信時刻にも介入し、外務省もこれを受け入れ、第一四部の発信が予定よりも一五時間も遅れる一因となったことです。私は防衛研究所時代に、開戦前後の軍の動向を少しばかり検討したことがありますが、参謀本部の「機密戦争日誌」などによれば、天皇宛ての大統領親電が到着したのが十二月七日正午頃ですが、親電の暗号が比較的簡単なものであったため、午後三時には解読を終えていた。そこで親電内容を知った参謀本部は、打電が保留されていた第一四部の内容を、条件付きで交渉を打ち切る内容のものから、直接的に交渉を打ち切る内容に修正しようとして、外務省に強く働きかけたことは、ほぼ確実です。後で紹介することになると思いますが、井口武夫氏の本にも詳しく書いてあります。

杉原　ルーズベルトの親電は、ルーズベルトの行動のパターンとして、ルーズベルトが、戦争が始まる前に出すものなんですね。この場合の天皇への親電は、自分が平和へ努力していたという証拠を残そうとしたものです。日本の開戦に関わる通告に混乱させようとしたとまでは思いませんが、日本がアメリカの外交電報を読んでいることを知っていて、日本から開戦必至となったことを前提に、日本側に開戦前に読ませようとしたものですね。

それで今、波多野先生が言われたように、ともかく天皇親電が影響して、第一四部は大幅に発信が遅れることになる訳ですね。

波多野　こうした事情は、当時のワシントンの日本大使館では知りません。第一四部が遅く発信されたということは、それなりに手交遅延に影響したと思います。全体的にいえば、奇襲の成功を優先する陸海軍と、それに抵抗する外務省という構図の中で、東京の緊迫感とは遮断されていた出先の大使館としては翻弄され続けた、ともいえるかと思います。

杉原　確かに第一四部をもっと早く送っておれば、解読が早々に済み、また途中で小さな言葉の変更の電報も無ければ、ワシントンの七日の午前中の作業の混乱はより少なく済み、もう少しましに進んだといえるのかもしれませんね。しかし、これは、緊急体制を敷き、前の日に解読作業の終えたものをきちんとタイプを打っておれば、何ら問題とならない問題ですよね。第一四部は極めて短いもので、タイプはそれほど時間の掛かるものではありません。

拠って、緊急体制を敷く責任が有りながら緊急体制を敷かなかった井口貞夫参事官、そしてタイプを打たなければならないのに打たないで放置して遊びに行った奥村勝蔵一等書記官の責任は免れないですね。

波多野　まあ、そういうように解釈されても仕方がない……。

杉原　それに野村大使も含めていいますが、真珠湾攻撃の当日のワシントン時間十一時頃に、午後一時を期して国務長官ハルに手交するよう指示の電報が解読されています。そうすると、作業の進みぐあいから、一時までにタイプは終わらないということが読めてきますよね。

そうしたら、何ゆえに現地のタイピストを集め、一室に閉じ込め、通告文を分けてタイプを打たせないのですか。現地のタイピストを使えば「最後通告」の清書は直ぐにできるではありませんか。

これは、本省から、機密性故に現地のタイピストを使ってはならないという指示が来ていたから使えなかったのですが、しかし考えてみれば、その機密は、その文書をハルに渡すまでの機密でしょう。だったら、午後一時まで、タイピストを部屋に閉じ込めておればよいということでしょう。

そのような機転がどうして利かなかったのでしょう。

波多野　野村大使は、戦後に昭和二十一年九月十六日付ですが弁護士に証言した「野村大使と弁護士会談記録」（国立公文書館所蔵　一九四六年）の中で「一時間位の食い違ひが起こっても私はワシントンエンバシーの欠陥だとも思って居らぬし、さう云ふことは有り勝ちのことだと思って居る」と語っています。

野村としては、まさか日本がアメリカに向けて開戦するとは思わなかったので、一時間の遅れをそれほど問題とは思わなかったのでは……。

杉原　「最後通告」の第一三部までを読んで戦争だということに気付かないとは何ということだ、という見解がありますね。私はこの点は、戦争だと気付かなかった野村に対してある程度、同情してもよいと思っているんです。

本省では、十二月一日の御前会議で開戦を決定し、その緊張の下で緊極まる仕事をしていて、その緊張は同時に大使館にも伝わっていると思い込んでいたが、現地の大使館ではそうではなかった。常識的に見てあれほど巨大なアメリカに日本が戦争を仕掛けることはありえないと思うのが当然であり、そのうえ日本の軍部の動きに関する情報を全く持たなかったのであるから、たとえあの「最後通告」の第一四部までの前文を読んでも戦争とは気付かないという開戦への鈍感さは、ある程度理解しなければならない。

しかし、本省から、解読のための機械を破壊するよう指示があり、十二月七日には既に解読機は一台しかなくなっている訳ですね。

そしてタイプには現地のタイピストを使ってはならないという指示が来ている訳ですね。それほど重要な文書に対して、指定時間より一時間程度遅れるのは構わないという感覚はどういうことですか。

それに先ほど言ったように、午前十一時の時点で遅れそうだと分かったら現地のタイピストを使うというような機転が何故出てこないのですか。

波多野　杉原先生の野村、井口、奥村への、いつもの厳しい批判ですね。

杉原　そうです。そこから外務省への批判です。考えてみてください。考えてみれば、外交官としてワシントン大使館の中で、キャリア組で、タイプの打てる人が一人、奥村勝蔵しかいなかったというのはどういうことを意味しているんですか。外交官としてアメリカに赴任したキャリア組のほとんどがタイプを打てなかったということですね。

外務省の外交官としての訓練、研修、養成教育はどうなっているんですか。先にも話しましたが、私が平成二十五年に出版した『外務省の罪を問う－やはり外務省が日本をダメにしている』（自由社　二〇一三年）を読んでみてください。外務省は、素質的には優秀な人がいるとしても、明治に創設された頃から研修と、そして組織づくりですね。これに失敗したわけですね。そしてその無能力さゆえに日本国民は、アメリカとあれだけ悲惨な戦争をしなければならなくなった訳ですね。

さて、「最後通告」手交遅延の後のことについて語り合いましょう。

野村大使の回想録（野村吉三郎『米国に使して－日米交渉の回顧』（岩波書店　一九四六年）によると、午後二時に国務省に到着し待たされてハルの執務室に入ったのは、二時二十分。したがって手交したのは指定時刻一時より一時間二〇分遅れたことになります。

ハルは解読文を既に読んでいたのにも拘わらず初めて読む振りをして、そして激怒して「私は今日まで、この地球上のいかなる政府も口にするとは想像すらできなかった大掛かりで破廉恥極まる虚偽と歪曲に満ちた文書を一度も見たことがない」と罵声を浴びせて追い返す訳です。予めよく準備した罵倒の言葉ですね。

ともあれ、野村がハルからこの罵倒を聞かされているとき、ハルは、日本海軍の真珠湾攻撃が行われることを知っていた。しかし野村と、同伴の来栖三郎大使は、日本海軍の真珠湾攻撃のことを知らなかった。大使館に帰って、ラジオで報じていて知る訳ですね。

そうする午後一時に手交するということがいかに重大なことであったかを知る訳ですね。だったら、開戦に関わる文書であったことが分かり、したがってその文書を真珠湾攻撃開始の前に渡すか、開始後に渡すかは重大な違いがあるということが分かる筈ですよね。
　しかし野村らは何もしなかった。真珠湾攻撃の報道でてんやわんやになったワシントンでは、新聞記者が日本大使館に押し寄せて門の中にも入ってくる訳です。その人たちに口頭でもよいから、通告文は午後一時に手交するものであったということを説明すべきだった。それなのに、そのことすらしていない。このことを波多野先生はどう思われますか。

波多野　私としては、憶測の域を出ませんが、野村、来栖両大使が大使館に戻ったのは午後三時過ぎと思われます。確かに多くの記者が詰めかけていたようですが、この頃には、すでに大使館は現地警察によって規制され、外部との電話は遮断され、大使館員は館内に閉じ籠もり、籠城が始まり、両大使が記者連に向かって何かを語ることができる状況にはなかった、と思われます。それでも、ルーズベルト大統領の翌日八日の演説によって「騙し討ち」を激しく非難されたあと、大使館として、何らかの方法で日本側の真意を米国民に向けて発信することができたのではないか、とも思います。
　ハル国務長官は回想録の中で、日本大使が、たとえ対米覚書のうち、完成した部分だけでも一時まで持参していれば事態は変わっていたのではないか、という趣旨を述べていますが、こうした柔軟な対応ができなかったのを不思議に思います。

杉原　かつて児島襄というノンフィクション作家がいましたね。もう今は亡くなっている。この人の著書に『開戦前夜』（集英社　一九七三年）があります。児島さんはきちんと取材されて記述する人ですから間違いないと思いますが、ラジオがハルの声明を放送していたので、一般市民も大使館前にやってきて罵声を浴びせ始めた。そして二〇人から三〇人の記者が館内に押し寄せてきて強硬にインタビューを求めたというのですね。間もなく、大使館は、電話線も切られ、外部との通信はできなくなります。

だから、日本にとっては、意図的に無通告で真珠湾攻撃を始めようとしたのではないということを伝える貴重な機会だった。しかし全く生かさなかった。生かそうとすらしなかった。

波多野　先ほど、野村は外交文書を手渡すのに一時間ぐらい遅れるのはよくあることだと言っていたと紹介しましたが、開戦との関係だったことを知ってからは、その言い訳でもって、またその次の処置を放置するというのは通じませんね。

杉原　児島さんの本には、こんなことも書いてあります。野村大使が使命の失敗に自責の念が昂じて自決するかも知れないという噂が館内に流れてきたので、陸軍武官磯田三郎、海軍武官横山一郎や、参事官の井口貞夫や野村の秘書の煙石学らが、自決させまいとして野村大使の寝室の前を足を忍ばせて警戒したというんです。後に、磯田が野村に、当夜のことを話すと、野村は意外そうな顔をして、「自決……、どうして、外交官ですよ、僕は」と言ったというのです。

何という鈍感でしょう。責任感が全く欠如しているといわなければなりません。これはこの対談本の第三章の問題になりますが、野村は、翌年、交換船で日本に帰ってきて、昭和十九年には、枢密院顧問官に成ります。
また、井口と奥村は、戦後、外務省の最高の官職である外務次官に栄達します。
これだけ重大な過失を犯し、そしてそのために日米戦争が限りなく凄惨なものになり、多くの人が死んだ。にも拘わらず、臆面もなく、こうした高い地位の職によく就きますよね。

波多野　先ほどちょっと申しましたが、通告遅延問題について、かなり前から研究されている井口武夫氏の著書（『開戦神話－対米通告を遅らせたのは誰か』（中央公論新社　二〇一一年）は、通告遅延の遅れの責任者は誰か、という問題を追究されています。その結果、杉原先生は納得されないでしょうが、遅れの原因は出先の大使館ではなく本省にあったのだ、という新たな結論を出されています。

杉原　確かに本省にも問題がない訳ではありません。が、全ては本省の指示通り緊急態勢を敷き、前日の十二月六日にできることをその日に全てやっておれば起こらなかった問題ですから、井口や奥村の責任は避けられませんね。

波多野　一方、杉原先生は、通告遅延の原因よりも、どちらかというと最終的に「騙し討ち」になってしまったことの責任問題を問題にされています。それが大使館の事務的なミスであれば、それを早めに説明し謝罪しておけば、その後の日米関係や日本外交に大きな禍根を残すことはなかった。しかし、外務省はこれまで、厳密にいうと何の説明も謝罪もしていない。それればかりか、特に吉田茂は、直接の責任者を優遇してまで「責任隠し」に奔走した。

吉田は何故、これほどまで「責任隠し」に拘ったのでしょうか。これはこの対談本の第三章の問題になりますね。

もう一つ、通告遅延という「失態」の原因と責任とは区別すべきだと思うのですが、特に、外務省という組織の人間が起こした失態は、原因も責任もいっしょに葬り去ってしまう、組織として表に出さないように隠蔽してしまう、というところがあるのでしょうか。これも第三章で話し合っていきたいと思います。

第二章
日本は終戦をどのように迎えたか
―日米戦争終結に関わる諸問題

第一節　『宰相鈴木貫太郎の決断』の意義

杉原　第二章は、要するに「日米戦争終結に関する諸問題」ですね。

昭和二十年八月十五日の日本降伏の玉音放送を聞いて、日本は降伏したことを知り、狐につままれたような気持ちになった日本国民は大勢いたと思います。日本は滅ぶことはあっても降伏することはありえないと思い込んでいた人たちですね。降伏を知らされて、この戦争は降伏が許される戦争だったのか、と不思議な思いに襲われた人たちですね。

何を言いたいかといえば、無謀な戦争ではあったけれど、それなりに大義のある戦争であるし、日本から見て避けられなかった戦争だと殆どの日本人が信じて疑わなかった状況です。降伏することを言い出すことがいかに困難なことであったか。それを無事仕切った敗戦までの鈴木貫太郎の事蹟を扱った波多野先生の著書『宰相鈴木貫太郎の決断―「聖断」と戦後日本』（岩波書店　二〇一五年）を、私は高く評価しています。

そこでこの本についていろいろと話したいのですが、私が話し始めるより波多野先生から、どのような動機でこのような本を纏められたのか、お聞きした方がよいですね。この本の「あとがき」には、この本の原型は、この本の刊行の二〇年前に遡ると書いてありましたが、それほど長く温めて出版されたというその動機は何だったんですか。

波多野　二〇年の構想といえば聊か大袈裟なのですが、私がこの本に取り組んだ一つの理由は、鈴木貫太郎に対する戦後の評価があまり高くなかったことです。老いて耳も遠く、強いリーダーシップも発揮できなかったというのが一般的でした。僅かに小堀桂一郎氏の『宰相鈴木貫太郎』（文芸春秋　一九八二年）が鈴木を評価していましたが、一九八〇年代の初頭に出版されたものであり、資料的にも限界があるものでした。

杉原　そうですね。資料は、平成になって出てきて、それに拠ってはっきりしたことが随分ありますからね。

波多野　私が好きな外交評論家に清沢洌がいます。終戦間際に空襲で亡くなってしまったのですが、彼の日記に、鈴木貫太郎海軍大将に大命が下ったとき、その日の昭和二十年四月五日の日記にこう書いています。鈴木大将は、「一億玉砕組の旗頭なり」という評判があるが、彼と会見したことのある人士によれば、「ガツガツの右翼派に非ず、リベラルな誠忠の士」と認めるが、「ただ、果たして総理大臣として、然るかどうかは、事実によって見る外なきなり」。

鈴木を評価する当時の知識人も、危急存亡の時にあって果たして総理に相応しいか、多くが不安を感じていたことが分かります。

杉原　鈴木自身、自分にも自信がある訳ではないが、昭和天皇にあれだけ懇願されれば、天皇の意に副って努力してみる以外にないと思ったのでしょうね。

波多野　もう一つの執筆の動機は、「聖断」に拠る国運を左右する重大な決定における鈴木首相の役割が過小評価されているのではないか、という疑問です。

例えば、こういう評価です。八月十四日の二度目の「聖断」という形での終戦を導いたのは、鈴木の強力なリーダーシップによるとは言い難い、天皇の「思召」を探りつつ、抗戦勢力の反乱や内乱の危機の中で慎重に聖断のシナリオを練り上げてきた木戸幸一内大臣、米内光政海相、近衛文麿元首相といった指導者、そして昭和天皇の決断が最も大きい、などと。

鈴木も聖断の意義を認める指導者として人後に落ちなかったのですが、立憲君主制の下で聖断という国策決定の在り方は最も避けるべき選択であった。このことをよく自覚していた鈴木が寧ろ積極的に、非公式の会議体である御前会議という場における「聖断」という決定方式を選択したのは何故か。こういった疑問です。

三つ目の動機は、鈴木自身が組閣後の記者会見で「自分は元来政治にはずぶの素人で一介の武弁にすぎぬ」と言っているように、政治に無縁であった海軍大将が、何故、未曽有の危機を乗り切れたのか、という素朴な疑問です。

杉原　そうです。そうした疑問に答えた伝記や研究書はありません。

波多野　日本の長い歴史の中で鈴木の貢献は、やはり、未曽有の国難を「国体護持」を最後の条件として、天皇の「聖断」という形で乗り切り、国家の崩壊を免れたことにあると思います。「国体」（天皇制）の存続は、敗戦が革命や内乱に至る事態を阻止すると同時に、戦後体制を構築する基本的前提でした。

元首の地位を護ることを唯一の絶対条件としたことは世界史でも珍しい。第一次大戦で敗れたドイツ皇帝は退位してオランダに亡命、第二次大戦ではイタリアの国王は、最後の手段として息子に譲位することで王制を維持しようとしたが、結局、国民投票に敗れてポルトガルに亡命しました。

杉原　日本ではそんなことは露も考えられませんし、逆に天皇制を守ろうと強く団結した。

波多野　ともあれ、そうした「一介の武弁」に過ぎなかった鈴木が、こうした政治的リーダーシップを発揮できたのは何故か。

それを危機における政権運営という観点から考えてみます。先ずは昭和初年に宮中入りして以来の天皇との篤い信頼関係です。これについては、多言を要しないでしょう。天皇との間に「肝胆相照らす関係」を築いていたということです。

政権運営という観点ですと、鈴木は、未曽有の危機に直面しながら、「非常時型」の指導体制を取らなかったことです。公的な最高意思決定機関として「閣議」を重視しており、東条英機首相のように、複数の閣僚を兼ねることも無かった。閣僚の輔弼権限を尊重しつつ、しかも閣僚の辞職や排除による内閣瓦解を避けることに腐心しました。実際、鈴木内閣は、最後まで一人も大臣の入れ替えがありませんでした。

確かに、終戦和平という、軍の命運を左右する重大な国策決定の場としては、閣議よりも統帥部の代表者である参謀総長と軍令部総長を含む最高戦争指導者会議が、より重要性を増してきます。無論、鈴木もこれを重視しましたが、閣議はそれ以上に重要でした。戦争指導会議が憲法上は非公式の会議体であるというだけではなく、内閣にあっては総辞職が直ちに未曽有の政治危機を招くという非常の意識があったからこそ、安定した閣議運営に留意しました。

もう一つは、徹底抗戦論を決して排除せず、議論を尽くそうとしたことです。例えば、組閣にあたって、徹底抗戦論の代表格で、若手軍人に信望の厚かった阿南惟幾大将の入閣を進んで受け入れました。

阿南の入閣と並んで重要であったのは、米内光政海相の留任でした。重臣にも信頼され、海軍部内にも厚い支持があり、和平派と見なされていた米内の留任は、和平をめぐる閣内論議において、抗戦論を代表する阿南陸相の発言を牽制し抑制する効果が期待できた。

鈴木が米内の留任を求めたもう一つの理由は、米内が陸海軍統合に一貫して反対してきたからでした。陸軍はこのころ、大半の主要な艦艇を失って弱体化した海軍を統合し、効率的な軍の運用を期していました。

しかし、鈴木は海軍が陸軍に統合されてしまえば、閣議における海軍の発言力は消滅してしまい、陸軍の抗戦論に対抗できなくなると考えました。そこで、昭和二十年の四月下旬、鈴木としては珍しく、自ら陸海軍首脳を首相官邸に招集して一挙に解決を図ります。鈴木はこの場で、長時間にわたり建軍以来の陸海軍並立制の意義を説いて、陸軍の統合論を退けました。

陸海軍の統合が実現していれば、徹底抗戦論に対する米内の発言力はなくなる訳で、終戦の過程は随分と違ったものとなったと思います。

杉原　その点についてコメントさせていただきますね。

何度も言ってきましたが、伊藤博文によって脆弱極まりない内閣制度、つまりそれぞれの大臣が独立して天皇を輔弼する制度、つまり総理大臣に各大臣に対する指揮権の無い内閣制度を強化する方法としては、東条英機のように総理が複数の閣僚を兼ねる方法がある。しかしこれでは不満を残した閣僚が辞任すれば、いとも簡単に内閣が崩壊させられる。明治憲法のもと、内閣は結局は国家の最高の意思決定機関なのですが、些細なことでいとも簡単に崩壊するようになっている。そして政治的空白が生まれる。

その点を鈴木はよく見ていたんですね。だから、内閣でよく議論し、閣僚全員がそう考えざるをえない、そう認めざるをえない、というところにもっていこうとしたのでしょう。明治憲法の内閣制度の欠陥をよく見ていたということですね。

波多野　鈴木は首相としての政治運営について、こう語っています。「余は閣議をリードすることもなく、もっぱら聞き役に廻り、意見は存分に述べて貰ふこととした。……余がかういふ方針を採ったのは、真に国家が危機へ一歩一歩近づいてゐる時に或る者の意見に依って他を押さへるといふことになれば、直ぐにも内閣は瓦解して了ふ。さうなればこの戦争の始末は誰がつけるか、まことに戦争終結への機会を喪ふことになる」。鈴木一編『鈴木貫太郎自伝』（時事通信社　一九六八年）に書いてあることです。

杉原　更にここで言っておかなければならないのは、鈴木が昭和二十年六月二十二日、「戦時緊急措置法」を成立させたことです。このことについて話していただけますか。重要ですからね。

波多野　そうです。これは、本土決戦に備えて議会の召集もままならなくなることも想定して内閣に自由に立法できる、いわば白紙委任を求める法律です。

これだけを聞くととんでもない法律に聞こえますが、このような緊急事態には、帝国憲法の下では、第三一条に基づく非常大権、第一四条に基づく戒厳大権の方法があります。しかしこれは明らかに最初から議会の無視です。

しかし鈴木としては、議会に貴衆両議員で構成する「戦時緊急措置委員会」を設置し、案件は事前承認を得るものとするということです。

この本で、鈴木が議会でこの法案を提案する際の提案理由の説明を紹介しています。「憲法上重要な政治上の機関である議会即ち国民の意思を代表されて居る諸君と共に、謂はば政府と国民と一体となって、此の非常時局に処していきたいと考へたのであります」と。

鈴木は、空襲が激しくなり、議員の参集も危うくなっていた状況の中で、政府と国民が一体化するためには、国民代表としての議会を無視してはならないとし、議会の存在意義を担保する法律として戦時緊急措置法を考えた訳ですね。

つまり、臨時緊急措置法案は、立法の政府への「白紙委任」ではなく、議会の存在意義を担保する方法が貴衆両議員で構成する戦時緊急措置委員会であり、事案はこの委員会の事前承認が必要とされたのです。結局、鈴木は、緊急事態にあっても、議会の機能が最後まで失われないよう気を配ったということがいえます。

唯、臨時緊急措置法は行政権の肥大化を齎すもので、「君民同治」の伝統に反する、という反対意見があったことも記憶されてよいでしょう。

杉原　極めて重要な判断であり、賢明な判断ですね。

波多野　鈴木は、更に、できるだけ有利な条件で終戦を実現するために、「国民の士気、軍の士気」を温存したまま終戦に導くという、一種の和平戦略を念頭に置いていたことです。「よし終戦に導くとしても、国民の士気、軍の士気というものは最後の段階に至るまで決して落としてはならぬ」のでした。その意味するところは、国体の破壊や民族の滅亡まで想定された「無条件降伏」を回避し、できるだけ有利な条件での終戦を実現することにありました。当時の内外情勢からすれば最も望ましい終戦の在り方でしたが、和平条件、方法、タイミングのいずれの観点から見ても最も難しい道筋だったのですが。

無論、こうした鈴木の「和平戦略」が、そのまま終戦に繋がった訳ではなく、紆余曲折を経なければなりませんでした。しばしば、鈴木は意図的に徹底抗戦論を声高に主張したり、和平に傾いたかと思わせるような発言もしました。その度に、あらぬ誤解を招いたことも少なくなかったのです。

杉原　私はこの点でも鈴木は賢かったと思います。同じ敗戦を迎えるにしても、政府も崩壊したような状況で、国民は右往左往しているばかりで、そこに上陸してきたアメリカ兵が占領している状況ですね。沖縄が敗れた時と同じ状況、もっといってドイツの敗戦と同じ敗戦ですね。ドイツではヒトラー政権が崩壊し、政府がない状況になり、そこに戦争に勝った連合国の将兵が入ってきた。鈴木はそうした日本が崩壊してしまったような敗戦ではなく、一つの国民として団結したまま、日本国民が国家を維持した状態で、日本国民の意志としての国家の敗戦を迎えるということですね。そこに敗戦後も、日本国民は一致団結して占領軍と対応するという意志、気力ですね。その維持を鈴木は図った。

波多野　とはいえ、鈴木は海軍の最高位に昇りつめた帝国軍人として、本格的な一戦を交えずして無条件降伏を受け容れることはできなかった。本格的な一戦とは、まずは沖縄戦であった。そこで相当の打撃を与えるならば、いくらかでも有利な講和が期待できるとした。その沖縄戦の敗北が明らかになると、鈴木は、対ソ交渉に一抹の希望を託すようになりますが、本土決戦の可能性を決して排除せず、そのための国内的準備にも余念がなかった。

杉原　本土決戦に邁進している者に対して頭から否定するようなことは危険ですし、更に国体維持を最後の降伏条件とする対米降伏交渉にも本土決戦の覚悟は不可欠だったし、それに今述べた、敗戦を日本国民の意志として受け入れるためにも必要でしたね。

波多野　その鈴木が聖断の発動を決意させたのは、八月六日の原爆投下以降であったと思われます。鈴木は原爆の威力に「慄然」とし、その開発に成功したアメリカの科学技術力に「驚嘆かつ敬服した」と言っています。鈴木にとって原爆の威力は即時終戦に十分な材料であったが、更にソ連参戦が追い討ちをかける。

しかし、徹底抗戦と軍の温存によってこそ国体は護持できるという軍部指導者の主張にも当然の理があり、それを閣議で退けることは直ちに内閣崩壊を意味した。こうしてポツダム宣言の受諾条件を巡って、閣議は抜き差しならぬ対立に陥りますが、鈴木は寧ろそれを利用し、御前会議の召集による聖断に持ち込もうとします。

聖断までの詳しい経緯は省きますが、鈴木は後に、二度の「聖断」について「真に国運を左右するような非常事態に立ち至って、議論が決定せぬときには、国の元首たる陛下のご裁断を仰ぐべきが、芯の忠誠の臣のなすべき道である、余はかねがね考えていた」と語っています。

鈴木はこうした観点から、東条内閣が開戦を決意した後に「裁可」を仰いだことを批判し、総理は和戦の決断を天皇に仰ぐべきであったという。立憲君主に徹し、最後的決断を求めないことが明治憲法下の政治指導者の行動準則であったとすれば、鈴木のそれは逆であった。

明治憲法の下での立憲君主制は、議会に責任を負う内閣の承認を前提に、君主の大権行使が許されるという、議院内閣制の慣行を想定してはいなかったのです。何故なら明治憲法の下での内閣は、議会が責任を負う存在ではなかったからです。天皇が望ましいと考える立憲君主像は、議会に対してではなく輔弼者の意思に対して従うことでした。

しかし、鈴木から見ると、日本の政治は「真に日本国の国体を思い、国民の幸福を思っての政治ではなく、一部政治家の意思による政治」に陥り、天皇や国民の意思が政治に反映されていないのが実情であるというものでした。天皇の意思を無視した開戦の決定は正にそうでした。

鈴木が輔弼責任を放擲して聖断を昭和天皇に求めたのは、未曽有の国家危機にあって、天皇と国民の意志を最高意思として御前会議の場に直接、反映させるために外なりませんでした。天皇もそれに応えました。

杉原　これも賢明だったと思います。日米戦争は天皇の意思に反して始めたとはいえ、それなりに戦わなければならない理由があり、それなりに大義があった。そのためにも日本から降伏することはありえないとする徹底抗戦の考えを譲らない人たちを説得するためにも、憲法に定めている立憲君主制を超えても、「聖断」方式で降伏を決定する必要があった。そうでなければ日本国民全員が揃って納得できる降伏というものなどはできる筈は無かった。そのことを鈴木も天皇もよく知っていたということですね。

波多野　天皇はそれまで御前会議は「全く形式的なもので、天皇には会議を支配する決定権はない」と言っています。天皇は寺崎英成『昭和天皇独白録』（文芸春秋　一九九一年）に出ていますが、建前を墨守していたのです。が、それでは国体も国民も救えないと考え、「肝胆相許した」鈴木と運命を共にすることを決断するのです。

聖断は確かに輔弼制度の蹂躙であり、明治憲法体制の事実上の瓦解を意味したが、鈴木にとっては、政治を国民と天皇の手に取り戻した瞬間でもありました。

ただ、天皇に最後的決断を求めるとしても、政治的責任は輔弼者たる総理が負うべきであり、国家意思は「聖断」によって定まったものではない、という法的形式を完全に整える必要があり、それは鈴木が戦後、極東国際軍事裁判所に提出した「供述書」も現れています。

杉原　内閣で、天皇の意思を聴く前に、天皇の意思をもって内閣の意思としたいということを諮ってその承認乃至決定の下に、天皇の意思を聴いたということのことですね。

波多野　そうです。しかし、こうした鈴木の終戦指導について肯定的な評価がある一方、輔弼の責任を放棄したものという批判があります。例えば、戦後のことですが、中谷武世議員は、明治憲法は、宣戦講和の大権事項といえども天皇の独断専行が許された訳ではなく、必ず国務大臣の輔弼を通じてこれを行うことが厳に規定され、一人の閣僚でも異を唱える者がおれば、直ちに内閣総辞職を決行すべきであった。しかるに、閣内不統一のまま聖断に持ち込んだことは輔弼制度の蹂躙だ、と批判しました。こうした批判は閣内でも為されましたが、大きな声にはなりませんでした。

杉原　憲法上の解釈としては中谷議員の言う通りですが、歴史上の状況の中で考えればこの中谷の言は余りにも無責任なもの言いですね。ともあれ、このようなことができ、そして実効性があるというのは、やはり日本の天皇制の凄さでしょうね。あれだけ激しく戦った戦争なのだから、それを終結させるためには、天皇の意思に依るということがいかに必要であったか。

波多野　多くの指導者にとって、「聖断」という方式が避けるべき選択であったのに対して、鈴木にとっては活用すべき選択でした。最終的決断はいつでも天皇に委ねうるという自覚の故に、本土決戦態勢を緩めることなく、他方で和平のタイミングを探るという二面的な和平戦略も可能であったと思われるのです。

要するに、「聖断」を積極的に活用して国民を未曽有の危機から救ったということです。天皇もこれをよく理解していたことも更に重要です。明治憲法の建前に拘わっていた指導者には、到底できなかったでしょう。

ここで昭和天皇に触れておきます。侍従長であった藤田尚徳が昭和二十一年一月に奏上したとき、天皇は、第二回目の聖断について、こう述懐しています。「何人の責任にも触れることなしに、自由に私の意見を発表して差し支えない機会を初めて与えられた。無理な戦争の強行は、やがて皇国の滅亡を招くとして戦争を終止すべしとの裁断を下した。然しこのことは、私と肝胆相許した鈴木であったから、この事が出来たのであった」。藤田尚徳『侍従長の回想』（中央公論社、一九八七年）に出ています。

何度も繰り返すようですが、憲法の輔弼制度の下で、天皇は内閣の意思に無条件に従うという原則（天皇無答責）を天皇も鈴木も墨守していたが、それでは国民も国体も救えないと考え、法的建前を乗り超え、輔弼制度の蹂躙という批判を覚悟でポツダム宣言の受諾を決断し終戦に導いたということです。

昭和天皇については、この対談で、この後でしばしば出てくるでしょうが、戦後の新憲法下で象徴となっても内奏の機会を捉え、日本の将来を見越して、特に安全保障の問題について、時々の首相に対し、様々な懸念や提案を表明されています。天皇の国政関与といった問題とは別に、昭和天皇のその鋭い政治感覚は驚嘆すべきものがあります。

第二節　昭和天皇の終戦への努力

杉原　それでは、昭和天皇の終戦への努力を話し合っていきましょう。

昭和天皇は決して戦争を好んだ訳ではありません。昭和十六年九月六日、まだ近衛内閣の下ですが、「帝国ハ自存自衛ヲ全ウスル為、対米戦争ヲ辞セザル決意ノ下ニ」というぶっそうな字句のある「帝国国策遂行要領」を決める御前会議で明治天皇が日露戦争開戦前に詠んだ歌を読み上げられた。改めて原歌通り示すと次のようですね。

　　よもの海みなはらからと思ふ世になど波風のたちさわぐらむ

　これで平和の意思を伝えられた。

しかし、その後成立した東条内閣はこの「帝国国策遂行要領」に捉われることなく、平和に向けて努力せよとの優諚を得ての内閣であり、それなりに努力したが、結局は開戦することになり、その開戦決定の十二月一日の御前会議では、昭和天皇からは何ら発言は無かった。日本としては運命の分かれめでした。

波多野　避戦に対する自らの意思を伝えるのは、九月六日のこの機会しかないと思われたのでしょう。

杉原　当然のことながら、この時点では昭和二十年八月十五日のあの悲惨な状況は想像されなかったでしょうが、この開戦決定の前日、十一月三十日に高松宮が参内し、海軍の指導部は勝利の自信がなく対米戦争を避けたいと思っていると進言した。そこで昭和天皇は驚いて急いで永野修身軍令部総長、嶋田繁太郎海軍大臣を呼んで尋問した。しかし両者は組織の長として、組織の公式の結論を踏まえて問題ないと答え、それを受けて翌日の御前会議では昭和天皇の発言は無かった経緯もある。

当時、生真面目な昭和天皇は、輔弼の責任のある者の上げる正規の情報のみを信頼するというところがあり、その点で、敗戦となって以後の占領下での天皇とは違う。

ともあれ、結果として日米戦争開戦の決定は残念です。

波多野　そうです。昭和天皇は正規の手続きを踏んで上がってくる政策案や作戦方針などには、コメントはされるものの決して覆すような態度は示されませんでした。

杉原　ただし、昭和天皇はただ黙って傍観していた訳ではない。軍部は開戦後の戦争終結の目途については何も言わないけれど、記録によれば、昭和天皇からは、この年の十月十三日に、戦争終結の場合の手段として、ローマ法王庁との親善関係につき方策を考えなければならないと発言があった。そして十一月二日、天皇に向けて、前日の大本営政府連絡会議の結論を報告する中で、天皇は時局収拾にローマ法王を考えてみてはどうかと言っている。そして昭和十七年春、天皇は東条首相に強く進言し、ローマ法王庁への使節の派遣が実現した。この顛末は、終戦に向けてソ連に仲介を頼んだ問題のところでまた話しましょう。

ともあれ軍部は終戦の目途は曖昧なままに開戦に踏み切ったけれども、そのとき天皇は、終戦のところまで見ていたことになります。惜しいのは、それを明確に一つの質問として「終戦の目途はどうなっているか」と、その答えを求めるまでに質問されておく必要があった。

さりながら、戦争が始まれば、天皇は元首として兵を励ます立場になります。全ての作戦の決定は天皇を大元帥として天皇の面前で行われる。よって軍の過ちは天皇の過ちとなる。

軍が天皇の前で開戦すると決定し開戦となったのだから、天皇も開戦の責任を持つ。作戦も天皇の前で決まったのだから、その作戦には天皇の責任が含まれることになる。

しかしですね、この戦争で、日本の勝利は無いと分かったとき、天皇の為すべきことは何でしょうか。それは一刻も早く終戦にして戦争の犠牲者を一人でも少なくし、一人でも多くの国民を救うことです。

私はここで、是非とも紹介したい本があるのです。我々のこの対談本の読者にも是非読んでもらいたい本ですね。桶谷秀昭の『昭和精神史』（文芸春秋　一九九二年）です。最近、長谷川三千子氏の解説で復刻版『昭和精神史』（扶桑社　二〇二〇年）が出ています。これは昭和改元の年から日本が敗戦となるまでの精神史です。

波多野　その本は私も読んだことがあります。

杉原　そうですか。桶谷が言うのは、「精神史」とは、「この時代に生きた日本人の心の姿を描くということでした。桶谷はこうも言っています。「通常の歴史が人間意識の実現された結果に重点を置く叙述であるとすれば、実現されなかった内面を実現された結果とおなじ比重において描く」と。そして「昭和の精神」というものがあるとすれば、「それは昭和二十年の敗戦までの精神過程」なのだと。

したがって、かの戦争に関わって語るとき読んでおかなければならない本ですね。

そして敗戦寸前から敗戦までの日本人の心について次のように述べています。

マリアナ、硫黄島、沖縄の基地から連日やってくるＢ２９爆撃機の空襲は、大都市から中都市に範囲をひろげ、焦土廃墟の地域が急激に増えていった。

家を焼かれ、肉親を失い、着のみ着のままで、食べるものも満足にない多くの日本人が、何を考えて生きていたかを、総体としていうことはむずかしい。

ただひとついえることは、平常時であれば人のくらしの意識を占める、さまざまの思いわずらい、利害の尺度によってきょうとあすのくらしの方針を立てる考え方が捨てられたことである。何らかの人生観によって捨てられたのではなく、そういう考え方を抱いていても無駄だったからである。

もちろん、人の生き方はさまざまであり、口に一億一心をとなえながら、疎開者から取って置きの衣類を巻きあげて闇米と交換する農民や、都市の焼跡の二束三文の土地をせっせと買い占める投機者はいくらでもいた。

しかしそんな欲望も、本土決戦が不可避であるという思いの前には、実につまらない、あさはかなものにみえた。

あすのくらしの思いにおいて多くの日本人が抱いていたのは、わずかばかりの白米、あずき、砂糖を大事にとって置いて、いよいよとなったらそれらを炊いて食べて、死のうということであった。

この頃の日本人の心の在り方を見事に叙述していると思うんですね。八月十五日、例の玉音放送を聴いて、この戦争は降伏することができる戦争であったのか、逆に狐につままれたような思いですね。日本は滅びるかもしれない。しかし勝利を信じて、又は滅ぶことのあることも覚悟して、最後まで戦わなければならないという思いですね。戦前、戦中の日本人の思いをそこまで描かないと本当ではないと思うんです。

そこで私は思うんです。日本の天皇制の問題ですね。

天皇は、今の場合は昭和天皇ですが、昭和天皇としては、勝てない戦争であるということが判明すれば、今度は一人でも多くの民を、国民を、戦争から助けなければならないという使命がある。昭和天皇として「天皇の責任」の自覚ですね。天皇は国家の元首であるから、国家として戦争をしなければならない時には、戦争をすることを認め、そして勝つように振る舞わなければならない。しかしその戦争が勝てない戦争であることが分かれば、今度はその戦争をできるだけ早期に止め、一人でも多くの日本人を死なないで済むようにしなければならない。天皇は本土決戦を覚悟している国民に向けて、この戦争を止めることを宣するのが、要するに八月十五日の玉音放送ということになるのです。そのとき、国民も、天皇の心が分かるが故に、天皇の連合国への降伏の宣言を受け入れる訳ですね。

波多野　確かに日本国民の多くが本土決戦については覚悟していたとはいえるでしょう。

杉原　そこで日本の天皇制について少し考えておきたいのです。

桶谷は、昭和二十年九月二日、日本が戦艦ミズーリ号の上で降伏文書に署名する日、正確には翌三日のようですが、夫人、子供を引き連れて自決した、沖縄出身の陸軍大佐、親泊朝省の自決について書いています。

親泊は阿南惟幾陸相を尊敬していて皇国史観を抱いていて、天皇親政ということで国体護持を確信して自決したと、桶谷は言っています。残した手記には次のようなことが書いてあったと。つまり「皇軍の全面的武装解除によって国体護持が出来ると見ることができないのである。即ちポツダム宣言を受諾すること自体が国体護持は出来ぬという当然の結果をもたらすのである。然し、今回の宣言を受諾しつつ国体護持が出来ると考える者の観念は、ただ皇統が続き皇位が存続することが国体護持であって、之に外力が加わって親政に不安があろうともそれはさしたる問題とならぬと考える者の国体護持観なのである」と。

しかし親泊にあって、大勢はいかんともし難い。親泊にとって、現状は容認できないのであるけれども、しかし、ポツダム宣言受諾を先導した鈴木首相に向けて怒りながらも、クーデターを企んだ陸軍将校には加担しなかった。というのは、そのような怒りや行動は天皇に刃を向けることになり、天皇親政に反するからだと親泊は考えたのだと、桶谷は解説しています。

要するに、天皇制の究極は、親泊の言うように、「天皇親政」なのだという言い方があるだろうと、私、杉原は言いたいんです。

その天皇親政は、民を限りなく慈しむということと一対になっているものなのですね。そうでなければ天皇親政ではない。ポツダム宣言受諾の過程で、昭和天皇は天皇制が続くという意味で国体護持についてしばしば言及があった。けれども、それは国民を大切にするということと固く結びつき、国民を守るということと決して離れえない一対のものなんですね。親泊の言う「天皇親政」も国家の政策を全て天皇が直接に決定するというようなことではなく、国民を限りなく慈しみ、国家の意思の最終決定を自ら行うということなんですね。

この戦争は勝てない。そういうことが分かったとき、昭和天皇が逸早く終戦を決意したのは、天皇制にある、この使命感からだと思う訳です。

そう見れば、天皇の終戦工作は、ある意味で天皇親政そのものであったと思う訳です。そして天皇親政に基づく降伏であるから、その瞬間まで本土決戦を覚悟していた国民も降伏を受け入れたのだ、といえると思います。

波多野　昭和天皇は戦争が始まると、一貫して日本の勝利に向けて将兵を励まし続けてこられたと思うんですが、これも、杉原先生としては、天皇が元首である以上、勝つように国民を鼓舞するのは天皇として当然であったと思われる訳ですね。

杉原　そうです。少し脇道に入り過ぎたような感じになりましたが、昭和二十年八月十五日終戦を迎える時の日本人の心の在り方はもう少し丁寧に見ておかなければなりませんからね……。

波多野　そうですね。

杉原　それでは本題の史実の問題に返してください。

波多野　そうですか。それでは史実としての問題に返っていきたいと思うんですが、杉原先生は、天皇はいつごろ降伏して終戦にしなければならないと思われるようになったと、思いますか。

杉原　先ほど少し申しましたが、終戦については開戦前から考えていたと思います。が、日本は降伏してでも戦争を終わらせなければならないと思われたのは、やはり昭和二十年三月十日の東京空襲直後だと思います。

九日夜から十日未明にかけて三〇〇機以上のB29が飛来し、東京の下町を焼き尽くし、死者一〇万人となった。天皇は周囲の反対を押し切って三月十八日に視察された。そして深川の富岡八幡宮の境内に入られ、被害状況を聴聞された。降伏による終戦はこの時に決意されたといわれています。富岡八幡宮の境内には、このことを説明する、加瀬英明氏の揮毫した碑があります。

波多野　おっしゃるように東京空襲によってもうダメだ、と昭和天皇は内心は感じていたのでしょう。そしてできるだけ有利な条件での終戦のために信頼の篤い鈴木貫太郎に組閣させた。そして鈴木は見事に、終戦を実現させたということになります。

杉原　正に鈴木貫太郎に託して終戦の実現でした。その間、約五カ月、沖縄戦、連日の本土空襲、そして広島、長崎の原爆投下があった。一歩間違えば、本土決戦となり、更にどれほど犠牲者が増え、国土の荒廃は進んだことか。また、ソ連の本土進攻前に降伏でき、韓国のように分断国家になって分断されることもなかった。

波多野　ここで序でながら言いますと、杉原先生は、例えば杉原先生と共著を出されたアメリカ人ハリー・レイ氏など、外国人の天皇観について不満を述べられたいのではないですか。先ほど述べられた天皇制の問題と絡めて述べていただけませんか。

杉原　そのこと、ここで話しましょうか。私はハリー・レイというアメリカ人の占領教育の研究者と、原爆投下について『日本人の原爆投下論はこのままでよいのか－原爆投下をめぐる日米の初めての対話』（日新報道　二〇一五年）を出しました。

この中でレイ氏は、簡単にいえば、天皇が無能だから原爆が落ちた、天皇が有能であれば原爆投下前に降伏できていたと、いとも簡単に結論づけるんですね。大日本帝国憲法の輔弼の制度の難しさを全く理解していないし、軍部がクーデターを起こす可能性も全く配慮できていないんです。

私が驚いたのは、学者として有名なジョン・ダワーです。ダワーの（大窪愿二訳）『吉田茂とその時代（上・下）』（TBSブリタニカ　一九八一年）で述べていることです。これは第三章で述べることになると思いますが、昭和天皇とマッカーサーが初めて会った時の、「全ての責任は自分にある」という趣旨のことを述べてマッカーサーを身震いするほど感動させたシーンを、ダワーはいとも簡単に命乞いに来たと書いています。

生まれながらに天皇になることを運命づけられて成長した天皇の行動について、一般市民の行動と全く同じように描いているのです。

ハーバート・ビックスもひどかった。ビックスは（吉田裕監修、岡部牧夫・川島高峰・永井均）『昭和天皇（上・下）』（講談社　二〇〇二年）を出していますが、天皇を市民社会の中で絶えず自己顕示の競争を強いられながら生活している一般市民と同様な人物として描いています。アメリカには王室がなく王室の人の行動は分からないといえばそれまでですが、しかし大統領でも、大統領としての行動は純粋な一個人の行動ではなく、国家を代表する者として一般人とは違った行動をしなければならなくなってくるぐらい分かる筈なのに……。

波多野　終戦時でいえば、天皇や天皇制の意味が分かるアメリカ人は本当に限られていましたからね。

杉原　天皇を一般人と同じような人物に見たら、日本人が何故あれほど天皇を守ろうとするのか、何故、天皇の下にあれだけ一致団結できるか分かりませんよね。

波多野　最後に、鈴木首相の音頭取りで、終戦を「聖断」によって作り出す訳ですね。「聖断」が無ければ国民を救えず、国の存続も危うい、という意味もありましたが、降伏後のことも考えてあえて「聖断」による終戦ということにした、ということもできます。鈴木と天皇の連携プレーですよね。

杉原　私は思うんです。昭和天皇は、天皇制を否定する共産主義には厳しく対決する考えはあったと思います。しかし先ほど述べた天皇親政の考え方の延長で考えるとき、日本国民を一人でも多く救うという観点では、たとえ共産主義者であろうと分け隔てなく救おうと思ったでしょうね。

だからこそ日本の天皇であり、そんな天皇だから日本国民は絶対に守らなければならないと思っていた訳ですね。昭和天皇の有名な歌がありますね。

身はいかになるともいくさとどめけりただたふれゆく民を思ひて

この歌は正にそのことを歌っているんですね。

波多野　その歌は昭和天皇崩御の後に見つかった歌ですね。

第三節　ルーズベルトの強いた無条件降伏方式

杉原　終戦のテーマで話し合っていますが、次にテーマになるのは、無条件降伏問題と、もう一つ日本が今から見れば不思議なくらい愚策ですが、終戦のためにソ連に仲介を頼もうとしたことですね。

この二つのテーマは、私たちの見解では一つの対をなしていますね。

波多野　そうです。その上でどちらから先に話し合えばよいかといえば、無条件降伏方式ですね。無条件降伏というのが、ソ連への仲介依頼に大いに影響を与えていますから。

杉原　それでは凶災としての無条件降伏の問題を先に論じましょう。

「無条件降伏」というのは、いうまでもなく、ルーズベルトが言い出したこと。一九四三年（昭和十八年）一月、日米戦争が始まってからは約一年と二カ月、カサブランカでルーズベルトはチャーチルと記者会見をしているとき、口を辷らしたかのようにして「ドイツ、日本のイタリアの戦力の排除は、ドイツ、日本、イタリアの無条件降伏を意味する」と言ったんですね。戦争に重大な影響を与える「無条件降伏」について、事前にチャーチルに相談すれば反対されるに決まっているので、口を辷らせたかのように装っていきなり言い放ったんですね。

これは、アメリカと戦っているドイツや日本が戦争に勝てない、負けたと思ったとき、降伏を申し出ても受け付けず戦争を最後の最後まで続けるということですね。

無条件降伏を強いているからといって、敗戦国民を奴隷化することではないけれど、しかし終戦に向けて敗戦国の意思を一切聞かず、終戦後の敗戦国に対してどのようにでも自由に対処してよいということですね。

つまり、「無条件降伏」を宣言する時点で存在していた戦争に関する国際法は、原則的に無視するということになります。この対談本の第三章で詳しく話し合わなければならなくなると思いますが、この無条件降伏の宣言のとき、戦争に関する法律として、一八九九年（明治三十二年）、オランダのハーグにて作られ、その後一九〇七年（明治四十年）に改正された「陸戦ノ法規慣例ニ関スル条約」があり、この第四三条には「占領地ノ現行法ヲ尊重シテ」とあり、その条文から占領下では憲法改正はできないということになる訳です。

しかし無条件降伏したのであれば、降伏後に憲法改正を要求しても、国際法上問題ないということになります。

要するに、無条件降伏を宣するということは当時存在している国際法を無視して敗戦国に国際法に則った降伏の申し出の機会を与えないということであって、当時の国際法厳守の立場からすれば、無条件降伏の宣言自体が国際法上無効だということになります。

そのようなことをルーズベルトは口を泛らしたかのように装って言った。そしてその瞬間に、戦争は最後の最後まで続き、戦争の犠牲者の数は最大限に大きくなり、戦争は最大限に拡大して終わるということです。

ですから、日本に骨の髄まで震撼させた。そこのところは波多野先生がお詳しいですね。

波多野　無条件降伏方式はアメリカの南北戦争における北軍の方針に由来するといわれますが、アメリカの戦争観や国際政治観にも関わっています。

戦後初期に、国務省にあって、アメリカの「封じ込め政策」を案出したジョージ・ケナンは、二つの世界大戦におけるアメリカ外交の特質は、「国家間の問題のなかに善悪の観念」を持ち込み、国家の行動を「道徳的判断」と「法律家的な尺度」で推し量るようになった結果、その意図に反して戦争を長引かせた、と指摘したことがあります。ジョージ・F・ケナン（近藤晋一・有賀貞・飯田藤次訳）『アメリカ外交五〇年』（岩波書店　二〇〇〇年）を見てください。

国家利益の擁護ではなく、高遠な道徳的原則の名において戦われる戦争は、無法者を徹底的に屈服させる、つまり無条件降伏させない限り、早期の解決は困難になる、という訳です。無条件降伏政策を支え、国際関係における道徳や正義を重視するアメリカの「聖戦論」は、敵国に対する無慈悲な破壊を意味するという点で原爆開発にも影を落とします。

唯、ルーズベルト自身がどのような考えだったのか、今一つ分かりません。杉原先生はルーズベルトは、何故、無条件降伏方式を言い出したのだと思われますか。

杉原　それは表面的には、第一次世界大戦の、敗戦国に非武装を強いてこなかった中途半端な終戦の仕方、勿論、これはルーズベルトから見た見方ですが、その終戦の仕方ですね。それが第二次世界大戦を引き起こすことになったと考えれば、第二次世界大戦は人類最後の戦争として、戦後世界の平和を完全に保障し永久平和を構築できる形で終わらなければならないということになるでしょうか。そしてルーズベルトには、国際連合を設立し、ルーズベルト自身が事務総長を務め、自身が世界平和の盟主になるという野心があったと思います。

しかし開戦後のルーズベルトの行動を追って見てみると、もう一つ汚い思いがあったように思います。それは特に日本に対してであって、戦争が終わったとき、日本に発言権を残さないということだったと思います。日米戦争は、実質は、アメリカが誘って日本に最初の一撃を撃たせるように仕掛けて、日本より始めさせたものですね。日本に発言権が残るということは、日米戦争開戦に関して日米のどちらがどの程度責任があるかという議論が起こるということですね。これを封じるには、日本をして徹底的に壊滅し、その廃墟の中で発言権を失った状態にしておかなければならない、ということがあったと思います。

そのことはその後のルーズベルトの行動を見ていけばよく分かります。

波多野　端的にいえば、ヤルタ会談での密約のことを指して言われている訳ですね。

杉原　そうです。これは、五百旗頭真氏の『米国の日本占領政策（上・下）』（中央公論社一九八五年）に詳しく載っているので、詳細はこの本に拠って欲しいのですが、一九四五年（昭和二十年）二月九日、ヤルタでチャーチルがルーズベルトに次のように言うんですね。

私とレイ氏の共著『日本人の原爆投下論はこのままでよいのか－原爆投下をめぐる日米の初めての対話』（日新報道　二〇一五年）でも要約して紹介しています。

チャーチル　もしソ連を説得して、アメリカ、イギリス、中国と共に四カ国で日本に無条件降伏を要求するという最後通告を発し、それでも日本が降伏しないならば、この四カ国の全軍事力による圧倒的重圧が加えられるであろうと警告すれば、それは大変大きな意味を持つ。その際、日本はその最後通告を受け入れれば、無条件降伏の最も厳格な適用からどのような緩和が得られるか、問い合わせてくるかも知れない。その場合の判断はアメリカが行う。しかし、何らかの条件緩和によって、莫大な血と財産を奪う戦争が一年か一年半短縮するかも知れないとすれば、考えてみるだけの価値があるのではないか。

要するに、チャーチルはソ連も対日参戦をすることになったことを明示して、その上で後に出すポツダム宣言にあるような厳しい条件を示したとしても、日本はそれを受諾して降伏する可能性がある、と言った訳です。そうすれば、その後の連合軍と日本軍との戦いは無くなる訳で、それはアメリカ及び連合国にとってもどれだけメリットのある提言か計り知れない、ということを言った訳です。

日本から見ても、サイパンがすでに陥落し、アメリカ側からはサイパンから自由にＢ２９を飛ばして思いのままに空襲を行える状況にあり、日本では制空権を失い、日本からは効果的な反撃ができなくなった状態にあり、その上でソ連の参戦計画も明らかにされて、その上でポツダム宣言のようなものを突き付けられれば、日本はほぼ間違いなく、それを受諾して降伏するでしょう。

しかしこのとき、ルーズベルトは何と答えたか。

ルーズベルト　そのような最後通告が日本人に効果があるのかどうかは疑わしい。外の世界で何が起こっているのかを日本人が認識しているとは思えない。日本人は、本土のすべてが猛烈な爆撃の重圧にさらされるまで、現実を直視することはないであろう。

この時点で、ルーズベルトは、兵器工場も含めて全ての産業施設、そして交通網を空襲で破壊でき、日本軍のアメリカ軍に対する戦闘能力は無くなることを分かっていた筈ですから、日本に対して上陸作戦は不要だということが分かっていたというより外はありません。しかしルーズベルトは分かっている素振りは一切見せませんでした。

サイパンが落ち、硫黄島が落ちれば、強力な日本本土への爆撃は容易に可能となり、上陸作戦を決行しなくても、日本を完全敗北に陥れることは可能だと分かっていたのです。

これまで、ルーズベルトがソ連に対日参戦に誘ったのは、来る本土上陸作戦にアメリカ兵の犠牲を少なくするためだと解されてきましたが、よく考えてみると、逆に、ソ連に対日戦に加わってもらうために、本土決戦を続行しようとしたのだということになります。つまりは、ソ連も対日戦に誘い、上陸作戦を行い、このヤルタ会談後に出現したドイツの壊滅状態と同じ状態に日本も陥れようとしていたのだと思います。

日米戦争の犠牲者は、日米戦争の最後の一年に集中し、八〇パーセントがその最後の一年に犠牲になっているといわれます。恐らく日米戦争で犠牲となったアメリカ兵もほぼ同じ比率で最後の一年に集中していると思います。ヤルタでのチャーチルの提案への拒否は、ルーズベルトのいかなる悪意に因って拒否されたか、分かろうというものです。

ところで、ヤルタでのルーズベルトのこの発言の意味をきちんと捉えるのが日本の研究者の間でも少ないんですね。欧米の研究者では殆どいません。欧米の研究者は日本の立場では見ませんから、ある程度仕方ありませんが、日本の人もこの問題を押さえる人が少ないのは不思議であり、残念ですね。

波多野　おっしゃるように、殆ど誰もこのチャーチルの提言に注目していないのですが、中国戦線を指揮したウェデマイヤー将軍の回想録（妹尾作太男訳）『ウェデマイヤー回想録―第二次大戦に勝者なし』（読売新聞社　一九六七年）を読めば、一九四五年初頭は連合国にとって、対日降伏勧告を発する一大転機だったことが分かります。

杉原　ウェデマイヤーの回想録は私も読んだことがあります。ウェデマイヤーは戦争が終わったとき、中国戦線にいて、数百万に及ぶ日本軍将兵と日本人民間人の日本への帰国に尽力してくれた日本人の恩人らしいですね。この本は「第二次世界大戦に勝者なし」というのが一つの趣旨で、ルーズベルトを厳しく批判している本ですね。その中に「アメリカは一九四五年の初め、連合国が無条件降伏を主張しないならば、日本には終戦の用意のあることを実際に知っていた」という一言があるのは、ルーズベルトにとって痛いところですね。ルーズベルトは、日本からだけではなく、不必要に多くのアメリカ兵を死なせたとしてアメリカからも批判されるべきですね。

波多野　杉原先生の相変わらず厳しい指摘ですね。

先ほども紹介しましたが、ジョージ・ケナンは、二つの世界大戦におけるアメリカ外交の特質は「国家間の問題のなかに善悪の観念」を持ち込み、国家の行動を「道徳的判断」と「法律的な尺度」で推し量るようになった結果、その意図に反して戦争を長引かせた、と指摘したことがあります。

国家利益の擁護ではなく、高遠な道徳的原則の名において戦われる戦争は、無法者を徹底的に屈服させる、つまり無条件降伏させない限り、早期の解決は困難になる、という訳です。無条件降伏政策を支え、国際関係における道徳や正義を重視するアメリカの「聖戦論」ですね。

杉原　そうです。アメリカでルーズベルト提唱の無条件降伏方式に強烈な支持が生まれたのは、自分たちは正しい戦争をしているのだという「聖戦論」ですね。私たちが日米戦を見るときに忘れがちなのは、アメリカ国民の聖戦をしているという信念ですね。「聖戦」の真実の実体はともかく、アメリカ国民、アメリカ兵は正しい戦争をしているという信念を強烈に持っていたのです。そのことを前提にしないと、日本が敗れて占領が始まったとき、占領軍がいかに行動したかを正しく理解できません。

しかしルーズベルトは、「聖戦」だとしてアメリカ国民を唆し、無闇に犠牲者を増やし、背後に人に見られてはならない自己の邪な野心を潜ませた。

波多野　ルーズベルトが邪悪な野心を潜ませたかどうかは分かりませんが、アメリカの「聖戦論」はそうしたものでしょうね。

杉原　それでは、この無条件降伏方式が、日本でどのように跳ね返ったのか。その点について詳しく知っておられる波多野先生から説明してください。

波多野　先ほど、杉原先生が言われたように、一九四三年一月のカサブランカ会談でルーズベルト大統領が表明した無条件降伏方式は、休戦交渉を拒否して戦勝国の意思を一方的に押し付けることを意味し、この無条件降伏のことが聞こえてくると、日本側はこの「無条件降伏」という新概念を戦意高揚に利用する訳です。

昭和十九年秋に陸軍省が作成した研究文書（昭和十九年九月二十五日付、陸軍省軍事課「最悪事態に処する国防一般の研究」（防衛研究所戦史研究センター所蔵　一九四四年）によれば、比島決戦に敗北して、米英に「和平屈服」した場合、次のような事態が想定されるとしています。

(一)　米軍の日本本土進駐、(二)　陸海軍の武装解除、(三)　天皇制の廃止、民主政体の施行、(四)「大和民族の滅亡を図る為男子の支那、アメリカ、印度、ニューギニア、豪州等への奴隷的移駐」。

そこで、この研究は、こうした事態に陥るより、あくまで本土における徹底抗戦を選択し、その際、軍民が正規戦、遊撃戦を併せて闘い、時間を稼ぐことができるならば、その間に世界情勢はアメリカの日本常駐を容認しえない方向へと変化し、国内事情も長期駐留を許容することはなく、日本の崩壊は免れるだろうと述べています。ここに対米和平より徹底抗戦、つまり本土決戦を選択すべきであるという陸軍中枢部の有力な論拠を見ることができます。

杉原　無条件降伏といえば、国家の解体までも含むように捉えても構わない訳ですから、その恐怖を使って戦意高揚に利用する訳ですね。「鬼畜米英!」の具体的根拠になる訳ですね。

波多野　一方的な無条件降伏は、日本民族の死滅をも意味するとなれば、恐怖と怒りを湧き立たせることになる訳です。

杉原　そしてそうした恐怖を煽った者が、逆に皮肉に、そこから抜けられなくなる。戦えと煽った以上、降伏することはできなくなっていく。煽った者が煽られていくことにもなる。悪しき連鎖ですね。

波多野　そうです。こうした無条件降伏の受け止め方が、徹底抗戦論の有力な根拠となって戦争を長引かせる一因になったと思います。

杉原　でも、長引かせた原因を作ったのは日本ではないですね。

波多野　アメリカの妥協を許さない姿勢が長引かせる原因となったのは事実ですが。しかし、日本側で問題なのは、「無条件降伏」で恐怖を煽るばかりで、無条件降伏について、それが何を意味するのか、日本側が中立国を通じて打診したような形跡がない。実際、五月八日のトルーマン声明では、「日本国民の絶滅や奴隷化を意味しない」と言っている訳ですから、その意味を中立国を通じて問い合わせることができたかもしれない。できた筈です。

もっとも、連合国の方でもそれが何を意味するのか、それを受け入れた場合に、どのような事態を招くのか、詳細に検討して枢軸国側に伝えるといった発想はなかったのですが。

杉原　そうです。ルーズベルトが無条件降伏方式を言い出したのは、先ほど述べたような動機があった訳ですから、彼の生存中は「無条件降伏」の意味を明確にしようという努力は一切しなかった。というより敢えてしなかった。

波多野　ともかく、無条件降伏という方式について真剣に検討した形跡が見当たらないのです。

杉原　その問題がまだ目立ったままですが、この無条件降伏の件はまた別のところで話し合いましょう。まだ、いろいろなところで出てくると思います。

第四節　ソ連仲介という終戦工作の愚策

波多野　それでは、現在から見れば愚策のなかの愚作、ソ連仲介による終戦工作について話し合いましょう。

ソ連は日本にとって中立関係を保っている唯一の大国でした。ですから、日本は開戦当初から、ソ連との関係を壊さないよう注意しながら、何とか有利な戦争終結のために利用しようとしていました。その一つは、独ソ戦争を終わらせるための独ソ仲介構想です。枢軸陣営にとっての有利な終戦という観点からすると、日ソ間の「静謐の保持」を前提に、ソ連を対独戦から離脱させて枢軸陣営に引き入れ、日独の戦争努力を対米英戦に集中させることが望ましかった。

こうした考えには外務省も軍部も支持していまして、昭和十九年まで断続的にドイツとソ連の双方へ打診が実施されます。しかし、民族の絶滅を賭して戦うドイツとソ連とが和解に応ずる筈もありませんでした。

もう一つは、ソ連を通じた英米との和平構想で、唯一の頼みとするソ連の好意的な斡旋に期待して、有利な条件に依る終戦を得ようというものでした。

これらは、ソ連に対する全く甘い期待に基づくもので、全く根拠の無い妄想のようなものでした。藁にも縋るような思いだったとはいえ、理解し難いところがあります。ともあれ、私も栗原健氏と関係記録を刊行したことがあります。栗原健編『終戦工作の記録(上・下)』(講談社　一九八六年)を見てください。最近では、対ソ工作について岡部伸『消えたヤルタ密約緊急電－情報士官小野寺信の孤独な戦い』(新潮社　二〇一二年)があります。対ソ工作は終戦寸前に急に出てきたのではなく、相当前から模索された結果ですね。

杉原　私も波多野先生に奨められて岡部氏の本を読みましたが、ソ連仲介の終戦工作は、ルーズベルトの「無条件降伏」宣言以降の大きな流れだったんですね。

波多野　一九四三年（昭和十八年）一月十七日、ソ連ではレニングラードが解放され、ドイツのソ連侵攻が失敗に終わり、ドイツの勝利の見込みがなくなった訳ですね。そういう戦況の中で、一月二十四日、カサブランカでルーズベルトの「無条件降伏」の宣言がありました。日本としては、独ソ戦ではドイツの勝利を前提として戦争を始めており、その前提が崩れると同時に、日米戦争では、日本は終戦交渉をしようにも「無条件降伏」によって始めから扉をぴしゃりと閉められる訳です。日本は客観的に見て、何ら明るい材料は見当たらなくなり、絶望的な状況に陥る訳ですね。

そういう状況下で、なおも中立関係を維持していたソ連の仲介斡旋に頼って、可能な限り有利な条件で終戦和平を図ろうという考えが政府や軍の中に浮上してきます。特に、陸軍では、長期的な政戦略を練る立場にあった参謀本部の戦争指導班で、独ソ和平構想と並んで、ソ連仲介による終戦案がいくつか作成されます。昭和十八年頃からです。陸軍としては対米戦争に集中するためにはソ連の中立維持が大前提でしたから、表向き、終戦のための対ソ外交では困る訳です。それで、研究は極秘裏に行われていました。

ともかく、徹底抗戦を国民に呼び掛けながら、他方で終戦工作に着手する訳ですが、これについて杉原先生はどう思われますか。

杉原　徹底抗戦を叫びながら、そのとき同時に終戦工作の研究に着手していたということについてですか。

波多野　そうです。

杉原　それは別におかしいことではないと思います。「徹底抗戦」を叫びながら、勝利の見込みが無くなったところで、何とか最大限に日本の立場を守りながら終戦工作をするというのは有ってよいと思います。というより戦争を指導している立場の者に在っては、勝利の展望の全く無くなったこの戦争に対して、なお戦えと檄を飛ばしながら、併せて同時に終戦工作はすることは許されることであり、むしろすべきだと思います。

問題は、日本の場合、その工作として、ソ連に終戦の仲介を頼んだことだと思います。ソ連のみに仲介を頼んだことだと言い換えてもかまいません。

波多野　ソ連の問題は、地政学的に敵対国と位置づけられ、歴史的にも長く敵対関係にあり、そのことには何とか目を瞑るとしても、ソ連共産党に率いられている国で、共産主義は日本の国体に反するという深刻な問題があった。

しかし、それでも、アメリカに直接、屈服できないとすれば、強力に仲介役を果たせるのはソ連を除いてはないということになります。

こうして戦争指導班の研究を下に、昭和十八年九月三十日には、御前会議で「今後採ルベキ戦争指導大綱」が決まり、「『ソ』ニ対シテハ、極力日ソ戦ノ惹起ヲ防止シ進ンテ日ソ国交ノ好転ヲ図ルト共ニ、機ヲ見テ独ソ間ノ和平ヲ斡旋スルニ努ム」と定められます。一見、何気ない規定ですが、ここで厳密に見ていただきたいのですが、ソ連仲介による「終戦」という考え方は慎重に避けられていることです。

一方、参戦防止が目的とはいえ、ソ連に対する接近は共産主義を容認する、すなわち「容共」という問題が起こることになります。

木戸は昭和二十年三月三日の時点である人に次のように語っていたといわれます。「共産主義というが、今日ではそれほど恐ろしいものではないぞ。世界中が皆共産主義ではないか。欧州も然り、支那も然り。残るは米国位のものではないか」。

「今の日本の状態からすればもうかまわない。ロシアと手を握るがよい。英米に降参してたまるものかと云う気運があるのではないか。結局、皇軍はロシアの共産主義と手を握ることになるのではないか」。

木戸だけでなく、ソ連と手を握るのであれば、「容共」も已むを得ないという考え方が、終戦末期に陸軍や政府の中に浸透していきます。昭和十九年秋には、陸軍は中国政策において、華北における共産勢力の台頭を意識して、「反共」「防共」といった言葉を避けるよう指示する程でした。

杉原　共産主義者に成った訳ではないけれど、「容共」となった理由として何がいえるか。そこのところは私に言わせてください。

元々、共産主義は天皇制と理論上一致するところがありました。というのは、経済学としては、マルクス経済学は、経済的平等を目差す経済学ですから、一君万民平等の天皇制と一致する。

ただ共産主義は階級史観の下にありますから、天皇を階級搾取の親玉として捉えるので、氷炭のごとく異なる。また、共産主義は自由や権利を十分に認めないから、その点でも日本では受け入れられない。

しかし、当時の日本社会の歴然と存在している貧富の差を見れば、マルクス主義に憧憬する者が出てくるのは必然であり、軍隊の中にも、同調する者が出る可能性があります。軍隊は元々、そういう環境なのだといえます。軍人はその環境の中にいる訳です。

波多野　ともあれ、当初の戦争指導班におけるソ連との交渉案は、日ソ間の「静謐保持」を目標とするものでした。

昭和十九年七月、サイパンが陥落したあと、東条内閣が倒れ、小磯国昭内閣が成立しますが、戦争指導班の案をベースに、八月十九日の御前会議で「今後採ルベキ戦争指導ノ大綱」で「『ソ』ニ対シテハ、中立関係ヲ維持シ更ニ国交ノ好転ヲ図ル　尚速カニ独ソ間ノ和平実現ニ努ム」と決まります。

この頃は、ソ連の対日参戦が重大な脅威と認識され、参戦を防止するための外交的措置が重要となってきます。長く懸案であった昭十九年三月末の北樺太石油・石炭利権のソ連への譲渡の案もその一つでした。
　また、日ソの中立関係の維持のため昭和十九年秋に、小磯内閣が想定していた代償は、南樺太、北千島の割譲、日独伊三国同盟の廃棄、漁業権放棄、津軽海峡の通行容認、北満鉄道の譲渡などです。「案」の段階に留まりましたが、その後一九四五年（昭和二十年）二月にルーズベルトがスターリンに約束した報賞より大きいといえます。

杉原　かくも大きな代償を払う位だったら、アメリカにそのまま降伏した方がよいといえるほどの代償ですね。
　それにしても、ルーズベルトは大したものですね。日本の中にソ連に対してこのような動きが起こるであろうことを読んでいたのかもしれませんね。日本の考えている代償とほぼ同程度の報賞を与えて対日参戦を誘ったのですから。

波多野　ともあれ、ソ連を仲介にして終戦に持ち込もうとする案は、特に参謀本部戦争指導班が主導したものでした。ただし、鈴木貫太郎内閣が成立する頃までは、まだ「案」の段階に留まっていました。それだけ終戦のための外交は慎重でなければならなかった、といえます。
　開戦時の外相だった東郷茂徳は昭和二十年四月七日、鈴木貫太郎内閣成立で外務大臣として再び入閣しましたが、最大の外交課題は、ソ連の参戦阻止にありました。数日前の四月五日には、ソ連は中立条約の不延長を通告していました。他方、本土決戦計画はいよいよ具体化する段階に入り、陸軍にとっては本土決戦を控えて終戦和平を前提とした対ソ交渉はありえなかった。

参謀本部は、四月下旬、河辺虎四郎参謀次長を通じて、大きな代償を伴う果敢な対ソ外交を東郷に求めてきます。

東郷は、当初はソ連を仲介とする和平案に乗り気ではなかったのですが、ここにきて参謀本部の参戦防止という要請を利用して、終戦に導こうとします。つまり、中立維持のための対ソ交渉を、終戦のための対ソ交渉に転換させようとする訳です。ただ、それは慎重に進めなければなりませんでした。一たび「終戦」のための外交であることが陸軍部内に伝われば、軍内の徹底抗戦論を刺激して対ソ交渉そのものが破綻してしまう危険が有ったからです。

そこで東郷は、秘密が漏れないよう、最高戦争指導会議を六人の構成員のみの会談とすることで乗り切ろうとします。これには陸軍首脳も賛成して、それが実現します。

杉原　それが五月十一日から十四日に開催された、首相、外相、陸相、海相、参謀総長、軍令部総長による最高戦争指導会議の構成員のみの「六巨頭会談」ですね。この六巨頭会談にはソ連仲介案が提出され、鈴木首相も賛成して「スターリンという人は西郷隆盛に似たところがある」と発言し、後世の我々から大いに顰蹙を買っているんです。が、彼がこれを言って積極的に、ソ連仲介案を推進した訳ではない。大枠ではすでに決まっている対ソ方針を追認し、その追認のために言った発言に過ぎないと、私は思いますけれどね。

波多野　元々、鈴木は、外交を東郷に一任していましたから、そういえます。

　五月十四日の六巨頭会談では対ソ交渉に関して、(第一項) 対日参戦の防止、(第二項) 好意的中立の獲得、という従来の目標に、(第三項) 戦争終結に関する有利な仲介、という新たな目標を加えることに合意しました。「無条件降伏以上の講和に導きうる外国ありとせば、ソ連なるべし」との考えで一致できたからです。

　また、六巨頭会談はこれらの目標にソ連を誘導するために、ポーツマス条約と日ソ基本条約の廃棄を原則に、南樺太の返還、漁業権の解消、津軽海峡の開放、北満における諸鉄道の譲渡、場合によっては千島列島の北半の譲渡などの大幅な代償提供を確認しました。

　唯、直ちに第三項（ソ連への和平斡旋依頼）が発動された訳ではなく、ひとまず六月初旬から広田弘毅元首相が駐日ソ連大使のマリクと会談して、ソ連側の意向を打診することになりました。この広田・マリク会談は六月に秘密裡で三回ほど行われます。しかし、広田も明確に和平斡旋を依頼した訳ではなく、マリク側も態度を曖昧にしたまま何の成果もなく終わってしまいます。

　既に五月七日にはドイツが降伏しており、スターリンとしては、それから二～三カ後に参戦するというヤルタ密約の履行が迫っていた訳で、日本から和平斡旋の依頼を受けたとしても応ずる必要は全くなかった。日本の提案に応じて大きな代償を獲得するという選択もあったかもしれませんが、参戦した方が得られる利益は大きいと判断したのでしょう。

日本側が和平斡旋の依頼を明確に申し出ることができなかったのは、政府・外務省と陸軍首脳部の戦局観の違いから、ソ連を介して英米に提案する和平条件を決めることができなかったからです。東郷ら政府側は戦局の見通しに極めて悲観的でしたが、阿南陸相や梅津美治郎参謀総長は戦局を尚も楽観視しており、自ずと和平条件にも差があったのです。

六月八日には、御前会議が開かれ、陸軍の意向を踏まえた「今後採ルベキ戦争指導ノ基本大綱」を決定しました。この「戦争指導大綱」は、本土決戦を高らかに謳うのみで、あまりにも国力の現状や置かれている国際状況から遊離していました。

そこで、天皇は六月二十二日、木戸幸一内大臣らの助言もあって、自らの発意で懇談会の形式で六巨頭会談のメンバーを秘密裡に集め、和平の斡旋をソ連に依頼するという六巨頭会談の合意の実行を命ずる訳です。

日本国家として初めて、ソ連を仲介とした終戦工作を開始することを決める訳です。

杉原　天皇は、終戦工作を始めるに際し、その仲介をソ連に依頼することを積極的に選んだ訳ではありませんね。

波多野　そうです。天皇は積極的にソ連仲介を推進した訳ではありません。しかしソ連仲介による終戦工作にお墨付きを与えたことにはなります。この時点、政軍の指導者に一致できる和平交渉案としては、ソ連仲介案しか考えられておらず、天皇もそれを認めざるをえなかったと思います。

杉原　それにしても、それほど大きな代償を払ってでも、ソ連仲介案を推進したのはどうしてでしょうね。やはり、その背景にはルーズベルトの「無条件降伏」宣言があるんでしょうか。

波多野　それもあるでしょうね。一九四三年（昭和十八年）一月にカサブランカでルーズベルトによって無条件降伏方式を宣言されて、終戦和平のための交渉が一切できなくなったと多くの指導者に認識された。そして、ソ連の対日参戦を阻止するという目的も大きかったと思います。

杉原　そうですね。日本から見て、日本にはソ連が独ソ戦で戦っているとき、日本は日ソ中立条約を守ってソ連に侵攻しなかったというソ連に対する極めて大きな恩恵があると思っている。そのような貸しのあるソ連に仲介を頼むことは、ソ連の対日参戦の阻止のためにも役立つことかもしれないという、正に期待のための期待ですね。

それに日本人、陸軍の自尊心ですね。「鬼畜米英」と罵って戦っている相手に、自ら降伏するということはできませんね。中国は日本の方から突き放しているし、終戦に関わって日本と対等に話し合うことができ、なお且つ国際的に影響力を持った国としてソ連を見て、終戦工作もソ連以外にないと見たのでしょうが、それにしても代償が大き過ぎた。

波多野　しかし対ソ交渉は、六月二十二日の天皇のお墨付きを得ても、一向に進展しませんでした。しびれを切らした東郷外相は、七月に入ると近衛文麿を特使としてモスクワに派遣する構想を天皇の賛同を得て実行します。近衛も「白紙委任」を条件に引き受けます。そして七月十二日には、モスクワの佐藤大使の下に天皇のスターリン宛ての親書が届きます。

しかし、その内容は率直に和平斡旋を申し入れるのではなく、英米が無条件降伏に固執する限り最後まで戦い抜く外はなく、そうなれば交戦国国民の流血は拡大するが、そうした事態は天皇の望むところでなく、ここに「平和の克復」を希望するという内容でした。

佐藤駐ソ大使はこの親書の内容では、近衛特使の使命が明らかではなく、ソ連側は直ちに応じないだろう危惧しましたが、その通りにロゾフスキー外務次官は「何等確たる回答をなすること不可能なり」とする親展書簡をもって応じました。

実は、この時点になっても、東郷外相と陸軍首脳部の戦局観の溝は埋まらず、東郷は、ソ連側の望む「具体的条件を示すことはこれ又対内関係上、並びに対外関係上不可能且不利である」と佐藤大使に打電せざるをえなかった。東郷は、条件の決定よりも、近衛に「白紙委任」の希望のあったことにも鑑み、まずは近衛派遣をソ連側に受諾させることを急いだが、ソ連側は応じなかったのです。

このときポツダム会談に出席中のスターリンにとって、日本側がどのような条件を示そうと、ヤルタ密約の実行（対日参戦）が迫る中で、もはや日本との交渉は無意味でした。

第五節　近衛上奏文の重要性

波多野　ところでソ連の中立維持が死活的な課題となっている中で、冷水をぶっかけたのが、昭和二十年二月十四日付の「近衛上奏文」ですね。昭和天皇の前で披露した上奏文です。

「近衛上奏文」については、新谷卓氏の『終戦と近衛上奏文－アジア・太平洋戦争と共産主義陰謀説』（彩流社　二〇一六年）という研究書があります。副題にもあるように、陰謀とは何か、そして陰謀は存在したかどうかを詳細に検討した優れた研究書です。

要するに、近衛上奏文は、陸軍の中に、日本の国体と共産主義は両立するものと考える少壮軍人が多数いて、「一億玉砕」を叫ぶその背後において国内を混乱に落とし入れ、共産革命を起こそうとしている、という警告です。

杉原　確かに、前節でも話し合いましたが、共産主義と一君万民平等の天皇制とは一致するところがあり、そのような考えから、この敗戦を利用して共産革命を起こそうと考える軍人がいても不思議ではない。

波多野　ソ連の仲介による終戦というのは、避けられなくなった敗戦と無条件降伏の壁との二つの難題を何とか越えようとするための苦しまぎれの策ともいえるのですが、近衛上奏文は、その背後に共産革命を志している者がいるとしたもので、警告としては十分に天皇及びその周辺に衝撃を与えるものでした。要は、「勝利の見込みなき戦争をこれ以上継続するのは全く共産党の手に乗るものというべきであって、国体護持のためには一日も早く戦争終結の方途を講ずべきである」という提言です。

杉原　昭和天皇はこの時点では、まだ戦争の早期終結ということは、考えていなかった。来る沖縄戦などを前提に、一度戦果を挙げてからでないと戦争終結は考えられないということで、陸軍と同じ考え方をしていた。

波多野　この上奏の際のご下問でも、そのようなことを言っておられますね。

杉原　近衛がこの時点で優れていると思われるところがあります。この上奏の際に、軍部は、アメリカが日本の国体の変革も考えていると観測しているが、この点をどう思うかとのご下問に対して、近衛は、軍部はアメリカは国体を破壊しようとしていると言っているが、しかし開戦時の駐日アメリカ大使グルーが皇室を尊ぶ考え方をしていたことなどを見てみれば、必ずしも国体破壊を考えているといえないのではないか、と答えていることです。

陸軍の戦争指導班では、先ほど前節で話し合いましたが、あれほど莫大な見返りをソ連に提供することを前提にしながらソ連の仲介案を考えていた訳ですが、その前に、アメリカの言う「無条件降伏」には国体の破壊が含まれるのかどうかを確かめて見るべきだった。

波多野　そうかもしれせんね。近衛の上奏の際に、お話の通り、天皇が「軍部は、米国は我国体の変革迄も考へて居る様観測し居るが其の点如何」と問いただしたのに対して、近衛は、少なくともグルーは「我皇室に対し充分なる敬意と認識を有すと信ず」と答えています。

ここで近衛が開戦時まで駐日大使を務めたグルーを引き合いに出したのは、開戦で帰国したグルーが、アメリカ国内のあちこちで講演を行っているのです。特に、一九四三年十二月のシカゴ演説は、天皇擁護論として激しくジャーナリズムの批判を浴びたのですが、その内容は日本にも伝わり、日本外務省において極めて重視されていました。
例えば、外務省の調書で、昭和十九年九月の「本国ニ於ケル戦後日本処理案」、特に昭和二十年二月の「研究輯録」では、グルー演説の国体問題で次のように述べています。

日本の将来の政治体制として、…武装解除、軍閥の打倒と軍国主義の払拭に関する措置を徹底するに於ては、民主主義的分子、自然的に勢力を得るに至るべく、占領軍乃至監視機関は斯る分子の台頭を援助すべく、斯る政治体制の樹立を見るに至り初めて日本を国際社会の一員として取扱はんとするものの如し。

近衛は、グルー演説の趣旨に沿ったこうした外務省の分析を基に、国体護持を可能と見なします。「米国の戦争目的は日本民族の絶滅でもなければ、又国体の変革でも（皇室をどうしようといふのでも）ない。…陸軍の実質を一変するに在る」と。
新谷氏の先ほどの図書にもありますが、別の資料にも近衛が上奏する五日前の二月九日、天皇は梅津美治郎参謀総長から、「アメリカの戦争に対する方針が、日本の国体を破壊し、日本を焦土としなければ飽き足らぬものであるから、アメリカとの講和は絶対に考えられない」と述べているようで、この時の近衛に対するご下問は、この梅津の上奏に対応しているのかもしれません。

杉原　近衛がこの時点で洞察深かったのは、もう一つあります。近衛上奏文には、そもそも満州事変、支那事変（日華事変）を起こし、これを拡大し、遂に大東亜戦争にまで導いたのは、軍内部の一部の者の計画的なものであったとし、その背後にソ連の采配があったと述べていることです。昭和十六年十月十五日、近衛が総辞職する前日ですが、近衛の所に深く出入りしていた尾崎秀実が検挙され、ゾルゲ事件が発覚します。近衛のこの陳述は、史実として事実か事実でないかの対応はともかく、深刻な状況について最も核心を突く指摘だということになるでしょう。

近衛の上奏が、その後、昭和天皇の思考に大いに影響を与えたと思います。間もなく国民のために戦争を終わらせなければならないと、昭和天皇は思うようになった訳ですが、その際には、近衛のこの上奏の影響が全てでは無いとしても有ったと私は思います。

第六節　ソ連の対日参戦と瀬島竜三

波多野　ところで、スウェーデンの駐在武官小野寺信少将が、ストックホルムより送った、ルーズベルトとスターリンのヤルタ密約、つまり、ドイツ降伏後二カ月乃至三カ月後にソ連が対日参戦をするという機密電報を参謀本部に送ったが、それが参謀本部の瀬島竜三に依って握り潰されたという話がありますね。

杉原　この重要な小野寺の情報が政策決定の関係者の間で知らされていないまま、ソ連仲介案が進められ、最後には、ソ連参戦となり、約六〇万人の日本軍将兵が抑留され、そのうち約一割の六万人が死亡し、更に、日本の領土、南樺太、千島列島、北方領土を失うこととなり、そして韓国では、独立しながらも、南北分断国家になってしまった。その大悲劇の原因となったところのソ連仲介に依る和平交渉案。このソ連参戦に関わる電報握り潰し事件については、やはり触れておくべきでしょう。

波多野　ですが、私は、小野寺武官がヤルタ密約の正確な機密情報を参謀本部に送ったという話には疑問を持っています。

杉原　そうですか？　それは何故でしょうか。

波多野　確かに、当時の外務省や参謀本部にとって、中立条約の延長の有無が最大の関心事で、ヤルタ会談を注視していました。会談後も、会談内容についの譲歩を得るために躍起となるのですが、モスクワやスウェーデンの現地公館からは、会談に関する各国の論調分析などに基づいて、中立条約の廃棄が合意された可能性があること示唆する情報が本国に寄せられてはいましたが、対日参戦について確実な情報は得られませんでした。

実際、会談の舞台となっていたマルタ島には関係者以外は出入りが禁じられ、密約も極めて厳重に管理されてきました。小野寺氏は戦後になってヤルタの機密情報を送った、と主張しているのですが、確実な根拠は示されていないように思います。

私自身も終戦工作の一つとして小野寺工作に関心があり、特にヤルタ密約の件についてスウエーデン外務省などで情報を集めたＮＨＫの取材班の収拾した記録類を見たのですが、やはり見当たりませんでした。

結局、ヤルタ密約は戦後の一九四六年にアメリカもそうですが、ソ連が公表するまで、その内容はどこにも知られていなかったのではないでしょうか。

唯、小野寺武官の情報連絡ルートは参謀本部ですので、外務省が知らなかったという可能性は残ります。残念なことに、現地武官と参謀本部との電信の遣り取りは、殆ど残されていません。したがって全く否定することもできません。

因みに、ストックホルムの日本公使館では、岡本李正公使と余り反りが合わなかったようで、岡本公使から東郷外相宛ての昭和二十年六月十八日付の電報では、「陸軍武官は功名心競争心強き策動家」と小野寺に対する不信感を露にしています。こうした公使館内の外務省と陸軍の対立や相互不信が、あるいは小野寺の言動に影響しているのかもしれません。

杉原　そうですか。唯、瀬島という人物は終戦を語る際には見逃せない役割を果たしていますね。

瀬島は、昭和十四年十一月より昭和二十年七月一日、関東軍参謀に成るまで、参謀本部の作戦課に属し、日米戦争中、戦場に出たことがなく、軍の中枢の中の中枢にいました。瀬島の妻は、二・二六事件で、時の首相岡田啓介の身代わりで死んだ陸軍退役軍人松尾伝蔵の長女。そして鈴木貫太郎内閣で書記官長を務めた迫水久常は、岡田啓介の次女が妻。それで瀬島は早くから岡田と迫水とは親しく話し合う関係にあった。

岡田はといえば、二・二六事件が起きた際の首相であり、戦争中は東条内閣を倒した中心人物で、鈴木貫太郎内閣の成立の後ろ楯になった人物です。迫水が鈴木内閣の書記官長になったのは岡田の推薦によります。だから、瀬島は東条内閣が崩壊するのも横から見ていたと思います。

彼の属する作戦課は、作戦を立て戦いを指導する課だから、参謀本部のそのまた中心となっている課です。そこで瀬島は、陸軍の作戦にずっと関わる訳ですが、その作戦課で作戦に関わるだけに、昭和十八年の段階では、どうやってもこの戦争は勝てない戦争だということが、他の課より逸早く分かることにもなります。そこにルーズベルトの「無条件降伏」宣言が発せられ、和平交渉の機会が最初から閉ざされたものになる訳です。たとえ「無条件降伏」の宣言がない場合でも、アメリカに屈することはできないという日本陸軍の自尊心の問題があり、誇りの問題があります。

そこで結局は、未だ日ソ中立条約に拠って中立を保っているソ連を頼りにしようということになります。それでいて兵士や国民に戦意昂揚、叱咤する立場にあります。昭和二十年一月二十日には「本土決戦計画」が固まります。本土決戦は、あくまでもソ連が参戦しないという前提でできています。ソ連との静謐な関係の維持が必要です。その観点からもソ連との交渉の必要は大きくなってきます。

戦争終結に向かってアメリカとは交渉しないという前提では、アメリカの言う「無条件降伏」を少しでも緩和させる交渉力を持っているのは、ソ連しかないなど、ともあれ、あれやこれやでソ連仲介案は誰もが認めていかざるをえないものとなります。ソ連の仲介に依る終戦ならば少々は屈辱だが、全面降伏は避けられる、ということです。

そこで、瀬島は昭和十九年十二月末から、翌年二月まで、「瀬越良三」と名乗って外交伝書使（クーリエ）としてモスクワに出かけます。そして帰ってからは岡田や迫水らに、ソ連の気配を報告したでしょうね。恐らく瀬島の段階では、この訪ソによって、ソ連の仲介に依る終戦交渉の案は固まったでしょう。

そんなとき、ストックホルムの小野寺から、ドイツ崩壊後二カ月か三カ月後に対日参戦をするとソ連がアメリカに約束したという、いわゆる「ヤルタの密約」を知らせる電報が届いたとすれば極めて重要なことですね。私は届いたと思うんですね。瀬島にとっては、立てて固めたばかりのソ連仲介構想に都合の悪い情報ですね。立てたばかりの構想に都合が悪ければ、それを握り潰す。瀬島としては有りうる行動パターンですね。したがって瀬島はこれを握り潰し、他に伝えなかったんだと思われる訳ですね。

波多野　瀬島は昭和二十年四月中旬、鈴木内閣の内閣書記官長となっていた迫水を訪問します。迫水から「本土決戦で本当に勝ち目はあるのだろうか」と問われた瀬島は、こう答えています。

今、考えなければならないことは二つある。一つは「ソ連の対日参戦」、もう一つは「本土決戦」の問題である。私の判断するところ、特に伝書使旅行のときのソ連軍の東送状況、ソ連の中立条約不延長通告などよりして、必ずや北満が厳冬期を迎える前の九月以前に対日参戦するであろうと考えられる。これは我が国の戦争遂行に決定的な影響を与えると思う。…本土決戦の場合は婦女子を巻き込み、全国土は焦土と化し、その結果は戦後日本の復興も国体の護持もともに不可能となるであろう。要はソ連参戦前に戦争終結を策すべきである。

迫水はこれに対し、「本当のところがよく分かったような気がする。鈴木総理にもこのことを報告し、一身を顧みず戦争終結に全力を尽くしたいと思う」と述べたといいます。つまり、ソ連参戦は「九月以前」であり、それまでに終戦を、と促している訳です。回想録なので、そのまま信用はできませんが、迫水が昭和五十一年八月の同台経済懇話会での講演「言い残しておきたいこと」で、瀬島との会談を紹介していますので、ある程度は瀬島の真意を語っていると思われます。

そこで重要となるのは、小野寺の機密電報が参謀本部に送られたとして、それとの関連ですが、杉原先生は、やはり、瀬島が握り潰したと思いますか。

杉原　瀬島は握り潰していないのなら、握り潰したという噂を一所懸命消そうとする筈ですね。しかし瀬島はそんな行動を積極的にしたことはない。先ほど述べましたように、私はやはり握り潰したのは瀬島だと思います。このソ連参戦の電報は、彼がモスクワから帰ったところに来る訳ですね。だから、このソ連仲介案は真っ先に瀬島のところに届けられるという可能性がありますね。しかしこのとき、瀬島としては岡田らにも、恐らくソ連仲介案に可能性があるように思って、そのように報告した筈でしょう。そこにこのような、ソ連仲介案を真っ向から否定する情報が来るのは困りますね。それにソ連参戦といっても先のことだし、それまでに莫大な代償を払って仲介を依頼すれば、もしかすれば日本の依頼を聞くようになってくれるかもしれない、という期待も生まれますね。

波多野　それに、瀬島には、電報握り潰しの前例がありますしね。

杉原　そうです。保阪正康『瀬島竜三－参謀の昭和史』（文芸春秋　一九八七年）に詳しく出ています。昭和十九年十月十二日から十六日にかけて台湾沖航空戦というのがあって、現地から大戦果が挙がったかのような報告が参謀本部に届くんですね。参謀本部は大喜びするのですが、情報参謀の堀栄三が、これはおかしいと思って現地に行って調べるんですね。そして大戦果の報告は誤報であることを電報を打って参謀本部に知らせるんです。

しかし、参謀本部では、大戦果のあったことを前提にして次の作戦を決めてしまっていた。それにその大戦果は、天皇にも報告していた。

この電報を受け取った作戦課の瀬島は、手を震わせて「今になってこんなことを言ってきても仕方がないんだ」と言って電報を屑籠に捨てたとかいうんです。

波多野先生は、この握り潰し説についてどう思われていますか。

波多野　瀬島の回想録『幾山河』（産経新聞社　一九九六年）に拠れば、「堀君の思い違いではないか」と書いています。何故なら、瀬島は、心身疲労のため昭和十九年九月末から二カ月ほど自宅療養中で戦況書類などは一切、目にしていなかったからだと言います。しかし、瀬島は同じ回想録で、「作戦課は情報部門の言うように動かなかった面もある」と、反省らしき言葉も残しています。

杉原　いずれにせよ正しい情報が分かっているのに、誤った情報の下に立てられた作戦で死んでいった日本兵は気の毒ですね。

波多野　そもそも情報部の参謀本部内での地位は低く見られる傾向があり、情報部が上げてくる正確な情報を作戦課が重視しなかったことはままあったようです。そうであれば、戦没者は真偽が錯綜する情報に翻弄されたことになり、浮かばれませんね。

杉原　瀬島は、作戦課にいて戦争指導の中心を担って、そこでこの戦争は勝てないと逸早く知る訳ですね。そこでソ連仲介案を早くから着想する訳ですが、しかし同時に、ソ連が対日参戦を決意していることを知ったかもしれない訳ですね。そこで参戦という事態になる前に莫大な見返りを与えて、和平交渉に取り込むということなのでしょうか。しかし、この莫大な見返りを思うと、アメリカ側と直接に交渉することも考えるべきだったでしょうね。

アメリカに屈することは日本の自尊の問題としてとてもできないという立場もあったでしょうが、アメリカとの交渉も探し求めるべきだったでしょうね。陸軍からそのような発想は全く出てこなかった。アメリカは一九四五年（昭和二十年）四月十二日、ルーズベルトが死に、トルーマンが大統領になって以降、スチムソン陸軍長官らに日本の皇室の維持を認めて降伏を迫ろうという動きも出てきていた訳で、その点でも残念です。

瀬島はソ連の対日参戦計画を参謀本部内で唯一知っていたとすれば、その方向の努力もすべきだった。波多野先生はそう思われませんか。

波多野　瀬島は小野寺の情報に接していなかったとしても、迫水に語ったように、「九月初旬」までにソ連参戦があり得ることを確信していたと思われるのですが、何か行動を起こしたという形跡はありませんね。

それはともかく、何故、政軍の指導者が米英との直接和平という選択を現実的なものとして思い至らなかったのか。苛酷な条件を呑まされることを恐れたのか。徹底抗戦を主張する陸軍を刺激してしまうことを恐れたのか。今一つ腑に落ちないところがあります。後でも議論することになると思いますが、国内の「赤化」を恐れていた重臣の近衛文麿は昭和二十年に入ると、米英との早期に直接和平の外はない、と考えるのですが…。

杉原　本当にその通りです。それで今言われたことは、波多野先生の場合、主に軍部を念頭に言われているのだと思うのですが、私の場合、ここのところでも特に外務省の責任を問いたいんですね。何故、終戦工作がソ連一辺倒になったのかを問うここのところで、外務省の責任を問う歴史家が極めて少ないことも鑑み、敢えて外務省の責任を指摘しておきたいと思うんです。よいですか。

波多野　勿論、よいです。構いません。

杉原　既に第四節で触れましたが、昭和二十年五月十一日、十二日、十四日、最高戦争指導会議の構成員が、組織の者を連れてこないで、六人の巨頭だけ集まって巨頭会談を開きますね。

　ここで、蔣介石国民党政府や中立国を通じての対米英工作を進める方法が検討されたようなんですね。しかしこれらは無条件降伏を強いられることになるであろうとして採用しないという結論になったらしいですね。

問題は東郷外務大臣があっさりこの結論に同意していることなんです。そこに東郷外務大臣の問題も勿論、外務省の積年の組織的な無能力を指摘しておきたいと思うんです。

だいたい、ルーズベルトが急逝しトルーマンが新しい大統領になった訳ですね。トルーマンは大統領になるや直ぐに日本に対しては無条件降伏方式を維持すると言いました。しかし大統領が替わって新しい大統領が生まれた訳ですから、「無条件降伏」の具体的意味を確かめる絶好のチャンスではありませんか。

また、このとき重慶の蒋介石政権から見れば、ソ連の対日参戦が始まれば中国の領土にソ連軍が入ってくることになる訳ですから、当然ソ連の対日参戦前に戦争が終わることを望んでいる筈ですね。ならば蒋介石政権を通じてアメリカと交渉することも可能ではありませんか。

実は一九四五年（昭和二十年）六月十五日の時点で、アメリカ政府は駐華アメリカ大使ハーレーを通じて、「ヤルタの密約」を蒋介石に知らせているんですね。だったら、少なくともそれ以後は、蒋介石国民党政府としても必死になって仲介してくれる筈ではありませんか。アメリカ政府が蒋介石に「ヤルタの密約」を知らせたことを日本側は知る由もありませんが、しかしアメリカ政府がこの通報をしていなくても、ソ連の対日参戦の可能性が少しでもある状況では、蒋介石は必ずや仲介に動く筈ではありませんか。

にも拘わらず、東郷外相はこの巨頭会談でのこの結論にあっさり同意するんです。凡庸な結論を出す六巨頭も問題ですが、外交を担当する外務大臣が直ぐに同意するとはどういうことですか。それだけではなく、この結論によって、スウェーデンやスイス、そしてローマ法王庁との、ある程度というか、かなりの程度というか、進みつつあったアメリカとの交渉を外務大臣の東郷はあっさり捨て去るんですね。考えられないことです。

外務省では、良い情報を収集して分析できる優秀な省員がいるのだけれど、凡庸な上司によって生かされない例が多すぎるんです。この時もその例の一つだといってよいでしょうね。この話は本章の第九節でまた話し合うことになるでしょう。

波多野　そんな不満を杉原先生は『外務省の罪を問う―やはり外務省が日本をダメにしている』（自由社　二〇一三年）で言っておられましたね。

杉原　ところで、一九四五年（昭和二十年）七月二十六日に「ポツダム宣言」が出ますが、このとき、瀬島が満州ではなく日本におれば、もしかして、ひょっとして、瀬島はソ連参戦の日をほぼ知っていたとすれば、即座に受諾すべきだと動いて、結果として原爆投下とソ連参戦がないところで終戦となっていたかもしれませんね。瀬島は七月一日、関東軍の参謀として、満州に出ていったから、そんなことはできなかった。日本として運のない時には運のないものですよね。

もっとも、瀬島は、関東軍に赴任して、ソ連参戦を阻止するように動くつもりだったかもしれませんね。しかし日本とソ連の関係をそこまで追い込んだ責任は免れません。

波多野　いずれにせよ、瀬島は、小野寺電の問題や終戦間際の関東軍への派遣の事情などについて、生前、遂に、何も言い残さなかったですね。

杉原　瀬島は小野寺からの電報を握り潰したのではないかと明白に嫌疑を掛けられている訳ですから、もし潔白なら潔白と言わなければなりませんね。それでも沈黙を守ったということは、逆にいえばやはり握り潰していたからではないかということになりますね。

ともあれ、瀬島は、日本人としての責任の取り方を間違えています。瀬島はやはり不正直な生き方をした人ですね。

瀬島は抑留されて、抑留中にソ連によって日本に連れてこられて、昭和二十一年十月十八日、東京裁判で証人席に立たされます。そこで日本にあたかもソ連への侵攻計画があったかのような証言をします。しかし戦争責任が天皇にあるというような証言は一切しませんでした。

ソ連としては、天皇に戦争責任があると言わせたかったと思いますが、そこは頑として証言しませんでした。日本人として最後の一線は越えなかったことになります。恐らくそのためでしょうが、瀬島は一一年間も長く抑留され、帰還できたのは昭和三十一年でした。

ソ連に一一年間抑留され、その間に、戦争末期、ソ連に仲介を求め、アメリカに和を求めなかったことの誤りは、十分に思い至った筈です。彼が日本に帰ってきた時には、日本はアメリカの占領を経て、経済成長の真っ盛り。かの日米戦争で日本が勝てないことが分かったとき、アメリカに屈服すべきであったと、ますます思ったはずです。

波多野　瀬島は、特に終戦直前に、参謀本部の部員としてモスクワに派遣された事情、シベリア抑留に関するソ連側との折衝の経緯など、極めて重大な事実について全く語らないまま亡くなったことは、日本の戦後史を展望する上でも全く残念なことです。

瀬島は一時期、軍事史学会の特別顧問を務め、私も同じ時に同学会の事務局を担当していましたので、二度ほど終戦前後の事情について講演や経験談などの寄稿をお願いしたことがあるのですが、いつも期待外れでした。

印象に残っているのは、戦後、シベリアを何度も訪問して抑留者の慰霊のために精力的に活動されている様子を熱心に語られたことです。

杉原　瀬島は、鈴木善幸内閣の時にできた臨時行政調査会や、中曽根康弘内閣の時に設けられた臨時教育審議会の委員を務め、日本の将来を語る公人になっています。そこで保阪正康氏も言っています。かつて、軍隊にいた時の自らの責任を語る義務があったのではないか、と。「語らないままに、再び日本の将来を左右する公人であり続けることは不可能なことである」と。

見方によっては、日米開戦より更に愚策である戦争終結にソ連に仲介を頼む政策を進める中心にいた人物として、そしてまた繰り返しますが、その悲劇を防ぎうる可能性を秘めたソ連の対日参戦計画を知らせる電報を握り潰したかもしれない者として、更には終戦の悲劇の真っ只中にいる人物として、何も語らないことは許されないでしょう。

瀬島は講演でしばしば言っていたという。「金が欲しいわけではない、票が欲しいわけでもない、地位もいらないという気持ちで、国づくりのために邁進した」と。それは心境としてはその通りでしょう。そして人生観としては「（私の）人生観は、ひとつは人間は定めを背負って生きている、ふたつは与えられた場で自己の責務をはたす、そして三つ目は心情になるかもしれないが、若山牧水の『幾山河越えさりゆかば寂しさのはてなむ国ぞ今日も旅ゆく』といった心境だ」と語っていたようです。

偽りはなさそうです。だとすれば、参謀本部作戦課にあって、開戦と終戦にあってどのようなことが起きていたのかを語るのは、この戦争で死んでいった人たちや、その後に生きた人への務めではないでしょうか。余りにも大きな過ち故に語れないというところがあるにしても、可能な限り、語るべきではなかったかと思います。

第七節　日米戦争終結における原爆投下の問題

杉原　日米戦争終結における諸問題で原爆投下の問題を話し合うところに来ました。ここは私の方から話し始めさせてください。というのも私は広島の出身で、広島の原爆投下の寸前まで爆心地の近くに住んでおり、私の長兄は原爆で亡くなり、夫婦で亡くなっている親戚もあります。親戚の中には長崎の原爆に遭った人もいました。

広島の平和記念公園に「原爆の子の像」がありますね。あの像は、二歳で被爆し、昭和三十年一二歳で中学生になったばかりのとき、原爆による白血症で亡くなった佐々木禎子さんのことを偲んでできたものです。実は彼女は入院中で学校には通っていませんでしたが、彼女が籍を置いていた中学校に私は通い、彼女が亡くなった時には中学二年生だったんですね。それで私たちで像を作ろうと運動を始めたんです。更には彼女にはお兄さんがいて、そのお兄さんとは、高等学校でまさに机が隣同士だったことがあるんです。

それで否応なく原爆問題に関わることになる訳です。既に紹介しましたが、私と共に占領教育史の研究で親交を重ねてきたアメリカ人、ハリー・レイ氏と共著で平成二十七年に、『日本人の原爆投下論はこのままでよいのか―原爆投下をめぐる日米の初めての対話』（日新報道　二〇一五年）という本を出しました。

波多野　ハリー・レイ氏とは、懐かしいですね。かなり前ですが、占領史料のことで私も会ったことがあります。今もお元気ですか。

杉原　いいえ、ハリー・レイ氏は二〇一七年（平成二十九年）に亡くなりました。この本は、レイ氏が最後にどうしても日本で出版したい本だったようで、私としても、日米の原爆投下論の相違を見極める上で、よい機会になりました。

波多野　しかし、杉原先生には失礼ですが、この本は、日本ではあまり注目されていませんね。しかし英語版が後でできましたから、アメリカでは注目されているようですね。

杉原　いえば、そういえますね。中国系オーストラリア人のノーマン・フーという人が英訳してくれて、二〇一九年（令和元年）に出て、アメリカでは読まれているようです。

波多野　レイ氏は、この本で何を訴えられようとしたのですか。

杉原　レイ氏は、平成六年頃の日本の中学校や高等学校の歴史教科書を調べて、日本の教科書では、投下する必要が全くなかったのに戦争が終わった後のソ連を牽制するために投下したといわんばかりの記述があり、原爆投下について誤った受け止め方をしているということを主張しているのです。レイ氏は、ソ連牽制のために投下したというのを「原爆外交説」と名づけ、原爆外交説は誤っていると言っているんです。

波多野　とすると、この対談本の読者のために敢えて聞きますが、レイ氏はどう見るのが正しいと言っているんですか。

杉原　簡単にいえば、「戦争終結を早めるために」と「数十万の日米の将兵、人々の生命を救うため」というアメリカ人のオーソドックスな見解ですね。

レイ氏の言うところは、原爆投下が戦後のソ連を牽制する効果があることは認識していたけれど、しかしそのことを目的にしたのではなく、原爆投下はあくまでも戦争終結を早め、多くの人の生命を救うことだったと言うんですね。それでですね、私は大まかに見たときには、このレイ氏の言っていることは当たっていると思うんです。

波多野　私も原爆投下について、少し教科書を調べてみたことがあります。すると、ハリー・レイ氏が強調されているように、原爆はソ連を威嚇するためであったという「原爆外交説」が、少なくとも一九七〇年代までは圧倒的な影響力をもっていたことが分かります。例えば、昭和四十年度版の安倍能成ほか『中学社会　歴史的分野』（日本書籍　一九六二年）では、「アメリカは戦後ソ連に対して優位に立つため」に原爆を投下したと書かれています。他の教科書も殆ど同じでした。

現在は無論、こうした記述は出てきませんが、何故、「原爆外交説」が大きな影響力を持っていたのでしょうか。確かに、原爆は第二次世界大戦の最後の軍事行為ではなく、ソ連との冷戦の最初の第一発であった、と主張するブラケットの（田中慎次郎訳）『恐怖・戦争・爆弾－原子力の軍事的・政治的意義』（法政大学出版局　一九五一年）がベストセラーになっていたこともありますが、それにしても、「原爆外交説」がこれほど浸透していたことは驚きです。学会や言論界では、アメリカ帝国主義を批判し、ソ連の行動を擁護する意図があったと見なすことができます。

一方、こうした修正主義的な「原爆外交説」に対して、原爆投下は日本の早期降伏と大量の犠牲を避けるためには、已むを得なかったという、アメリカの公式的な解釈は日本では理解されなかった。教科書にそうした観点から記述されたものはありません。原爆を正当化するような記述は許されないということでしょうが、ここに日本人の原爆観の歪みがあるのではないでしょうか。

杉原　原爆について歪みを持ってしか見つめられない。そこに日本人としての已むを得なさと、そしてまた、日本人はかの戦争について今なお真実を見ていないというところがあるといえるのだ、と思います。

ハリー・レイ氏の主張に戻ると、簡単にいえば、彼の主張は原爆は投下する必要がなかったのに投下したという説（原爆外交説）を批判するもので、原爆投下が無かったならば、日本人は更に巨大な惨禍を逃れることはできなかったという、正にアメリカ人の原爆論に外なりません。

波多野　確かに、そういえるところがあるのですが、では、アメリカ側はそれだけの理由で原爆を投下したのか、二発目は本当に必要だったのか、といった疑問が当然、付き纏います。

杉原　それに対する答えの一つが、原爆投下は、ソ連による東欧や極東における戦後の行動を牽制するためという修正主義的な原爆外交説の立場です。

唯、原爆投下は、二つの立場に集約されてしまう訳ではないと思います。原爆投下は、二つの立場を越えて、ともかく世界に向けて合衆国の軍事的優位を改めて確認させることになったことも大なる事実です。

軍事的恐怖心だけでなく「深い心理的効果」を狙った原爆は、その所持だけで大きな恐怖心を敵国に抱かせ、対抗意識を喪失させてしまう効果が期待されたのです。

波多野　また、卑近には、二〇億ドルもの巨費を投じた原爆開発は、開発に勤んだ人たちにとっては完成後の使用は当初から自明のものでした。原爆投下を差し控え、そのために戦争が長引いたとすれば、大統領は何故この効果的な兵器を使わなかったのかと、逆に責任が追及されたでしょう。更にいえば、原子力開発をスムーズに戦後に移行させ、原子力の管理を巡ってアメリカが有利に展開するためにも、原爆は一度は投下され、その威力が実証されなければならなかったともいえるのです。

杉原　そのために日本人は、実験動物にされた、とも。

ただですね、原爆投下の際の、極短い期間で見れば、原爆投下が無ければ起こるであろう更なる大きな悲劇、惨劇を、原爆投下が防いだという点の有ることも確かです。その限りで原爆で亡くなった人たちは犬死にでは無かった、と。

波多野　犬死にでは無かったといいますと、どういう意味で。

杉原　もしもあのとき、原爆投下がなければアメリカ軍の本土上陸作戦は決行され、原爆で死んだ人よりも何倍も多くの人が死ぬことになってしまったかもしれません。それに、ソ連の参戦は決まっていて、事実、実行された訳で、もう少し戦争が続けば、ソ連軍は、北海道、東北まで侵攻していたかもしれない。原爆投下は、原爆投下が無ければ起こるであろう、それ以後に予想される悲劇を未然に防いだ、ということです。だから原爆で亡くなった人たちは犬死にではなかったというのです。

波多野　そうすると、アメリカ人のオーソドックスな原爆投下肯定論になりますね。

杉原　いえ、根底は違うんです。

ハリー・レイ氏の言うところと比較して言いますが、ハリー・レイ氏の場合は、日本側に原爆回避の機会はあったのに、日本側はその機会を使わなかったと、原爆投下回避の責任を日本にばかり押し付けます。例えば昭和二十年七月二十六日のポツダム宣言が出たとき、日本が受諾しなかったとか、あるいは終戦に向けての天皇の行動が遅かったとか、回避できなかった責任を日本側にばかり求めるのです。

ですが、私は、先ほど示したレイ氏との共著でも書きましたが、鳥居民という人が著書『原爆を投下するまで日本を降伏させるな―トルーマンとバーンズの陰謀』（草思社　二〇〇五年）で書いているように、日本から見れば、アメリカは日本を降伏させることのできる機会がいっぱいあったのに、原爆投下をしてみたくて、そのために日本の降伏を先延ばしにしたと見えるのだ、と。

原爆投下回避の機会は日本側にもたくさんあったかもしれないが、アメリカ側には更に何倍かの多さで原爆を使わなくて、早期に日本を降伏させる機会はあった、と。

日本側の早期降伏を妨げたのは何といっても「無条件降伏」ですね。最も典型的で具体的な例として、一九四五年（昭和二十年）二月九日、ヤルタでチャーチルが言ったように、ソ連の参戦も決まったことを明示してポツダム宣言のようなものを発すれば、たとえそこに軍隊の解体の条件が書いてあっても日本は降伏するでしょう。

ハリー・レイ氏は、アメリカ人の見方だからといってよいでしょう。そこのところを言っていないんです。

日本側では、昭和二十年六月二十二日、天皇が戦争指導に関わるものを呼び集めての懇談の形で、初めて公式に和平工作が言い出されるようになるのです。そしてそのための具体的な政策行動としてソ連仲介による和平工作が政策として決まるのです。そしてポツダム宣言が出たときには、一人でも大臣が拒否を貫いて受諾を了承しなければ内閣は崩壊し、政治の空白が生まれ、その間に、日本の不幸は加速度的に大きくなるのです。

レイ氏は、そこのところに理解がなく、鈴木貫太郎首相がいかに心を砕いて事を運んだかが分からないのです。挙句の果て、昭和天皇を愚人扱いするんですね。

もっとも、天皇を愚人扱いにするのはレイ氏だけでなく、この章の第二節の天皇に関するところで述べましたが、ジョン・ダワーやハーバート・ビックスらもそうなんです。

だから、原爆投下論で日本側の受け止め方に対する批判はそれなりに成り立っているが、アメリカ側の在り方にも反省してみなさい、ということになる訳です。それでレイ氏との原爆を巡る先ほどの本は、それなりに出版の意義はあったと思っている訳です。

波多野　なるほど。原爆投下を巡る日本人学者とアメリカ人学者の初めての対話ということですね。

杉原　ところで波多野先生は有馬哲夫氏が最近出された『原爆―私たちは何も知らなかった』（新潮社　二〇一八年）をご存知ですか。

波多野　知っています。この本は英国の資料も使って、原爆が製造から使われていくまでを、簡潔にして事細かく述べていった本ですね。

うことです。

杉原　この本によれば、原爆の製造、使用はアメリカ、イギリス、カナダの共同作業だとい

一九四三年（昭和十八年）八月十八日、カナダのケベックで、アメリカとイギリスは原爆開発に関するケベック協定を結びます。カナダには原爆を作るための資源が豊富であり、ケベック協定はカナダを含めた三カ国協定なんですね。

そして我々が「ハイドパーク協定」と言っている一九四四年（昭和十九年）九月十八日にチャーチルがルーズベルトの間で結ばれたとされる「協定」があります。この協定は、実体としては、チャーチルの発言録、覚書のようなものであり、「協定」のようなものではなく、ここにルーズベルトの意思は反映していないと有馬氏は言っています。

そこでルーズベルトは、原爆完成後、対日使用するかどうかは決めていなかったというべきだと有馬氏は言っています。しかしそれは決めていなかったということであって、使うつもりはなかったということではありません。

そしてルーズベルトは一九四五年（昭和二十年）四月十二日に死去します。その後、原爆使用に向けて政治決定に持ち込むのは陸軍長官スチムソンですね。もっとも、この時の「使用」は、最初の時点では、市民の頭上で爆発させるというものでは必ずしもなく、戦争終結のために使うということで、原爆を完成させたという通告だけでも威力を発揮し、戦争終結のための手段になるということで、広い意味での「使用」だった。しかし、段々、事態が進

郵便はがき

63円切手をお貼りください

112-0005

東京都文京区水道2-6-3
日本出版協会ビル2F

(株)自由社　編集部　行

お名前《フリガナ》	年齢：　　歳 性別：　男 ・ 女
ご住所　〒　　－	
TEL －　　－	Eメールアドレス
ご職業 ①学生　②会社員　③公務員　④自営業　⑤主婦　⑥無職　⑦その他（　　）	

※このハガキにご記入いただいた個人情報ならびにご意見は弊社で責任をもって管理いたします。可能な範囲内でご回答・ご記入ください。

このたびは自由社の書籍をお買い上げいただきありがとうございます。皆様からお寄せいただいた貴重なご意見・ご感想は、今後の企画に参考とさせていただきますので以下の質問にお答えください。

ご購入 書　籍	杉原誠四郎 波多野澄雄　著	吉田茂という反省－日本が世界に帰ってくるか

1　本書を購入されたきっかけは何ですか（複数回答可）

①　メディアや広告を見て（媒体名：　　　　　　　　　　　　　　　　）
②　表紙や書名に興味を持って
③　中身を見て
④　知人に薦められて
⑤　その他（　　　　　　　　　　　　　　　　　　　　　　　　　　）

2　「本書の続編『続・吉田茂という病』（令和4年1月20日発売）について」

①購入したい　②検討中　③購入しない　④その他（　　　　　　　　）

3　本書へのご意見・ご感想をお聞かせください

ご記入ご協力ありがとうございました。

んでいく内に、日本人の市民の頭上で爆発させるということになっていく。
そこのことからいえば、先ほど鳥居氏の本を紹介して言ったように、原爆を投下するまで日本を降伏させるな、ということになります。

波多野　私はここで一つ押さえておかなければならないと思うのは、大統領がルーズベルトからトルーマンに代わって、トルーマンはルーズベルトと違って真珠湾攻撃の復讐として原爆投下を考えたと、有馬氏は言っているようですね。

杉原　そうです。有馬氏によれば、トルーマンが、ポツダム宣言で、天皇制保証の文言を入れなかったのも、これを入れては日本がポツダム宣言を即座に受け入れて降伏してしまい、原爆の投下による真珠湾攻撃の復讐ができなくなるからだと言うんですね。
もっともここで天皇制保証の項目を削ったのは、天皇制保証を明らさまに口にできるほどに、この天皇制保証は政府関係者の間で、更には国民との関係で十分に合意ができていなかったのが大きいのですがね。天皇制保証について対日政策として十分に合意ができているのに、にも拘らず、原爆投下をするためにあえてこの項目を削ったとまではいえないのです。

波多野　日本では、原爆投下について、真珠湾の無通告攻撃がその動機に結びついているというその辺りの事実が未だ十分に押さえられていないですね。私たちの言うように、無通告攻撃になったことも含めて真珠湾攻撃は、いまだ歴史的に整理されていない現在の問題ですからね。

杉原　そうです。トルーマンは、広島に投下した時にも長崎に落とした時にも、真珠湾の仇を討ったと言いましたが、そのことも十分に検討されていませんね。

第八節　ポツダム宣言受諾という形式の降伏

波多野　いよいよ「ポツダム宣言」について議論するところまで辿り着きました。

ポツダム宣言受諾という形式がなければ、日本の降伏はもっと困難になっていたでしょう。鈴木貫太郎首相の終戦に向けての努力も、あれほど見事に結実することはなかったのではないでしょうか。

その点では、日米戦争の終戦、終結にあってポツダム宣言を語ることは避けられません。そもそもポツダム宣言はどのようにしてできていったのでしょうか。この点については、杉原先生の『日米開戦以降の日本外交の研究』（亜紀書房　一九九七年）に詳しい。

杉原　この私の本は、ポツダム宣言に関する初期の研究としては一応詳しいと言ってよいでしょうが、現時点で最も詳しく分かり易く記しているのは、仲晃『黙殺－ポツダム宣言の真実と日本の運命』（ＮＨＫブックス　二〇〇〇年）でしょうね。ポツダムでの会談の過程、そして出た後の日本側の動きについては、非常によく纏まっていますね。

波多野　ともあれ、対日降伏勧告を出す、即ちポツダム宣言という発想の原点は、開戦時に駐日大使として日本にいたジョセフ・C・グルーを中心とする国務省内の「知日派」のようですね。

杉原　そうです。この対談本の第一章で話し合いましたように、グルーは、誠心誠意、日米戦争回避に努力してくれた大使でした。そのグルーが、日米開戦は回避できた筈だという信念の下に作成した「最終報告書」を携えて、一九四二年（昭和十七年）八月二十五日アメリカに帰ります。

しかしこの「報告書」は現在どこにもありません。ルーズベルト政権にとってとても都合の悪いことが書いてあったと見えて、ハル国務長官によって、自己の記録からも廃棄するよう命ぜられます。だから終戦時に日本に対することで、グルーを活用するという、ハルとの間に密約があったのだと思いますが、一九四四年（昭和十九年）十一月二十一日にハルは病気と称して国務長官を辞任し、グルーは国務次官に抜擢されます。そしてそんな中で一九四五年（昭和二十年）四月十二日、ルーズベルト大統領が急死します。そしてハルの辞任に伴って国務長官になったステティニアスは国際連合設置の準備の業務に忙しく、そのこともあってグルーは、四月二十四日から、七月三日の新国務長官バーンズが就任するまで国務長官代理を務めます。

そして国務長官代理になってから間もない五月七日にナチス・ドイツが降伏し、その翌日、陸軍長官のスチムソンから驚くべきことを知らされます。「ヤルタの密約」があり、ドイツ降伏後、二カ月ないし三カ月後にソ連が対日参戦し、そして原爆開発計画が進んでいるということを知らされる訳です。

日本はまさに壊滅に向かって進んでいる。私、杉原の表現ですが、日本は「轍鮒の急」にあると、グルーは思う訳ですね。

そこで日本に降伏の機会を与えるためにいわゆるポツダム宣言なる対日声明を構想する訳です。日本は天皇制の破壊を恐れて降伏できないのだから、天皇制の維持を保証すると明示してやって降伏の勧告をすべきだとして、降伏勧告案を部下のドーマンに作らせた訳です。それを五月二十八日、大統領のトルーマンのところに持って行きます。この時点ではトルーマンも賛成し、軍関係者と相談してみるよう指示したのです。

そして翌日、軍関係者と相談すると、陸軍長官のスチムソンは真っ先に賛成します。しかし、原爆開発が進んでいました。市民の頭上に投下するかどうかはともかく、原爆を戦争終結のために「使用」しようと進んでいる中で、時期尚早として見送られることになったのです。トルーマンも予定されているところの、チャーチル、スターリンとの首脳会談まで検討を延期するとしてしまったのです。

波多野　いわゆるポツダム宣言構想なるものが、この時点で、検討延期となったのには、もう一つの障害として「無条件降伏」の問題がのしかかっていたのでは？

杉原　そうです。「無条件降伏」も大きな障害でした。グルーがドーマンの作成した原案を国務省幹部に示したとき、幹部は天皇の問題について天皇は退位すべきだとし、いかなる声明でも声明を発すれば「無条件降伏」の緩和に繋がるとして、激しく反対したのです。

波多野　トルーマン大統領も「無条件降伏」方式に強く縛られていました。

杉原　そうです。六月十八日、大統領トルーマンと軍関係者との間で重要な会議が開かれました。対日戦で、最終段階の方針が決定される会議でした。つまり、日本への本土上陸作戦に関するものでした。沖縄では六月二十三日、陸軍大将たる牛島満軍司令官の自決をもって終わりますが、アメリカから見れば沖縄戦の終結直前の会議でした。日本への本土上陸作戦は九州上陸として計画されていますが、その際に出る犠牲者の数を、沖縄戦との比較で検討された会議です。

この会議の様子を詳しく記した五百旗頭真「米国の日本占領政策（上・下）」（中央公論社一九八五年）があります。統合参謀長会議議長のウィリアム・リーヒは、「日本に対し無条件降伏を貫徹しなければ、戦争に負けたと同然だという意見があるが、私は同意できない。たとえ無条件降伏が得られなくても、予見できる将来に日本の脅威などを恐れる必要はない。私が真に恐れるのは、われわれが無条件降伏に固執し、その結果、日本人を絶望的心境に追いこんで、われわれの犠牲を莫大にすることである」と言ったんですね。そうすると、トルーマンは次のように言いました。「無条件降伏について議会が適当な行動をいつでもとれる余地を私があけているのは、そうしたリーヒの主張のような考慮に基づいてる。しかし、この問題について世論を変更させるためのいかなる行動も、今はとりえない」と。

トルーマンがどれほど「無条件降伏」方式に縛られていたかということですね。私は、このとき、トルーマンがこのように言ったのは已むを得ないと思っているんです。

四月十二日、思いがけず何も知らないで大統領になり、四月十八日の最初の議会演説において、敵国に対して「われわれの要求は、かつても今も変ることなく無条件降伏である」と言ったんですね。何も知らないで大統領になったとき、その第一声は、ルーズベルトの敷いた路線を忠実に守るという宣言でしかありえません。そのためには「無条件降伏」方式を変えないと力強く言う宣言でなければなりません。ということは、「無条件降伏」方式は、ルーズベルトの手際よろしく、アメリカ国民の強い支持を受けていて、変えようがなかった訳です。そしてそれが六月十八日の軍関係者との会議で、トルーマンにとってはその方針を変えるだけの自信を持てないという発言に繋がる訳です。

その点でも、真珠湾攻撃が、しかも「騙し討ち」に成ったことが、日本にとっていかにも禍いとなっていたかということです。この会議のこの発言の時点で、トルーマンは、日米戦争の開戦時に、ルーズベルトは日本の外交電報を悉く読み、真珠湾攻撃の前日の夜には日本の「最後通告」の大部分を読み日本の開戦意図を知っていたこと、なお且つ翌朝には「最後通告」の手交時間が真珠湾攻撃開始三〇分前であることを知ったこと、そうした事実を、トルーマンは知らなかった。この会議の時点では、日本は本当に計画的に「騙し討ち」をしたのだと心底思っていた訳で、そのために真珠湾攻撃への復讐心も強かったのです。

波多野　その後ポツダム宣言構想は陸軍長官のスチムソンの手に移りますね。

杉原　そうです。七月二日、スチムソンは大統領に自ら作成に関わった対日声明案を大統領に渡します。それには、天皇制の保証の文言が挿入されていました。

しかし、ポツダムでは、既に国務長官を辞めていたハルが出した意見も踏まえて、トルーマンと新しく国務長官になっていたジェームズ・F・バーンズとは、声明を出すことそれ自体を否定し、一旦は声明は出ないことになる訳です。そこに、正規の派遣メンバーではなく、自分の方から押しかけるようにしてポツダムに来ていた陸軍長官のスチムソンの手下に、原爆実験成功の報が届く訳です。そこでスチムソンは、日本が受諾しなければ原爆投下の手段が残っているではないかと言って、再度声明を出すことに変更させる訳です。

しかし、前節の原爆投下のところで話し合いましたが、元々人種差別意識の強いトルーマンとバーンズは、日本が直ぐに降伏しては真珠湾攻撃の復讐の機会が無くなるので困るというようなこともあって、また、政策として天皇制保証というのはまだ固っていないこともあって、天皇制保証をあからさまにする文言は消えた訳です。

波多野　結果は、天皇制の維持、国体護持の保証が明確でないということで、日本は直ぐには受諾できず、鈴木首相の「黙殺」の発言もあって、広島、長崎への原爆投下へと繋がる訳ですね。

杉原　残念です。
　唯、ここで、ポツダム宣言の中から天皇制保証の文言が消えたことについて、真珠湾「騙し討ち」への復讐の意図があったといっただけではバランスが取れていないと思います。
　今も述べましたが、天皇制保証の文言が消えたのは、天皇制維持を保証して日本を降伏させるということが、対日政策決定の関係者の間で十分に合意が取れていなかったからです。勿論、トルーマンとバーンズにはそれを決定する十分な権限を持っていましたが、しかし政策決定者の間で十分に合意できていない天皇制保証を敢えて決定して、日本へ降伏を勧める宣言の中に入れるという程には十分な確信は持っていなかったというべきでしょう。彼らは天皇制を否定する意図は持ち合わせてはいなかったけれども、それを大々的に打ち出す程には確信を持っていなかったというべきでしょう。天皇制保証の文言が消えたのにはその側面もあると考えなければなりません。
波多野　それにしても、このような対日声明を構想し、その実現をアメリカ政府内で推進したグルーという人物がいたことは、日本にとっては幸いでしたね。
杉原　そうです。しかし、日本では、グルーのことを殆ど忘れています。グルーは一九六五年（昭和四十年）五月二十五日に八十五歳の誕生日を前にして亡くなります。そのことを知らせる新聞記事を調べに図書館に行ったことがあります。いずれもマッチ箱程度の記事なんですね。これだけ日本に尽くした人の死をこんな小さな記事で……、涙が出たことがあります。私が思うに、当時の外務省が、グルーの開戦、終戦に見せた努力を顕彰することは、自分たちの戦争責任隠しがばれ、そして無能力及び失態と対比することになるので、日本国民をして、グルーの功績を忘れさせるように、外務省がマスコミに敢えて僅かな材料しか与えず、誘導したのだと思う訳です。

波多野　杉原先生の、『杉原千畝と日本の外務省―杉原千畝はなぜ外務省を追われたか』（大正出版　一九九九年）には国際基督教大学が非情だと書いてありましたね。

杉原　そうです。国際基督教大学は、アメリカ人の献金によってできた大学ですね。グルーはその資金集めの陣頭に立った人です。それだけからも、学内にグルーの銅像を建ててよいのに、建てないでグルーのことを忘れたままにしている。

北海道大学にクラークの銅像がありますが、国際基督教大学は学内にグルーの銅像を建て、大学のためだけではなく日本の国全体のためにも、日米戦争に関わって日本のために頑張ったグルーを感謝の気持を込めて顕彰するために、グルーの銅像を建てるべきだと思います。

波多野先生は真珠湾の「騙し討ち」は、日本においては未だ解決していない現在の問題だと言われていますよね。

私はこのグルーの問題も、その問題に中に入っていると思うんです。グルーがいなかったら、日本はどれほどの悲劇に見舞われたでしょう。最大に考えれば、朝鮮半島のように分断され、さらに朝鮮戦争のような悲劇に巻き込まれる危険がありました。ならば、今、申しましたように、国際基督教大学は日本を代表してグルーの銅像を構内に建てるべきでしょう。

しかしこれまでのことを言うと、グルーを顕彰することは真珠湾問題を隠した外務省問題に発展します。それを恐れた外務省の敗戦利得者がグルーのことは忘れるように、忘れるように、仕向けていった結果かもしれません。国際基督教大学はそれに協力したということですね。

第九節　終戦に向けて外務省の果たした役割

波多野　第二章の最後として、終戦に向けての外務省の果たした役割について総括しておかなければなりませんね。つまり、終戦工作における外務省の役割です。
先ず、日本の終戦に向けての動きの中で、ソ連に仲介を頼んで和平交渉をしようという案についてです。このソ連仲介案は昭和十八年頃から参謀本部の戦争指導班で本格的な検討対象となり、外務省内でも重要な選択肢と見なされてきますが、実行は慎重でなければなりませんでした。どのような形でも終戦和平を拒否し、徹底抗戦を唱える陸軍に知られれば、たちまち潰されてしまうからです。
杉原　鈴木内閣が誕生して、陸軍からソ連仲介による和平案が持ちかけられた時に、東郷は直ちには賛成しなかった。

波多野　しかし、昭和二十年のこの段階で軍部と政府とが同意できる案は、ソ連仲介案しかなかった。

杉原　そうです。政府全体というか、軍政全体で同意できる外交政策というのは、結局は軍部の同意できるものでなければならなかった。この時点では、結局はソ連仲介案になる。

波多野　五月十四日には、最高戦争指導会議のメンバーのみで構成される六巨頭会談で一応合意されます。それはこの章の第四節や第六節で話し合った通りです。

杉原　そこで私は、東郷外相がソ連仲介案を受け入れるのは仕方ないとしても、中国仲介案など他の選択肢をあっさり放棄したのは正しくなかったと述べました。

波多野　そうです。しかし、このソ連仲介案はなかなか進展しませんでした。日本側も対米英和平の条件について纏らず、ソ連側もヤルタで密約した対日参戦が迫っていたこともあり、のらりくらりと躱すばかりで打診にも応じようしませんでした。そこで、昭和二十年六月二十二日、昭和天皇は最高戦争指導会議の構成員のみの秘密の懇談会を自ら設け、戦争終結に向けての対ソ交渉に取り組むよう促す訳です。初めて和平交渉としての終戦工作が正式に発動されたといってもよかった。

ソ連仲介案は、政府と軍部とが終戦和平に向けて工作開始の合意を可能にする媒体となったのです。変則的ながら、軍政ともに口に出してはっきりとは言い出せなかった終戦和平に向けての工作です。

杉原　この第二章第七節の原爆投下のところでも話しましたが、この辺りのことは、ハリー・レイ氏やジョン・ダワーらには理解できないところですね。

少し付け足しますが、だいたい、彼らは「御前会議」というものが理解できていない。大日本帝国憲法のもと、最高の国策は天皇を前にした「御前会議」で決するけれど、そこで決する内容は、天皇のもと、天皇に対してそれぞれ独立して責任を取る国務大臣や統帥部の国家機関間の、その機関間の協定のようなものになり、多分に、建て前的なものとなる。そして一度決まったら、その政策は、各大臣、統帥部間を拘束し、柔軟に変更したりすることのできないものになる。天皇が自ら召集したこの六月二十二日の懇談会に先立って六月八日に開かれた御前会議で決めた「世界情勢判断及今後採ルベキ戦争指導ノ基本大綱」は正に、当時の状況の実態から掛け離れた建て前と形式だけの決定だった。とても実行できるものではないけれど、本土決戦を声高に叫んでいる下ではそのように決定するしかなかった。だけれど一旦そのように決まってしまえば、いかに現状に遊離した内容のものであろうと、それは実行しなければならないものとなる。

そこで、終戦工作に入ることを決意している天皇が憲法に定められている立憲君主の通常の行動から外れ、非公式の懇談会という形を使って発言する場を作り、終戦工作に取り掛かるよう指示し、初めて公式に終戦工作に取り掛かる合意できた訳です。

私が何度も言っていますが、運用の仕方にも問題があるとはいえ、そのような憲法体制を作った伊藤博文は罪を犯していたのです。

波多野　東郷茂徳にも不適切なところがあります。東郷はソ連仲介の和平交渉に専念するあまり、第六節で杉原先生が言われたように、英米との直接和平に繋がる選択肢を切ってしまいました。スウェーデンやスイスやバチカンを通じた和平工作が試みられていたのに、すべて活用しなかった。この第二章の瀬島竜三について話し合ったところで出た小野寺信が働きかけたスウェーデン国王や同じくスウェーデンの元駐日大使バッゲ、あるいはスイスで密かに活動していたアメリカの戦略情報局（ＯＳＳ）のアレン・ダレス、そして昭和天皇が日米戦争開戦前後に軍服の修道士、山本信次郎を介してできたバチカンとの交渉の窓口などを悉く無視して活用しませんでした。これらの和平工作の適否や可能性はともかくとして、小野寺夫人による小野寺百合子『バルト海のほとりにて－武官の妻の大東亜戦争』（共同通信社　一九八五年）や、皿木喜久『天皇と法王の架け橋－軍服の修道士　山本信次郎』（産経新聞出版　二〇一九年）などを読むと悲しくなってきますね。

杉原　第六節で述べたことを繰り返しますが、終戦工作における外務省の失態としてさらに、ルーズベルトが死んだ一九四五年（昭和二十年）四月十二日のあと、トルーマンが十八日の議会演説でアメリカの政策として「無条件降伏」方式は変わらない、堅持するとの演説をした時のことを言っておかなければなりませんね。たとえ大統領トルーマンが「無条件降伏」を堅持すると言ったとはいえ、大統領が代わったのですから政策には揺らぎが生じる筈で、そこで「無条件降伏」には、天皇制を崩壊させることも含まれているのかどうか、あらゆるチャンネルを使って確認する作業を始めるべきだった。しかし手を拱いているだけで、何もしなかった。その点で、東郷は無能だった。

当時、アメリカでは無条件降伏を強いても、日本が一旦降伏した後では、アメリカは文明国に相応しい占領政策を取る筈であって、決して日本を滅ぼしたり、日本人を奴隷化させることはないという前提は当然のこととしてありました。東郷や外務省はそのことをも確認しようとしていない。

波多野　事実、一九四五年五月七日ドイツが無条件降伏をした翌日の五月八日、トルーマン大統領は記者会見でドイツに対する勝利宣言を読み上げ、併せて対日声明を読み上げ、「無条件降伏」は「日本国民の絶滅や奴隷化を意味するものではない」と言いました。

杉原　そうです。ですから問い合わせるきっかけができていた訳です。

唯、天皇制を保証するかどうかは、アメリカ政府の関係者の間で合意できておらず、その点の問い合わせをしても即座に回答できない状態にあったとはいえるんです。が、しかし、日本側で天皇制の保証さえあれば降伏する可能性のあることを伝える機会になり、陸軍が持ち出してきたソ連介入の和平工作案を陵駕する和平工作案を提示することができたと思うんですね。だからやはり東郷は無能だった、と。

波多野　改めていえば、確かにポツダム宣言の前にも、アメリカ側からは天皇や皇室の存続を否定するようなメッセージはなく、無条件降伏は、必ずしも天皇や皇室の存続を否定するものではないことを匂わせているメッセージが届いていました。先ほども少し触れましたが、開戦で帰国したグルーの米国内での講演に関する外務省の分析もそうですし、七月十日には国務長官代理となっていたグルーの声明もそうでした。グルーの声明は、五月八日の大統領声明の趣旨に沿って無条件降伏の貫徹は強調しているものの、皇室と国体に触れていませんでした。この声明の作成について相談に与っていたＯＳＳ（戦略局）のアレン・ダレスもその点を強調して、無条件降伏の建前の下でも早期和平に乗り出すことが、皇室及び国体を確保する「ベストチャンス」である、とスイスの加瀬俊一公使に伝えたといいます（七月二十一日加瀬発東郷宛電第七九七号）。

東郷は、他人の意見をあまり斟酌しない意固地なところがあり、こうした微妙なメッセージに耳を傾けなかったのでしょうが、英米との直接和平を回避したことについては、杉原先生が言うような、必ずしも東郷だけの責任では無いように私には思えます。

五月中旬に、終戦工作の秘密が漏れるのを防ぐため、六人の政軍の最高指導者のみの六巨頭会談を設けたことについては何度も紹介しましたが、この六巨頭会談が一致して早々とモスクワに照準を絞ってしまったことで、スイス、スウェーデンなど中立国を通じた対米英和平アプローチを閉ざしたことです。更に重要な点は、ソ連に対する大幅な代償提供こそ合意されましたが、肝心の英米に対する和平条件について、六巨頭が互いに牽制し合う中で合意に至らず、対ソ交渉を極めて困難なものとしたことです。

杉原　確かにこの時の決定は軍関係者との間での決定ですから、東郷だけの責任ではないということになりますが、しかし外務大臣として参加しながら、その結論をやすやすと呑むことはやはり外務大臣としての役割を果たしていないと思うんですが、どうでしょうか。それで逆に波多野先生には、外務省に終戦工作としてはよくやったと思われるところも指摘していただきたいと思いますが、どうでしょう。

波多野　私は、江藤淳編『占領史録（上・下）』（講談社　一九九五年）のオリジナル版の『占領史録（全四巻）』（講談社　一九七八年～一九八一年）の編集のとき、その編集をを手伝ったことがありますが、この中に収録されているポツダム宣言が出たときの宣言の分析など優れていました。

ポツダム宣言の本格的な分析は、この対談本の占領期を扱う第三章で問題になると思いますが、当時の国務省で分析されたものとほぼ同じでした。アメリカは、占領が始まると、日本は恰も日本が一方的に無条件降伏をして、全く交渉を許さないかのような対応をしてくるのですが、国務省は、ドイツが降伏した後に公表されたいわゆる対ドイツのクリミア宣言との違いを明確に指摘しています。

国務省レベルではポツダム宣言を出すような予定はありませんでしたから、ポツダム宣言が出ると、それが国際法上どのような意味になるか、改めて検討する訳ですね。そしてこの宣言は「契約的性格」のものである、とはっきり認める訳です。宣言を分析した外務省文書は、ほぼそれと同じ結論を導いています。この外務省の分析は、鈴木首相を中心とした早期終戦派には、宣言を受け入れ易くなったと思います。

杉原　私も、今、波多野先生の言われたことに賛成です。外務省のポツダム宣言の分析は見事でした。それに、八月十日付の受諾のための、日本政府の問い合わせに対する、八月十一日付十三日朝接到のいわゆる「バーンズ回答」で、天皇のマッカーサー連合国軍最高司令官との関係につき、天皇の地位に関するところがサブジェクト・トゥとなっていたところを敢えて「制限ノ下ニ」と訳したのは傑作でした。

波多野　そう、これもポツダム宣言受諾の際の陸軍の抵抗感を減じるためのものでした。

杉原　それに、受諾のために必要な情報を省が一丸となってよく集めた。

波多野　そうです。特に中立国の外交官たちの情報収集と分析能力は優れていたと思います。

杉原　でもですね、先ほどの指摘したことに戻りますが、総じていえば、外務省の組織全体としての終戦に向けての働きは鈍く、無能だった。結果として、ソ連介入以外の多くのチャンネルを活用しなかった。これは、あまりにも不適切なことだった。

先ほど、波多野先生は東郷には意固地なところがあったというようなことを言われたと思いますが、併せて幼稚なところがあった。そこで序でながら、東郷の無能を明示するために言いますね。少し時間は遡りますが、東郷は開戦時にも外相を務めていた。その開戦時、東郷外相のもと、以下のような滑稽なことがありました。少し長くなるけれど面白い話だから紹介しましょう。

昭和十六年十一月二十六日にワシントンの日本大使館と直接に電話で連絡し合ってみようということで、隠語の一覧を打電します。その一部の例が次の通りです。

海軍……………前田君
日米交渉…………縁談
大統領…………君子さん
ハル……………梅子さん
譲歩する…………山を売る
形成急転する………子供が生まれた

それで実際の連絡が十一月二十七日に行われます。当然、盗聴される訳ですが、上記の機密電報は暗号解読によって即刻アメリカ側の知るところになります。この電話会談は即座に盗聴されアメリカで記録されます。その記録を実松譲氏の訳のもので紹介します。来栖というのは野村吉三郎大使を助けるために東郷によって特派されていた来栖三郎大使で山本というのは、本省の山本熊一アメリカ局長です。

来栖――そちらの状況はどうか。危機は間近いように思われるか。赤ん坊は生れそうか。

山本――（きわめてはっきりした口調で）危機が切迫していると思われます。赤ん坊が生まれるのは間近いと思います。

来栖――（多少びっくりした調子で、山本の言ったことを繰返し）、赤ん坊が生まれるのは間近いように思われるのか。危機が切迫していると思われるのか。

日本の外交電報が悉く解読されていたからですが、日本の外交がここまで筒抜けになっていた訳です。が、言いたいのは、このような隠語は何故、一〇日前の十一月十六日、来栖を日本から発たせた時に予め認めて手渡しておかなかったのですか。更には、当時としては、軍部の耳を塞ぐため、電話会談での軍部には分からない隠語も渡しておくべきでしょう。陸軍が読んでいる電報では知らせることのできないことで遣り取りをしなければならない時もあるでしょうから、そのための電報で使う隠語も手渡しておくべきでしょう。

東郷の下で、どうしてそれだけの知恵が湧いてこないのですか。私は、東郷が周囲の人と相談せず、一人だけで判断し、行動していたのだと思います。来栖が発つ時も、恐らくそれほど綿密な打ち合わせをしていないのだと思います。打ち合わせを綿密にしていたら、この程度の知恵は出てくるでしょう。

波多野　確かに東郷は、他人と余り相談しようとせず、一人で何でも決める傾向がありました。例えば、八月九日以降、硬着状態が続く閣議や六巨頭会談において目立つのは、一条件（国体護持）に頑ななまでに固執する東郷の姿勢でした。しかし、この場合は良かったのではないでしょうか。もし、日本側から、国体護持以外の条件を連合国側に持ち出したとすれば、戦争はさらに長引くことになったでしょうから、その点では東郷の姿勢は功を奏した、といえます。

だが、東郷の非妥協的な態度は危うい面もあった。閣内で戦争継続を主張していた安倍源基内相は、「東郷の言う通りに、無条件にポツダム宣言を呑むということで仮に閣議がまとまっていたということになったら、おそらくクーデターで鈴木内閣は倒されたと思います」と戦後に語っています。資料は昭和四十二年時点の「安倍源基氏談話速記録」です。

実際には、閣議はポツダム宣言を直ちに受け入れることにはならず、他の条件を打診することになり、クーデターは起こらなかったのですが、東郷の立場に原則的に与しない阿南陸相の存在は不可欠で、徹底抗戦論の阿南を敢えて陸相に任命した鈴木首相の狙いもそこにあったと思うのです。

杉原　私は東郷を批判していますが、この時の東郷は逆に立派だったと思うんですね。鈴木としては阿南に徹底的に抗戦論を言わせて、東郷をして不退転の受諾を主張させる。そしてほぼ東郷の主張を通させる。この時は東郷も省内で集められた貴重な情報及びその分析を十分に活用した。

しかし、あまり部下と相談をしない東郷は、ある意味で外務省職員の典型です。外務省には、もともと陸奥宗光の『蹇蹇録』以来の悪しき伝統があって、外交問題を担当した人の一人の頭で解決しようとする。

外務省には機密を扱うということもあって組織的に縦には報告するが、横には知らせないという欠陥があります。そのため良い情報を取ってきても、それを報告した上司がしっかりしていなければ、折角、取ってきたその価値ある情報がそのまま死んでしまうんです。

終戦直前に見せた外務省職員の優秀さは、外務省の職員にはやはり一人一人としては優秀な人がいるのだということを分からせてくれます。

しかしそれが組織的に結晶していない。第一章で組織内でディベートが大切だと言いましたが、一人一人の知恵が組織内に結晶するためにはディベートが必要なんです。

波多野　確かにそうした意味で、組織の内と外に目を向けた忌憚のないディベートや熟議が不足していたかもしれません。それはともかく、私は、敗戦後、占領が始まった時期に軍隊が解体されていく中で、逸早く憲法改正問題について自主的に検討を開始したり、将来の講和条約の検討を始めたのも評価してよいと思っています。

杉原　そうです。この時の憲法改正問題の検討は、本当に素晴らしかった。

第三章

日本は占領をどのように受け入れたか

――「吉田茂という病」の発症の構造

第一節　第二次世界大戦の中でのポツダム宣言

波多野　いよいよ、占領に関して話し合うことになりました。日米戦争に敗れて、アメリカ軍の占領下に入った日本を、日本から見れば、日本にとって占領とは何か、占領の意味、占領の陽と陰、占領は日本に何を齎したか、そして杉原先生がしきりに言われている敗戦利得者の存在の問題についてなどが問題になると思います。

杉原　占領下で起きて今日に至っている問題について、これは波多野先生のネーミングですが、「吉田茂という病」ということで総括しようということでしたね。

波多野　そういうことですね。それを日本で言われている通常の見方、言い方ではなく、もっと深い背景を掘り起こして、日米戦争、占領の問題を掘り下げて話し合っていこうというものです。

ですから、占領を論じるのに、何よりもポツダム宣言とは何だったかというところから話し合わなければなりませんが、それをいきなり日本の中で見たポツダム宣言からではなく、国際的視野の中で見てみたいですね。そのために、先ずはポツダム宣言の背景にあったクリミア宣言なるものから語り起こそうと思います。

第二章で、杉原先生は、日米戦争終結に際し、ポツダム宣言受諾の時には外務省は賢明な判断をし、賢明に情報を取り、日本がポツダム宣言を受諾するように立派な仕事をしたというようなことを言われていたと思うんですが、それは、このクリミア宣言たるものとの比較を適切に行っていたということになると思うんです。

杉原　そうですね。「クリミア宣言」とは、ヤルタの密約で有名な一九四五年（昭和二十年）二月に行われたクリミア半島のヤルタで行われたルーズベルト、チャーチル、スターリンの三者の会談で、十四日に公表された対ドイツ問題の公表文ですね。

波多野　そうです。当時、外務省では「クリミヤ宣言」といっていました。

杉原　つまりは、ドイツの「無条件降伏条項」のところは、「ドイツの最終的敗北が達成されるまでは発表されない」という、公表文ですね。後のポツダム宣言も、ある程度、このクリミア宣言を下敷きにしているといえる。

波多野　そうですね。対ドイツの究極の目標を、「ドイツ軍国主義を破摧し、かつドイツ国が再び世界平和を攪乱しえないよう保証すること」だと言い、ドイツ軍を解体し、戦争能力を破壊し、戦争犯罪人を裁判に付すなどと言っています。そして他方で、「ドイツ国民を破壊することは我ら（連合国）の目的にあらず」とも言っています。これは大西洋憲章からの文言でドイツに対してのみの表現ではありませんが、「一切の国民がその下に生活する政府の形式を選択する」とし、これは一九四一年（昭和十六年）八月、アメリカがまだ参戦していない時点でルーズベルトとチャーチルの大西洋での会談を経て宣せられた大西洋憲章の原則に則ったものだと言っています。

杉原　私は、波多野先生に言われてこのクリミア宣言なるものを改めて読んでみたのですが、それで思うのです。日本としては二月十四日の時点でこの公表文が分かる訳ですよね。だったら、「無条件降伏条項」という言葉の上では言語矛盾になる、無条件降伏後に突き付けられる条項とは何か、何故に、アメリカに問い合わせる方法で、終戦工作を始める道を選ばなかったのだろうと思う訳ですね。国民の手前、終戦工作は大っぴらにはできないとしても、中立国を通じて密かにでもできなかったのかと思う訳です。大っぴらに交渉できないとしても、日本側としては、最後まで譲れないのは国体の護持ですから、それが可能なのかどうか、このヤルタ会談後の直後に、硫黄島のアメリカ軍上陸が始まる訳ですから、国体の存続が明確でない限り我々は戦いを止めないけれども、その他の条件では降伏する余地があると、密かに交渉する方法があったと思うんですね。問い合わせたら国体の護持まで拒否されるかもしれず、怖ったとしても、非公式にはできたと思います。そういう意味で陸軍は致命的に視野狭窄だった。そして、外務省は無能力だった。

波多野　ともあれ、対日降伏勧告としてのポツダム宣言の発表によって、外務省が為した、クリミア宣言との比較ですね。

杉原　それをぜひ紹介してください。

波多野　そうですね。「クリミア宣言」との比較は、八月九日付で下田武三条約局第一課長の認めた八月十四日付の「『クリミヤ』宣言と『ポツダム』宣言との比較検討」というのがあります。それの最初の主要部分を引用し紹介しておきます。

（一）元来「無条件降伏の条件」なる語は夫れ自体矛盾を包蔵するものなる處「クリミヤ」宣言に於いては『「ナチス」独逸に対し課すべき無条件降伏条項…「ドイツ」国の最終的敗北が達成せらるる迄は発表せられざるべし』と為し、独に対する条件は独の無条件降伏を俟ち始めて一方的に之を課すべき旨明らかにせり、然るに今次「ポツダム」宣言に於ては「吾等は協議の上日本国に対し戦争を終結するの機会を与うることに意見一致せり」（第一項）とし「吾等の条件は左の如し」（第五項）と為す、即ち「ポツダム」宣言は実質的には事前に条件を提示せる和平勧告に外ならざる点に於て「クリミヤ」宣言の建前と大なる差異あり

（二）「クリミヤ」宣言に於ては独逸政府を全然無視し居るに反し今次「ポツダム」宣言は寧ろ日本政府を対手とする呼び掛けにして且日本政府を行動の主体として認め（第十項及第十三項）日本の国内事項は成るべく之を日本政府自身をして行わしめんとする建前を執り居れり

杉原　つまり「クリミア宣言」でドイツの無条件降伏後に、何を為すかということを明らか

にするが、「ポツダム宣言」は、その、何を為すかを降伏前に明らかに、それを受諾する形で戦争を終結させようということですね。だから、降伏後に為すことは、クリミア宣言では、降伏の条件ではないけれど、ポツダム宣言では降伏の条件になり、ポツダム宣言は、国家間の契約で、その契約の上での降伏だということになる訳ですね。

波多野　そうです。ポツダム宣言では、日本は有条件降伏をしたということになります。

そのことは、アメリカ政府も内々に自覚していました。国務省が、日本が降伏する前にポツダム宣言を分析して同じようなことを言っているんです。

杉原　そうですね。国務省幹部は、挙ってポツダム宣言のような宣言に類するものを出すのに反対していた。ポツダム宣言を構想し、その実現を目指したグルー国務次官を吊し上げていたんですね。にも拘わらず、ポツダムで急遽、ポツダム宣言が出た。ポツダム宣言はどういう性質を持つことになるか、国務省内で分析、検討するのは当然ですね。

波多野　江藤淳編『占領史録（下）』（講談社　一九九五年）を見て欲しいですね。

そこに、一九四五年（昭和二十年）七月三十日に開かれた国務省のスタッフ会議に提出された文書が載っています。

（一）この宣言は、日本国（第一項）および日本国政府（第十三項）に対し、降伏条件を提示した文書であって、受諾されれば国際法の一般遵則によって解釈されるべき国際協定となるであろう。国際法では国際協定中の不明確な諸条件は、それを受諾した国に有利に解釈されて来た。条件を提示した国は、その意図を明確にする義務を負っている。

国務省の政策は、これまで無条件降伏とは何等の契約的要素（*contractual elements*）をも有しない一方的な降伏（*a unilateral surrender*）と解釈して来た。

（二）この宣言が想定している降伏の契約的な性質は、第十三項における「誠意」という言葉への言及とあいまって、降伏条件の履行がある程度日本国政府の誠意に委ねられていることを示している。

国務省の政策は、降伏の初期の段階では一切の要求は連合軍によって遂行されるべきであり、日本当局の誠意に依拠するべきではないとしている。

（三）この宣言は、無条件降伏が「全日本国軍隊」にのみ適用されるものと解している。

国務省の政策は、無条件降伏が日本国（つまり軍隊のみならず天皇、政府および国民を含む）に適用されるものと解し、これらすべてが連合国が政策遂行のために適当と考える一切の行為に黙従すべきものと解している。

杉原　これは、日本側の、つまり外務省の受け止め方とほぼ一致ですね。

波多野　そうです。この本で編著者の江藤淳氏もそう言っています。

杉原　ですが、日本がこれを受諾して降伏すると、アメリカ政府は逆のことを言い出した。

波多野　杉原先生は、一九四五年（昭和二十年）八月二十九日にマッカーサーに内示され、九月六日に正式に交付、九月二十二日に公表された「降伏後ニ於ケル米国ノ初期ノ対日方針」や九月八日に、マッカーサーに通達され九月二十四日ホワイト・ハウスで新聞発表となった九月六日付文書「最高司令官の権限に関するマッカーサー元帥への通達」のことを指しておられるのでしょう。

特に後者では、「連合国と日本との関係は契約的基礎の上にあるのではなく、無条件降伏を基礎とするものである」とはっきり言っていましたね。

これは、恐らくアメリカの国内に配慮をした文書だと思いますが、ポツダム宣言受諾によって日本は条件付降伏をしたことが否定されているんですね。

杉原　そうでしょうね。今までアメリカ国民には「無条件降伏」だと言い続けた手前、いきなり条件降伏だとは言えなかった。その分だけ、ポツダム宣言は日本にとっても大きな意味を持った。アメリカ国内にあっても、日本の降伏について大きな法的関係の転換が行われたのだと思った訳ですね。

やはり、その後では、日本は有条件降伏で降伏したのだという認識がいささかなりとも占領軍にあって、それが前提となって占領軍の占領政策は行われたと思うのです。波多野先生はどう思われますか。

波多野　ポツダム宣言の受諾が無条件降伏であったか否かは、後に文壇の論争となったことがありますが、少なくとも日本政府の敗戦時の受け止め方は、後でも議論になるでしょうが、契約的基礎に立つ「有条件降伏」というものでしたが、何故か敗戦直後に変化した…。

杉原　その、「変化した」というところはまた後で話し合うとして、以上で、第二次世界大戦の中でのポツダム宣言を見てきた訳で、この節の終了に当たって、クリミア宣言をもう一度、見ておかないといけないと思うんです。そうしないと、この対談本の読者に意味が十分に伝わらないと思うのですが……。

波多野　といいますと……。

杉原　第二次世界大戦の中で「クリミア宣言」の持っている意味ですね。これをはっきり示しておく必要があります。

クリミア宣言では、ドイツ国を全く対手とせず、「ドイツ国の最終的敗北」を実現し、その上で何を為すかを占領軍の意図で行うことを宣しています。結局これは、実際に当面しているドイツとの戦争をして、交渉相手であるドイツ政府が壊滅し存在しなくなるか、在ってもその存在を無視し壊滅するまで戦争を拡大するということですね。

その目的は、「ドイツ国が再び世界平和を撹乱せざるよう保証すること」だと述べています。文字上の意味としては高邁なことを言っています。その高邁な目的には異を唱えることはできません。しかし主要連合国の三国のうちの一つ、ソ連は、一九三九年九月、ナチス・ドイツと共に、ポーランドを分割して侵略し、第二次世界大戦を開始した当事国そのものではありませんか。元々、このようなことを宣言する資格を持った国ですか。

そのところを、全く目を瞑って綺麗事を言うのは、それ自体不正義ではありませんか。

第二章でヤルタの密約について話し合ったところでも述べましたが、ルーズベルトは、日米開戦における自分の悪しき心底を隠す目的もあったと思われます。日本の無条件降伏に異常に固執し、日本の敗北にアメリカ軍の本土上陸作戦は不要であることを事実上は知っておりながら、本土上陸作戦を敢行しようとしていました。そのために、ソ連を対日参戦に誘おうとしていました。

第二章第七節で、ルーズベルトは、原爆投下の意図は生前、必ずしも固めてはいなかったことは確かになりましたが、しかし日本に対してそれ以上の不幸を齎そうとしていたことは、はっきりと考えていたといえます。

そのために犠牲にならなければならない日本人は更にどれだけ増えたでしょうか。そして勝利の決まっている段階で、アメリカ兵も更にどれだけ多くの者が犠牲にさせられようとしていたか。やはり、ルーズベルトの悪徳は世界の歴史認識の中ではっきりと認識されなければなりませんね。日本人にも、アメリカ人にも。

そして第二次世界大戦の状況を見た上で考えると、ルーズベルトが急死したからこそ可能となった訳だといえるのですが、ポツダム宣言の構想を練り、実現してくれた開戦時の駐日アメリカ大使グルーへの恩義は大きいですね。にも拘わらず、グルーの呼び掛けがあって創建することができた国際基督教大学では銅像も建てず、すっかり忘れたままになっている…。このこと、第二章で詳しく述べましたよね。

波多野　杉原先生のお怒りの部分ですね。国際基督教大学には建学の事情をもっと知って欲しいものです。

第二節　ポツダム宣言は日本の中でどのような意味が有ったか

波多野　それでは、ポツダム宣言につき、それを受諾して降伏し、そこから始まったアメリカ軍に依る占領の中で、ポツダム宣言が日本の中でどのような意味を持ったか、話し合いましょう。

杉原　ポツダム宣言が日本側にとってどのような意味を持ったか、という問題ですね。

波多野　前節で話し合ったように、ポツダム宣言は、有条件降伏を促したもので、そのことに拠って占領が始まったのですが、そのつもりで占領が始まって最初に問題になったのは、占領軍が日本の外交権を停止してきたことです。

杉原　そのことは、波多野先生も関わられた江藤淳編の『占領史録（全四巻）』（講談社一九八一～一九八二年）に詳しいですね。先ほども紹介がありましたが、この本は文庫本としても江藤淳編『占領史録（上・下）』（講談社　一九九五年）が出ていますね。

波多野　そうです。一九四五年（昭和二十年）八月十五日、在スイス公使加瀬俊一より、アメリカから在スイス公使館を撤収するよう言ってきたという電報が入りました。

杉原　そうすると、東郷茂徳外相がアメリカに向けて直ちに「本件要求ハ我方ノ受諾セル「ポツダム」宣言ノ何レノ条項ニモ該当スルモノニ非ルニ付帝国政府ハ瑞西国政府ヲ通シ為サレタル米国政府ノ右要求ハ応諾シ得サルモノナリ」と打電するんですね。胸のすくような電報です。

波多野　そうです。日米戦争中、日本と連合国との間の外交、領事関係は断絶していましたが、スイス、スウェーデン、ポルトガル、バチカン、アフガニスタン、アイレの六つの中立国とは外交又は領事関係が維持されていた。日本側は、ポツダム宣言受諾により降伏したとしても、少なくとも中立国との外交関係は存続できるものと踏んでいました。ところがアメリカは終戦と同時にスイス政府を通じて、交戦国は勿論、中立国との間にある外交、領事機関の財産と文書を連合国側に引き渡すことを要求してきました。東郷外相は、直ちにそのような要求はポツダム宣言のいずれの条項にも該当しないという理由で応諾できないことを、右の緊急電でアメリカに申し入れた訳です。

杉原　しかし、日本は力で捩じ伏せられる訳ですね。

波多野　アフガニスタンにおけるソ連の場合はもっと露骨だった。アフガニスタンのカブールには七田基玄公使が駐箚していましたが、ソ連は日本の独立性を否定して、七田公使に本省の訓令のないままに公使館の引き渡しを強要しました。

アフガニスタン政府からは、七田公使を通して「対日問題ニ主役ヲ演スル米国ハ日本ノ独立国家トシテノ存在ヲ擁護セントスル意向ナリト思ハルレハ現状ニ力ヲ落サス強大国家ノ再建設ニ精進サレンコトヲ同シ亜細亜民族トシテ切望ス」という電報が寄せられました。

それにしても外交権停止の処置を取る占領軍及びアメリカ政府に向けて、納得がいかないとして、強く説明を求める訳です。その回答がやっと来たのは十一月十八日で、連合国最高司令部の指令として回答されたもので、「現在ノ日本に対スル軍事占領及連合国最高司令官ノ最高権限ニ矛盾スルモノトシテ日本国竝ニ海外ニ於ケル諸外国トノ外交（「フオレン」）関係断絶方日本政府ニ対シ指令セルモノナリ」ということでした。

私がここで特に言いたいのは、この時点で、日本は、ポツダム宣言に対して、いかにも堂々とした態度を取っていたということです、特に外務省は。

杉原　もっとも、占領が始まったばかりの、極、初期、占領に対する鈍感さとして責められるべき側面はありましたね。終戦となって発足した東久邇稔彦内閣の下で、山崎巌内相は、九月二十七日の天皇とマッカーサーの第一回会談の行われた翌々日、二十九日、新聞報道を巡って「治安維持法の精神は生かすつもりだ。したがって国体を破壊するような言動は許されない」と言って戦争中の政治犯の釈放も認めようとしなかった。

激怒した占領軍総司令部は、山崎内相の罷免と政治犯の釈放を命じてきた。それで東久邇内閣は倒れ、十月九日に幣原喜重郎内閣ができてくる訳ですね。

そして十月十一日、幣原が総司令部を訪れると、マッカーサーは、ポツダム宣言に副う憲法改正と、有名な五大改革、つまり婦人の解放、労働組合の助長、学校教育の自由主義化、国民を抑圧する制度の撤廃、経済制度の民主主義化を言う訳です。

波多野 もっとも、この指令はマッカーサーの怒りに任せて衝動的に出たものではなく、アメリカ本国で緻密に検討された上でのもので、日本国家の改造を志向したものですけれどね。

杉原 それはそうですね。それで、私は、ポツダム宣言の中核的意味を考えるために、ポツダム宣言を受諾して降伏した下で、憲法改正は為すべきか、為すべきでないか、為しうるのか、為しえないのか等の問題を追究したいと思うのですが、波多野先生はどうですか。

波多野 ポツダム宣言の意味、歴史的意味といってもよいと思いますが、それを解明するために、ポツダム宣言受諾と憲法改正の問題を論じるのは、極めて大切だと思います。

杉原 それではそうしましょう。

波多野 唯、その前に、ポツダム宣言受諾による降伏は、有条件降伏だったのか無条件降伏だったのか、そのことをもう一度整理しておく必要があるように思います。

前節で検討しましたが、文面からすれば、クリミア宣言と比べて、降伏の条件を示したものというより外はなく、日本での外務省はそのように解釈した。そしてアメリカ側でも、国務省にあって、日本は条件降伏をしたのであって、ポツダム宣言によって日本の降伏は契約的関係になったと分析していた訳ですね。しかし、アメリカ政府は九月六日の時点で「最高司令官の権限に関するマッカーサー元帥への通達」を出して、ここでは、「我々と日本との関係は、契約的基礎の上に立っているのではなく、無条件降伏を基礎とするものである」と言明しています。つまり、国務省内部で分析し、出していた結論と真逆のことを伝え、これは聴てアメリカで発表され、日本でも知られるようになる。

杉原　そこでこの時点で、東京帝国大学の横田喜三郎は、外務省内でこの通達文書は、「アメリカの内部の文書」であり、「日本は正式にこれに拘束されるわけではない」と言ったんですね。まことに筋を通した見解の解説だった。

波多野　そういえます。そしてその後、アメリカ政府も、大まかには、ポツダム宣言は連合国と日本との契約関係を示すものとして、そことを前提に対応してきたといえるのだと思うのですが、杉原先生はどう思われますか。

杉原　私も、はっきりそうだと思います。今、話題にしようと思っている憲法改正でも、事実としては、マッカーサーが、つまりはアメリカ政府が押し付けたのですが、押し付けであることが見られないようにするのにいかに腐心しているか。つまりは、ポツダム宣言第一二項にいう「日本国民ノ自由ニ表明セル意思ニ従ヒ平和的傾向ヲ有シ且責任アル政府ガ樹立セラルル」においては占領軍は引き揚げる、という約束ですね。この文面からすれば日本の政体について一方的に押し付けることはできない。そういう原則をアメリカ政府、占領軍総司令部、ＧＨＱは忠実に守ろうとする訳ですね。

その点では、アメリカ軍を主体とする占領軍は公正な占領を為したといえると思います。

波多野　そこで杉原先生に伺いますが、この第一二項に従えば、全く新しい憲法そのものを占領軍が作って日本に押し付けることはできないとも読み取れますが、憲法を改正するよう働きかけることは、杉原先生は可能だと思われますか。

杉原　私はできると思います。ポツダム宣言受諾で約束した「日本国民ノ自由ニ表明セル意思ニ従ヒ平和的傾向ヲ有シ且責任アル政府」を樹立するためには、憲法改正は不可避だと思うからです。少なくともアメリカ側でそう思ってしまえば防ぎようがないと思います。

波多野　しかし、先ほど紹介した江藤淳編『占領史録（下）』（新装版）（講談社　一九九五年）に収録されていますが、昭和二十年九月二十八日の時点で外務省内で語った東京帝国大学宮沢俊義教授の講演では、憲法改正をする必要はないとまでは言っていませんが、憲法を巡る殆どの問題は運用の問題だったのだから、運用を気をつければ殆ど改正する必要はないというようなことを言っていますね。

杉原　東京帝国大学の憲法学の教授が大日本帝国憲法の欠陥についてこの程度のお粗末な認識しかできていなかったのかと、私は、宮沢のこの講演録を読んで逆に驚かされました。

十月十一日付で外務省条約局内で纏められた田付景一課長名による「帝国憲法改正問題試

案」の方がよっぽど優れています。私は、外務省には個々人としては優秀な人が多数いるのだと改めて認識させていただきました。

そこでは「従来　天皇ト国民トノ中間ニ存在スル機関ニシテ法律上責任ヲ有セズ而モ国民トモ何等関係ヲ有セザルモノ相当存在シ（例ヘバ内大臣、枢密院ノ如シ）之ガ為機構ノ複雑化セル外国民ノ意思ノ上通ヲ塞ギ為ニ立憲君主ノ政体ハソノ本来ノ姿ヲ損ハルルニ至レリ」と述べたところがあります。そして続けて、「茲ニ於テカ天皇制度ノ確立ヲ妨害スル斯ル組織乃至制度ノ徹底的排除ヲ策シ特権的階級ノ絶滅ヲ期スベキナリ」と述べて、徹底的改正を提言しています。

波多野　この田付は、同文書でポツダム宣言やその他の文書から「当然帝国憲法ノ改正要スベシ」と述べていますね。

そして条約局第一課か第二課で纏められたと思われる同じく十月十一日付の「憲法改正大綱案」では、「憲法改正ハ新日本ノ建設ヲ主眼トシ「ポツダム」宣言ノ実施ヲ主眼トスルモノニ非ザルコト従テ改正ノ範囲ハ右宣言ノ条項ニ限定セラレザルコト」と述べています。

杉原　九月二十八日の宮沢俊義のピンボケの講義より、比べ物にならないくらい、遥かに凌駕していた。

波多野　そういえますね。

杉原　ところで、ぜひ、波多野先生と議論したいのですが、現在の日本の憲法改正論に関わって存在する、占領下の憲法改正は一八九九年ハーグでできたハーグ陸戦条約に反していて無効だという主張がありますね。これについてどう思われますか。

波多野　一八九九年（明治三十二年）にオランダのハーグで国際平和会議が開かれて採択された「陸戦ノ法規慣例ニ関スル条約」、いわゆるハーグ陸戦条約の第四三条「国ノ権力ガ事実上占領者ノ手ニ移リタル上ハ占領者ハ絶対的ノ支障ナキ限占領地ノ現行法律ヲ尊重シテ成ルベク公共ノ秩序及生活ヲ回復確保スル為施シ得ベキ一切ノ手段ヲ尽スベシ」に関わる問題ですね。

杉原　そうです。占領者は占領地の現行法律を尊重すべきだということからすれば、占領下では憲法改正はできない。したがって更に強くいえば、アメリカ軍の占領下で改正されてできた現行憲法は無効だという主張ですね。

波多野　新憲法の制定がハーグ陸戦条約に違反し、無効ではないかという主張があることは承知しています。しかし、私は新憲法の制定という行為が直ちにハーグ条約違反となるかといえば、そうとはいえないと思います。

ハーグ陸戦条約は、一般的に「交戦中の占領」に適用されるもので、例えば米軍の沖縄占領はこれに該当します。降伏後に行われた日本本土占領は、「交戦後の占領」となるため、ハーグ条約は適用されないと思います。

杉原　私もそう思います。ポツダム宣言受諾の占領の下で、占領軍は特定の憲法を押し付けることはできません。しかし日本国民が自由な意思の下に、占領軍から見て満足できる平和的傾向が保証された憲法を制定する義務が、日本側に生じていたと思います。

　前述の外務省の憲法改正の判断は正しかったと思います。ポツダム宣言を受諾して降伏している下で憲法改正は必至であり、ならば、単にポツダム宣言に迫られただけの憲法改正ではなく、「新日本ノ建設」を主眼とするものでなければならないという見解、主張は妥当です。これによって、大日本帝国憲法の大刷新ですね。

波多野　それで、ハーグ陸戦条約のことですけれど、外務省内に、国際法学者田岡良一の「終戦後の日本の法的地位」という極めて優れた論文があります。

杉原　江藤淳編『終戦を問い直す－終戦史録別巻・シンポジウム』（北洋社　一九八〇年）に収録されている、あの優れた論文のことですね。

波多野　そうです。この論文は日付がないのですが、昭和二十一年の早い時期のものと推測されています。

杉原　波多野先生は、この本の本体となる『終戦史録（全六巻）』（北洋社　一九七七年）の出版にも関係されたのでしょう?

波多野　私が深く関わったのは『終戦史録』ではなく、『占領史録』の方です。『終戦史録』は、講和条約の発効と共に外務省編で二冊本として昭和二十七年、新聞月鑑社から刊行されたものです。文字通り終戦の経緯を外務省記録や関係者の回想などで辿ったものですが、江藤氏の推薦で、これを六冊に分けて新装版として昭和五十五年に北洋社が再刊したのが『終戦史録（全六巻）』です。再刊に当たっては、私は文献目録を付けたり、簡単な解説を書いたりしましたが、特色は、江藤氏の編で『終戦を問い直す』という別巻を付けたことです。江藤氏の司会によるシンポジウム形式の対談（外務省編『終戦史録』の実際の編纂者である元外務省職員の栗原健氏と、そして細谷千博教授、矢野暢教授、高坂正尭教授らが参加）のほか、ご指摘の田岡論文など『終戦史録』には含まれていなかった資料を追加しています。

序でに『占領史録』について補足しますと、これも江藤氏の発案でできたものです。丁度、昭和五十一年に、外務省所蔵記録のうち戦後文書の公開が始まり、その最初の公開が復員引揚げと占領政策でした。それを受ける形で江藤氏が、占領に関する重要文書の編纂刊行を発案され、私が手伝ったものです。

杉原　それで、この田岡論文で、ポツダム宣言受諾による占領は、このハーグ陸戦条約による占領とは、異なるものだと明解に述べていますね。

波多野　そうです。先ず明解に、「征服」という概念をはっきりさせます。「征服」とは、戦争の進行中に一方の交戦国が壊滅することによって戦争が自然的終了することだと言います。そして第二次世界大戦における戦争終了はこの「征服」によるものだという訳です。これによってドイツは一時的にであれ、ドイツは消滅するのであって、その領土をいかに処理し、国民をいかに処分するかについて、連合国は何ら拘束されるものがないという訳です。

そして日本の場合はポツダム宣言受諾による降伏であるから、日本は主権を失い、領土、政府、国民は連合国の欲するままに料理されるものと考えてはならないという訳です。そして国際法学の解釈によれば、国家主権は制限を受けるにあっても、その制限に関する解釈は、制限を受ける側に有利に、つまり縮小解釈されなければならないのだと言っています。更には、九月二十三日公表の「降伏後ニ於ケル米国ノ初期ノ対日方針」などは、アメリカ側の一方的声明であって国際法的価値は持っていないと言うんです。

杉原　そして日本のポツダム宣言受諾による占領について明確に言っていますね。

波多野　そうです。田岡は、ポツダム宣言受諾によって始まる占領は、交戦中の軍事占領ではないから、ハーグ陸戦条約を準用することはできないと言っています。

占領軍の日本政府に向けての指令を発する権利について述べています。田岡の言う通りに引用しますね。「連合国ハP宣言ノ実施ノタメニ適当ト認ムル如何ナル指令ヲモ発スル権利アリ。何ガ適当ナルカハ連合国ノ一方的ニ決定スベキ問題ニシテ、日本政府ハ此ノ一方的決定ニヨツテ拘束セラル」と言っていますが、その際、ポツダム宣言に違反すると考えて、違反する指令ではないかと日本政府が抗議した際には「日本政府ノ抗議ハ連合国ノ指令ヲ直接ニ無効ナラシムル効力ナシ」となります。しかし全く一方的に指令される訳ではありません。その正当性を問う権利はあると言います。田岡は、「日本ハ連合国ノ一方的決定ヲ抗議ニヨツテ覆ス権利ナシ。サレド国際法ノ問題トシテ其ノ正当性ヲ争フ権利アリ。又諸般ノ事情許サバ国際法廷ニ於テ之ヲ争フ権利アリ」と言っています。

杉原　私は、波多野先生に指摘されるまで、この論文の存在を知らなかったのですが、私の言っていたことと同じことを言っていたんですね。つまり、憲法改正に関係していえば、ポツダム宣言でいうところの「平和的傾向ヲ有シ且責任アル政府」の樹立のために、憲法改正は必要だと占領軍が考えれば、それには逆らえない。しかし占領軍は、直接には特定の憲法を押し付けることはできない。よって内容の問題はともかく、憲法改正は厳命する。昭和二十年の十月四日に、マッカーサーが東久邇稔彦内閣の国務大臣近衛文麿に憲法改正の要を言ったり、十月九日に成立した幣原喜重郎内閣で、その二日目の十一日に、先ほど話した五大改革とポツダム宣言に副う憲法改正を促したのは当然ということになりますね。

波多野　つまりは、ハーグ陸戦条約による憲法無効論は成り立たない、と。

杉原　そうです。ここまで言うと、この対談本の読者の中の憲法改正論者の中で、ハーグ陸戦条約による現行憲法無効論者は多数いますから、私たちは、その人たちから激怒されることになるでしょうね。

　でも、私は、私なりに真実を語らなければなりません。

波多野　杉原先生、そういうことを言うときには、謙虚な姿勢が必要ですね。

杉原　謙虚な姿勢で言っています。

波多野　でも、どうして現行憲法はハーグ陸戦条約違反だという論は、勢いをもって存在するのでしょうかね。

杉原　私は、それこそ日本国民が、江藤淳氏の言う「閉された言語空間」に閉じ込められていたからだと思います。そしてこの対談本の大きな柱となると思いますが、その「閉された言語空間」に占領軍によって閉じ込められたと考えるのは、その考え方自体が依然として「閉された言語空間」に閉じ込められた考え方だと思うんです。占領下で「閉された言語空間」にいたことに気付かされず、その持続、永続化となってそのまま閉じ込められたのは日本自身の問題なんです。そのことをはっきりと認めない限り、我々は「閉された言語空間」から脱け出すことはできないと思うんです。

つまり、閉ざされた言語空間で気付くことができなかった問題を、閉された言語空間から解き放たれた時点で初めてハーグ陸戦条約問題の存在に気付く。しかし閉ざされた言語空間で議論したことが無かったために、ハーグ陸戦条約の規定に初めて接したとき、田岡のいう征服に依る占領との違いを考えることができず、いとも簡単な結論として、占領下の憲法改正はハーグ陸戦条約の規定に反していると考えることになる。

つまり、次の節で取り上げる自虐史観の問題になりますが、例のＷＧＩＰ、私は「戦争贖罪意識培養計画」とでも言っているものですが、田岡論文にあるごとく国際法に関するこれだけ洞察深いものがあったのに、占領下でその議論をしていない。そして占領が終わり、初めて、占領下の憲法改正はハーグ陸戦条約に違反し無効だと思うようになり、それが正しいという確信が生まれ、猖獗を極めることになっている。だから、敢えて言えば、私はその論そのものが、ＷＧＩＰに冒されている姿だと思うんです。まだ、閉ざされた言語空間から完全には解放されていないということになるんです。ＷＧＩＰに抵抗しながらも、それ自体未だＷＧＩＰに冒されている姿なのです。

波多野　なるほど。でも何だか、話が難しくなりましたね。

杉原　私が思うところでは、この問題はこの対談本の大きな柱の一つですから、分かりにくくても、言っておかなければなりません。

波多野　ところで、杉原先生は、憲法改正問題にも詳しいとお見受けしますので聴きたいのですが、占領下での憲法改正はハーグ陸戦条約に反するという意見は、昭和二十一年の憲法改正のための帝国議会でも出た話なんですか？

杉原　今述べたような状況のもと、一切出ていません。憲法改正不可論は間違いではあっても、ハーグ陸戦条約を持ち出して憲法改正は不可ではないかという意見が憲法改正の帝国議会の中で出ることは出てもよいのですね。しかしありませんね。気が付かなかったのか。気が付いても言える状況ではないと思って言わなかったのでしょうか。それに、一般国民も含めて、憲法改正は不可避だという考えでいたといえるのではないでしょうか。

マッカーサーが憲法改正を言い出したからでもありますが、軍隊解体もありますから、正に通常の占領ではありませんね。ですから、昭和二十年十月二十九日の時点では、民間でも高野岩三郎や鈴木安蔵らが憲法改正を巡って話し合っていますね。ハーグ陸戦条約による占領下で憲法改正不可の論は民間でも原則的になかったと思います。

波多野　でも、憲法改正を巡るポツダム宣言との関係については出たのでしょう。

杉原　出ました。しかしそれに基づいて憲法改正の可否についての議論はありません。日本は無条件降伏をしたのかどうかということでした。

ここで残念なのは、吉田茂首相がポツダム宣言で言っていることは、条件ではなくて、日本降伏の内容を成すものだ、と答えているんですね。そして別のところで、ポツダム宣言は、「契約の基礎に日本国との間の関係が規定されたものでない」と答えているんです。

これでは、終戦直後に、外務省の中で鋭意検討したことが全く生かされていません。

吉田茂の批判を始めることになりますが、よいですか。

波多野　杉原先生として止める訳にはいかないでしょう。どうぞ。

杉原　一国の首相として国家の対面を保つのが務めでしょう。形式的には必ずや言える日本は有条件降伏であるということを、あっさり打ち捨てて、ポツダム宣言は、占領政策を示しているのに過ぎないという訳ですね。占領下で、事実上、占領軍の意向を受け入れて、屈辱に耐えて妥協しなければならない時があるかもしれない。しかし形式的には明瞭にいえる有条件降伏を何故守ろうとしないのですか。占領軍も内心では有条件降伏であるとして対応しているのに、日本の政治の最高責任者たる首相の吉田があっさりと、有条件降伏ではなく、無条件降伏だと言ったのでは、日本国民としては立つ瀬はないでしょう。

波多野　確かに吉田は、制憲議会でも無条件降伏をあっさり認めていますね。

杉原　この憲法改正の時にも、吉田は首相の器ではないことが明らかになっているといわなければなりません。

憲法改正の論戦を事実上一人で担った金森徳次郎は、ポツダム宣言受諾はこの有条件か無条件についていては回答をしていません。答弁を吉田に譲っています。ということは、吉田の見解に反対だったからでしょう。

波多野　そうですか。初めて聞きました。

杉原　吉田は終戦直後、東久邇内閣の下で、重光葵外務大臣の後を承けて外務大臣に成ります。そのとき、終戦に尽力した鈴木貫太郎前首相のところに挨拶に行きました。そのとき、鈴木は「負けっぷり」をよくしなければならないとアドバイスした。このアドバイス自体は鈴木としての賢明なアドバイスなのですが、吉田は、このアドバイスを安易に解釈して、日本は無条件降伏をしたと言い出して、全て占領軍の温情にすがるという対応をしました。形の上で国家の矜恃を守るということの大切さに気が付くことがなかったんですね。全く根っこから首相の器ではなかったということになります。

第三節　自虐史観とは何だったか

波多野　それでは第三節として、いわゆる「自虐史観」について議論してみましょう。

杉原　占領下の自虐史観培養としては、日本国民同士で行う情報交換を操作するものと、アメリカに都合のよい情報を積極的に流すものとがありますね。前者は検閲であり、後者はWGIP、つまりウォー・ギルト・インフォメーション・プログラムだといえばよいでしょうか。両者は結局は、戦争に関する贖罪意識を培養し、戦争責任を負わせるための心理戦争といってよいでしょう。そして結局は検閲もWGIPの効果を発揮する訳ですから、全体としてWGIPと呼んでも構わないのではないかと思います。

波多野　そんなところでしょうね。

杉原　そんなところで、敗戦直後から、広い意味でのWGIPに日本国民が冒されていく過程を大雑把に追って見ておきたいと思うのです。そのために参考になるのは、江藤淳が、昭和五十四年に出版した『忘れたことと忘れさせられたこと』（文芸春秋　一九七九年）ですね。『朝日新聞』の記事を題材にして、戦後直後の言語空間の変移を追っていったこの本は、日本人にとって占領期を語るのに古典的価値のある本だと思いますが、いかがでしょう。

波多野　『忘れたことと忘れさせられたこと』は、江藤氏の占領三部作の第一作で、他の二つは、『一九四六年憲法－その拘束』（文芸春秋　一九八〇年）と『閉された言語空間－占領軍の検閲と戦後日本』（文芸春秋　一九八九年）です。

江藤氏の問題意識は、日本を降伏に追いやったアメリカ政府首脳部には、日本の文化に対する根深い不信感があり、それを破壊して「アメリカ的価値観」を植え付けない限り「報復の危険」は除去できない、という考え方があり、そのため検閲や宣伝が広範に行われたのではないか、というものでした。

そこで、江藤氏は、日本人は敗戦と占領をどのように受け止めたのか、占領中の「言論の自由」なるものの実態は、果たしていかなるものだったのか、という観点から、当時の新聞の紙面や報道から検証した訳です。

後でも出てきますが、この本には「無条件降伏」を巡る本多秋五氏との派手な論争も含まれています。ポツダム宣言の受諾は、アメリカに対する完膚無きまでの「無条件降伏」であったとする通説に敢然と挑み、ポツダム宣言は連合国と日本との間で降伏条件に合意した国際協定であり、連合国をも拘束すると論じました。論争相手は政治学者などにも広がり、大きな反響を呼びました。この本の趣旨は、昭和五十三年秋からのアメリカにおける本格的な検閲資料の調査で更に深められ、占領の三部作となる訳です。

杉原　戦争が終わった昭和二十年八月の後半は、占領軍は入ってきてもまだ仕事を始めていませんから、自由に議論していましたね。そして海外の情報も自由に入り、自由に報道できたから、海外論調もポツダム宣言受諾はドイツの場合と違い有条件降伏だという論調だった。だから、それを受けて日本政府も国民も確固として有条件降伏であることを前提とし、それを前提に報道していた。

『朝日新聞』の八月二十八日の社説は、「世界的日本の建設へ」では「我国は幾多の降伏条件を課せられ、その諸条件の誠実なる履行のみが、日本の再出発を可能ならしめる」と述べていました。

九月二日、ミズーリ号艦上で降伏文書に調印し、日本は正式に降伏し、連合国軍の占領を受け入れることになったが、九月四日の『朝日新聞』に「ポツダム宣言が『民主主義的傾向の復活強化』といっているところを見れば、宣言の要求する民主主義的傾向とは、かつて日本に存在した形を意味し、それをさらに強化することを示しているものであらう。（中略）日本民族の政治的自由は連合国によって他動的に与えられたものではなく、全く新しく日本民族によって自主的に獲得され、建設されるべきものであるべきである」と述べていました。

波多野　しかし占領軍がそんな楽観的な状況を認める筈はなかった。

杉原　そうです。マッカーサーは、アメリカ本国より八月二十九日「降伏後ニ於ケル米国ノ初期ノ対日方針」を内示されています。更には、既に何度も話し合ってきたことですが、九月六日にはアメリカの統合参謀本部より「連合国最高司令官の権限に関する通達」が下達されており、その「下達」には、「連合国と日本との関係は契約基礎の上にあるのではなく日本は連合国に対して無条件降伏を行ったのである」という物騒な文言がある。
そんなことは、九月六日のこの時点では日本からはまだ見えない。九月二十三日は秋季皇霊祭が挙行され、例年通り日の丸が掲げられたというんですね。そしてこの静けさは自然発生的なものではなく、東久邇内閣とジャーナリズムの緊密な連携によって成されていたのだと江藤は書いています。そして必死になって国内分裂を避けようとしていたのだと言います。その延長の中に九月五日は衆貴両院で東久邇総理による「一億総懺悔」の演説がある訳です。

波多野　そうしたところに九月十日、占領軍から「言論及新聞ノ自由ニ関スル覚書」な指令が出される。序でながら、その内容を長くはないから明示しておいた方がよいですね。

言論及新聞ノ自由ニ関スル覚書

一、日本帝国政府ハ新聞、ラジオ放送又ハ其ノ他ノ出版物等ニ依リ、真実ニ符合セズ若ハ公安ヲ害スルニュースヲ頒布セザルヤウ必要ナル命令ヲ発スベシ。

二、連合国最高司令官ハ言論ノ自由ニ関シテハ最小限度ノ制限ヲ為スベキ旨ヲ命ジタリ。日本ノ将来ニ関スル事項ノ討論ノ自由ハ日本ガ敗戦ヨリ世界ノ平和愛好国家ノ仲間入リスル資格ヲ有スル新ナル国家トシテ出発セントスル日本ノ努力ニ有害ナラザル限リ連合国ニヨリ奨励セラル。

三、公式ニ発表セラレザル連合国軍隊ノ動静、連合国ニ対スル虚偽又は破壊的批評及ビ風説ハ之ヲ論議スルコトヲ得ズ。
四、当分ノ内ラジオ放送ハ主トシテニュース及音楽的娯楽的性質ノモノヲ取扱フベシ。ニュース、解説及ビ情報的放送ハ東京放送局ヨリ放送サルルモノニ限ル。
五、最高司令官ハ真実ニ符合セズ又ハ公安ヲ害スルガ如キ報道ヲ為ス出版物若ハ放送局ニ対シテハ発行禁止又ハ業務停止ヲ命ズ。

アメリカ軍内に元々存在していた「民間検閲支隊」が活動を始め、それに合わせて、その基本指令を発した訳です。

杉原　しかしこの指令は表向きはそれほど厳しい印象のものではなく、日本のマスコミは軽く考えていた。日本のそれまで行われていた検閲の廃止を指示したとぐらいに軽く受け取った。だから、項目の「三」に反すると直ぐに分かるのにアメリカ兵の非行を毎日報じ続けた。また、九月十六日には投書欄に載せた記事には「米国が、米国型をのみ民主主義と目する親切が、日本を悲境に導かぬとは限らぬ」と、至極もっともな見解だが、報道すれば占領軍を怒らせることになるであろう記事を載せた。更には、九月十五日、原爆は戦争犯罪であるとはっきり指摘した鳩山一郎の談話を載せた。

総司令部は九月十五日、先の指令に違反するとして、同盟通信に業務停止命令を出した。朝日新聞社に対しては、九月十八日午後四時、四八時間の新聞発行停止命令を出した。

波多野　先ほど紹介した江藤淳『閉された言語空間－占領軍の検閲と戦後日本』（文芸春秋一九八九年）に詳しいのですが、同盟通信に業務停止命令を出したのは、「公共の安寧を妨げるニュースを伝播した」ということでした。同月十五日、民間検閲支隊長ドナルド・フーバー大佐が同盟通信社長ら日本の報道関係の代表者を招致し、「最高司令官は日本政府に命令する…交渉するのではない」と言い放ち、「同盟通信社は本十五日正午を期して、日本の国家通信社たるの地位を回復する。同社の通信は日本国内に限られ、同社内に常駐する米陸軍代表者によって一〇〇パーセントの検閲を受け、電話、ラジオ及び電報によって国内に頒布される。海外放送は依然禁止される。また海外に在る同盟支局からのニュースは、この禁止が緩和されるまで使用してはならない」と声明を出しました。そして十八日には、フーバー起草の、『朝日新聞』の発行停止の命令が出たのですた。

そして九月十九日「日本新聞規則ニ関スル覚書」を発します。これが俗にいわれているいわゆる「プレス・コード」です。以下のとおり、一〇項目のものです。

日本新聞規則ニ関スル覚書

一、ニュースハ厳格ニ真実ニ符合スルモノタルベシ。
二、直接又ハ間接公安ニ害スル惧アル事項ヲ印刷スルコトヲ得ズ。
三、連合国ニ対スル虚偽又ハ破壊的批評ハ行ハザルベシ。

四、連合国占領軍ニ対スル破壊的批評及ビ軍隊ノ不信若ハ憤激ヲ招ク惧アル何事モ為サザルベシ。
五、連合国軍隊ノ動静ニ関シテハ公式ニ発表セラレタルモノ以外ハ発表又ハ論議セザルベシ。
六、ニュースノ筋ハ事実ニ即シ編輯上ノ意見ハ完全ニ之ヲ避クベシ。
七、ニュースノ筋ハ宣伝的意図ヲ以テ着色スルコトヲ得ズ。
八、ニュースノ筋ハ宣伝的意図ヲ強調又ハ拡大スル目的ヲ以テ微細ノ点ヲ過度ニ強調スルコトヲ得ズ。
九、ニュースノ筋ハ関係事実又ハ細目ヲ省略スルコトヲ得ズ。
一〇、新聞の編輯ニ於テニュースノ筋ハ宣伝的意図ヲ設定若ハ展開スル目的ヲ以テ或ルニュースヲ不当ニ誇張スルコトヲ得ズ。

九月二十二日にはプレス・コードとほぼ同様の「ラジオ・コード」が出ます。

杉原　これによって、日本の新聞、ラジオの検閲が一〇〇パーセント行われることが宣せられた訳ですね。九月十九日のプレス・コードを表面から見る限り、とてもこのような検閲態勢が敷かれるとは見えませんが、占領軍はこれを根拠に徹底した検閲を行っていくようになる訳ですね。

波多野　当時の報道関係者の衝撃は大きかったでしょうね。しかし、占領下、その悲鳴なり憤激なり悲観なりを活字にして、あるいは電波に乗せて一かけらも国民に伝えることはできなかった。いかにあろうとも占領軍の指示に従うしかなかった。

杉原　そうです。少し時間は飛びますが、昭和二十年十月二十二日夜、『朝日新聞』の戦争責任を明確にするためと称して、全重役が一斉に辞任し全従業員の総意を反映する組織に変わると決定したんですね。簡単に『朝日新聞』の〝労働組合〟に経営を渡す、とした訳です。ここに戦後の『朝日新聞』の出発点があります。

波多野　全く違った新聞に成ったといってよい訳ですね。

杉原　そうです。それで占領軍は畳みかけるようにして、八月二十七日にマッカーサーに内示されていた「降伏後ニ於ケル米国ノ初期ノ対日方針」を九月二十二日に公表し、それが二十四日の新聞に載ります。そして九月六日、マッカーサーに下達されていた「連合国最高司令官の権限に関する通達」は九月二十四日アメリカで公表され、日本で九月二十六日の新聞に掲載された訳です。この後者には、何度も言いましたが、「連合国と日本との関係は契約基礎の上にあるのではなく、日本は無条件降伏を行ったのである」と明らかにポツダム宣言に反する文言があったのですが、もはや『朝日新聞』をはじめ、その文言を批判する新聞はありませんでした。批判しようにも批判を発表できなくなっていたのです。

波多野　その後、新聞などの検閲はどう展開するんでしょうか。杉原先生は細かいところをご存知ですか。

杉原　佐々木泰「占領軍検閲－新聞・通信社を中心に」（『戦後教育史研究』第六号（明星大学戦後教育史研究センター　一九八九年））によりますが、一九四五年（昭和二十年）十月には、東京において朝日、毎日、読売、東京、日本産業経済新聞の事前検閲が始まり、大阪でも間もなくそうなり、年末までには全国の新聞の検閲態勢が整っていきます。

しかし翌年の一九四六年（昭和二十一年）には検閲の緩和が検討され始めるようです。それは、検閲は民主主義国家を建設しようとする目的に合わないとかいう原理的な理由もあるのですが、メディアがいわゆるプレス・コードをよく守ることが一つの理由だったようです。占領軍の意向を忖度して違反する記事は始めから書かないから、パスする率が高いんですね。一九四七年（昭和二十二年）の報告では、同年一年間にプレス・コード違反は、〇・七パーセントから〇・二八パーセントに下がったそうです。これは、検閲が厳しくなかったと解したら間違いで、新聞社がいかに占領軍の検閲を忖度して記事を書いたかを物語るものです。占領軍には紙の配給にも権限を持っていましたから、新聞社が忖度せざるをえない訳ですね。

波多野　「プレス・コード」とよく間違えられて理解されることが多いようですが、その検閲をする過程で削除及び掲載禁止処分の理由となる項目が別にある訳ですね。

杉原　そうです。この項目は検閲作業の過程でできるものだから、その経過とともに数も内容も変わるというのが原則ですが、いわゆる三〇項目でいわれるものの中には、最高司令官に対する批判や東京裁判への批判が含まれます。原爆に対してもあります。また検閲について触れることもできませんから、一般国民は、占領下にあって検閲が存在したことを知る人は殆ど居なかったということになりますね。

波多野　それでは、民間情報教育局が中心となって行ったいわゆる狭義のＷＧＩＰはどうですか。

杉原　これは、江藤淳の研究に詳しい波多野先生が説明してください。

波多野　そうですか。一般的に検閲というのは、新聞や放送局の情報発信にいわば受動的に制限を加えるためですが、狭義のＷＧＩＰというのは、能動的に特定の情報を作り、これを発信させ国民の耳目に触れさせるものです。総司令部の民間情報教育局の役割でした。

杉原　この局は私の教育学研究に関係していますから、「民間情報教育局」についてはよく知っています。

波多野　そうですか。民間情報教育局の用意した「太平洋戦争史」というのをご存知ですよね。

杉原　私は占領下の教育改革に焦点を当てていましたから「太平洋戦争史」については、知ってはいますが、内容はあまり知りません。

波多野　「太平洋戦争史」というのは、民間情報教育局が準備し、参謀第三部の校閲を経て一九四五年（昭和二十年）十二月八日から十五日まで殆どの新聞で連載されました。その後、中屋健弌の訳ということで一九四六年（昭和二十一年）三月、高山書院というところから単行本としても出されています。

日米戦争ないし大東亜戦争は、「太平洋戦争」として名付けアメリカから見た戦争観を日本人に強要しようとしたもので、第一章の「序言」には「日本国民はこれによって如何にして敗れたのか、又如何に軍国主義によってかかる悲惨な目に遭わねばならぬかを理解することが出来よう」と書いてあります。その後、四月には、授業停止中の国史の教材として使用するものとなっています。

この本によって明示するところは、結局「軍国主義者」と「国民」を分断し、全ての戦争責任を軍国主義者に負わせようというものです。原爆投下や東京空襲まで日本の軍国主義者に負わせようというものだといってよいでしょう。

杉原　ラジオの「真相はこうだ」歴史的にいうと「真相はかうだ」というのもあります。

波多野　あります。一九四五年（昭和二十年）十二月九日から、一九四六年（昭和二十一年）二月十日まで週一回一〇週間にわたって行った放送番組です。この番組は、聴いている国民に質問の機会を与え、これを「質問箱」と称して、「真相はこうだ」の終了後、「眞相箱」「質問箱」という放送番組にして放送し、一九四八年（昭和二十三年）一月まで四一週にわたって放送しました。

杉原　こうして自虐史観植え付けの仕上げとして、いわゆる東京裁判、極東軍事裁判の報道がある訳ですね。

「プレス・コード」のもと、東京裁判を批判してはいけないという検閲の禁止項目に触れないように、あらゆる新聞が批判を封じて報道する訳ですね。

波多野　ところで、マッカーサー自身が東京裁判に批判的であったと聞いたことがあるんですが、杉原先生はご存知でしょうか。

杉原　知っています。吉本貞昭『東京裁判を批判したマッカーサー元帥の謎と真実』（ハート出版　二〇一三年）に出ていますね。マッカーサーは、実は、東京裁判開廷に当たって、A級、B級の追及には反対で、通常の戦争の戦争犯罪だけを裁くべきだという考えを持っていました。

一九五〇年（昭和二十五年）六月二十五日、朝鮮戦争が始まります。そのことを前提にマッカーサーは同年十月十五日にウェーク島でトルーマン大統領と会います。そこでA級戦犯を裁いた東京裁判が、戦争抑止力にならなかったのを鑑みながら「東京裁判は誤りであった」と言ったようですね。

波多野　ともあれ、そうした不信感を内外に示しながら、東京裁判は進み、A級戦犯七人の死刑執行も行われる。しかし新聞やラジオは、それを批判的には一切報じられない。WGIPが進んでいくわけですね。

杉原　WGIPについては、有馬哲夫氏の『日本人はなぜ自虐的になったのか－占領とWGIP』（新潮社　二〇二〇年）も紹介しなければいけませんね。

波多野　有馬哲夫氏は、日米戦争に関わって、アメリカの史料だけでなく、イギリスの史料にも当たって研究を深めている人ですね。

杉原　そうです。有馬氏は、ＷＧＩＰの言葉が占領軍内で使われるようになったのは、一九四八年（昭和二十三年）以降で、ＷＧＩＰとしては、第三段階に至ってからだと言っています。つまり、一九四五年（昭和二十年）一〇月から一九四六年（昭和二十一年）六月までの「真相はこうだ」とか「太平洋戦争史」などによってプロパガンダの時期が第一段階で、一九四六年（昭和二十一年）前半から一九四八年（昭和二十三年）二月までの「真相箱」の時期が第二段階であり、そして一九四八年（昭和二十三年）二月頃から、東京裁判とその判決の言い渡しを、日本国民と合わせて世界に向けて、効果的に伝えることを目論み始めて第三期に入ったと言っています。

そして検閲と狭い意味のＷＧＩＰと合わせて心理戦といい、日米開戦以降、アメリカ軍の中で緻密に検討されてきたものであることを明らかにしています。

波多野　そして心理戦としてのコミュニケーション理論の適用ということがありますね。そのところを紹介されたらどうですか。

杉原　そうですね。まだ日本で翻訳されていないようですが、クリストファー・シンプソンという大学教授の著書『強制の科学―コミュニケーション研究と心理戦』で指摘しているように、第二次世界大戦中、アメリカの陸軍、海軍では心理戦を担当する要員が集められ、多くの社会科学者とコミュニケーションの専門家が心理戦に従事したようです。そしてコミュニケーション論に大きく基づいているとのことですが、その方法は、先ず第一にはあることがらを肯定する情報だけが流れるようにし、それを否定するような情報は流れないようにすることだそうです。占領軍は七年間にわたってマスコミを支配し、日本が不当な戦争を仕掛け、多くの戦争犯罪を犯し、アジアの民を苦しめた、という報道だけが流れるようにしたことを意味します。

第二は、思考上の固定回路を作ることだそうです。ある考え方で固まり、その後で違ったことを何度教えられても、それを拒否する心理状態を作り出すことだそうです。「真相はこうだ」とか「太平洋戦争史」を植え付けて、その回路ができると、それ以外の情報は受け付けないような状態を生み出すというんですね。

第三は、その目的を支える制度を作ることだそうです。そのための制度といえば、広狭いろいろあるでしょうが、広く考えれば、占領下の制度改革、婦人参政権、民法改正、農地改革等、すべての制度改革に該当するでしょう。有馬氏がこの本でとりあえず言っている例は労働組合です。労働組合は、もともと容共的で、反戦的ですよね。そして七年間の占領で、新聞、ラジオの報道機関は、容共ということから更には親ソ反米的になり、それには組合の影響力が大きくなったといいます。親ソ反米的になるのは困りますが、戦争の罪悪感を植え付けるのには成功し、日本人は自虐的になります。

波多野　結果として、国民の一部は占領軍の植え付けた反戦意識、戦争罪悪感を護持し、擁護する勢力となるということですか。

杉原　そうです。

波多野　しかし、今、言われたように、親ソ反米になるということであれば、アメリカの国益に沿っていませんね。アメリカのWGIP、戦争に関する罪悪感を育てる心理戦は失敗だったということになりませんか。

杉原　私はWGIPは必ずしも完全に成功したとはいえないと思っているんですが、敗戦から七五年、占領解除から約七〇年、日本は、東京裁判判決を軸にした自虐史観から脱却していませんね。私は、この現象は、占領下の占領軍が行ったWGIPから切り離して、別途に考えていかなければならないと思っているんです。

波多野　杉原先生の言われる「敗戦利得者」の問題でしょう？　敗戦利得者が占領終了後、WGIPの維持拡大を図ったという問題でしょう？

杉原　そうです。それでWGIPは成功したのか成功しなかったかを論じるのですが、しかしその前に、このWGIP、自虐史観とも関わって、教育改革の問題を論じておきたいと思うのですが、よろしいでしょうか。

波多野　杉原先生はもともと教育学の研究者ですから、教育の立場から占領の問題で一論おありでしょう。お聞きしたいと思います。

杉原　分かりました。

第四節　占領軍の押し付けた民主主義とは何だったか

波多野　そこで教育問題に関係して、杉原先生に問いたいのですが、何度も紹介してきております、日本側も昭和二十年九月二十四日には知ることができるようになった「降伏後ニ於ケル米国ノ初期ノ対日方針」ですね。ここに掲げられている「究極ノ目的」の最初は、「日本国ガ再ビ米国ノ脅威トナリ又ハ世界ノ平和及安全ノ脅威トナラザルコトヲ確実ニスルコト」ですね。これを今日の日本の状況から見ると、十分過ぎるほど達成されているといってよいと思います。

このことを杉原先生は、アメリカがそのために導入しようとした「民主主義」が、日本が本来持っていた民主主義と同質なところがあったからだ、としきりに言われていますよね。

アメリカは右に見た「究極ノ目的」から日本人をして精神的武装解除をしようとして、民主主義の導入を図ったけれど、実はその民主主義は日本にも既にあって、そのために日本側は十分に好意的にその導入を受け入れることができたのだ、と。

杉原　そうです。この民主主義の問題は、日本とアメリカの文化論の問題として極めて重要なのです。そこで、その民主主義の導入というのは、特に教育においては、殊の外、重大な課題でした。占領期、アメリカの民主主義の導入を日本側も積極的に好意的に受け入れたと思うのですが、それは日本にも民主主義があり、アメリカの民主主義を十分に理解し、好意的に受け入れることができたからです。

波多野　ポツダム宣言を受諾する上での教育に関わっての最大に指摘しておかなければならないところは「民主主義的傾向ノ復活強化」ですね。前節の語り合いで少し話に出ましたが、『朝日新聞』の昭和二十年九月四日付の「ポツダム宣言に見る新日本再建の道標」という記事には「『民主主義的傾向の復活強化』といっているところを見れば、宣言の要求する民主主義的傾向とは、かつて日本に存在した形を意味し、それをさらに強化することを示しているのであろう」と述べています。

杉原　この「復活強化」の表現は、一寸と横道に外れますが、ポツダムで「ポツダム宣言」を作るとき、チャーチルが言い出して記述されることになったんですね。チャーチルも日本を理解していた。

波多野　そうですか。日本には民主主義が存在していた、ということですね。

杉原　そこで言っておかなければならないのは、昭和二十一年一月一日、昭和天皇の出した詔書ですね、「人間宣言の詔書」といわれているものですね。

この詔書が出されたとき、英明なる昭和天皇は冒頭に次の文を置くよう主張し、そのようになった。

顧ミレバ明治天皇明治ノ初国是トシテ五箇条ノ御誓文ヲ下シ給ヘリ。曰ク
一、広ク会議ヲ興シ万機公論ニ決スヘシ
一、上下心ヲ一ニシテ盛ニ経綸ヲ行フヘシ
一、官武一途庶民ニ至ル迄各其志ヲ遂ケ人心ヲシテ倦マサラシメンコトヲ要ス
一、旧来ノ陋習ヲ破リ天地ノ公道ニ基クヘシ
一、智識ヲ世界ニ求メ大ニ皇基ヲ振起スヘシ

波多野　天皇の人間宣言については、天皇は後の記者会見で、つまり、昭和五十二年八月二十三日の記者会見においてですが、「五箇条の御誓文」について、「実はあの時の詔勅の一番の目的なんです。神格とかそういうことは二の問題であった。…民主主義を採用したのは、明治大帝の思召しである。…それがもとになって明治憲法ができたんで、民主主義というものは決して輸入ものではないということを示す必要があったと思います」と発言されていますね。

杉原　要するに民主主義は日本においてはすでに存在していたという認識ですね。

波多野　そこで、杉原先生は、日本の民主主義に関わって、かの「国体の本義」についてお話しされたい、ということではないですか。

杉原　そうです。「国体の本義」というのは、昭和十二年に文部省が編纂したもので、国体明徴の一環として出されたものです。

占領軍は、軍国主義を排し、民主主義を振興させるためとして「国体の本義」を一九四五年（昭和二十年）十二月十五日の「国家神道、神社神道ニ対スル政府ノ保証、支援、保全、監督並ニ広布ノ廃止ニ関スル件」なる指令を発してその使用を禁じる訳です。それ以来この書は、戦争を煽った禁断の書と扱われた。占領軍の介入がことのほか多かった教育界では、それ以後、この書を評価する教育学者はおらず、この本は民主主義を否定した本として扱われて今日に至っている訳です。

波多野　それを杉原先生は、「国体の本義」は、日本流の民主主義を高揚させた本だと言われたい訳ですね。

杉原　そうです。占領下、占領軍の教育への攻勢は強く、教育学者は原則的に全て敗戦利得者になり、「国体の本義」を評価する学者はいないのですが、私の目には、日本の民主主義を明示した意義ある本と見える訳です。日本の文化を語るのに不可欠な文書です。

波多野　そもそも「国体の本義」とは、統治権の主体が天皇にあることを明示して、天皇機関説を排撃する理論と理解されてきました。どうしてそう見えるのか、この我々の対談本の読者には分からないと思いますから、詳しく説明してください。

杉原　私は『日本の神道・仏教と政教分離－そして宗教教育（増補版）』（文化書房博文社

二〇〇一年）でそのことを論じているのですが、要するに「国体の本義」は、人間は生まれながらに、親子、兄弟姉妹、夫婦、国民というような諸関係を持って生まれてくる訳だから、我が国の国体とは、そのことを強く前提として、人間一人一人を慈しみ、大切にすることなのだ、と言っている訳です。その限りでは否定できないでしょう。

波多野　そうですね。

杉原　その上で、欧米の文明の共通項は「個人主義」であって、それは生まれながらのものを観ないで、その上で「個人」をあらゆることの出発の原点に置いており、したがって欧米の「個人主義」は不自然なものであるという訳です。それゆえに「個人主義」は全体性、具体性を失い、国民性、歴史性を失い、それ故に、共産主義とか全体主義が現れてくるのだと「国体の本義」はいうのです。つまり、全体主義も共産主義も「国体の本義」にいわせれば個人主義の変形であるという訳です。

波多野　言われてみれば、そういう解釈も成り立つ……。

杉原　しかし、アメリカのいう民主主義も、「国体の本義」でいう民主主義も、人間一人一人を大切にするということが根本にある訳ですね。

波多野　……。

杉原　だとしたら、占領下で「国体の本義」を否定した上であっても、アメリカ流の民主主義の滔々たる流入に、日本人は最初から好意的に理解できて納得できるものがあった、ということになります。

戦勝国の勝手次第のもと、嫌々ながらの導入ではなくて、自ら納得して、積極的に受け入れることができたということで、それは屈辱ではなかったということになります。

民主主義の教育における導入は、軍国主義排除のためという喫緊の課題もあったけれど、究極的にはそのためだけではなく、普遍的教育の一環として、民主主義教育として積極的に導入されたということになります。

ところで波多野先生は、いつのお生まれですか。

波多野　私は昭和二十二年です。小学校入学は昭和二十九年四月です。

杉原　そうですか。私は昭和十六年生まれで、小学校には昭和二十三年四月に入学しました。そうすると思い出すのですが、教育を大切にするという雰囲気が明白にあって、何か明るい教育が行われていたように思いませんか。

教師は、戦前の教育を引き継いで、日本の教師らしく、教師には権威があり、尊敬されており、そして教師は一人一人の子供を大変大切にする、そんな教育が行われたように思いませんか。従来の日本の教育と新しいアメリカの教育が混ざった教育ですね。考えようによっては、日本の教育史で最も良かった教育です。

教師は社会から尊敬されていたし、少なくとも、尊敬されるべきものとされていた。子供は教師や親からしっかり叱られていたし、それでいて子供の自主性を重んじた教育が行われていた。だから明るかった。

波多野先生は、昭和二十二年のお生まれですから、今言われたように昭和二十九年に小学校一年生ですね。日本の経済が復興している最中でしたが、まだまだ貧乏だった。その分、皆で助け合っていた。そんな印象はお持ちになりませんか。占領期の教育の延長ですね。

波多野　私の入学した田舎の小学校は、各学年の生徒数が常に一〇人以下で、複式学級も多かったのですが、私の年代はベビーブーム世代で飛び抜けて多く三〇人程が一緒に入学しました。私が覚えているのは、教室の中で机を並べて何か教わるというより、外に出て山や野原で話を聞いたり、歌を歌ったり、作文を書いたりすることが多かったことです。特に、何か感じたことを自由に文章にしてみる、といったことに先生が熱心だったことです。

後から知ったのですが、当時、山形県で無着成恭という教師が、生活の中での作文を重視する「生活綴り方教育」というものをやって評判になっていましたが、それに共感していた教師が、私のクラスの担任だったということでした。

杉原　無着成恭、懐かしい、「やまびこ学校」で、一世を風靡した教育者ですね。教師は戦前の教育の伝統で権威を持っていたから、そんな教育実践も可能だった。

波多野　杉原先生は占領下の教育は明るかったと言われますが、でも、私は直接には見ておりませんが、小学校でも軍国主義を呼び起こすような記述の教科書に墨を塗らされたり、といった暗い面もあったのではないですか。

杉原　そうです。一九四五年（昭和二十年）十月二十二日に出た「日本教育制度ニ対スル管理政策」には「軍国主義的及極端ナル国家主義的イデオロギーノ普及ヲ禁止スルコト」とあり、つい少し前までは、絶対に正しいこととして受け入れられていた戦争への協力の記述が墨を塗って消させられます。また前節に出た「太平洋戦争史」を教材に使われ、戦勝国アメリカから見た戦争の姿を教えられます。ポツダム宣言を受諾し、軍国主義の否定を受け入れた以上仕方がないとしたけれど、屈辱だったでしょうね。

波多野　言ってみれば自虐史観の走りですか。そしてこの自虐史観が昭和二十七年の占領解除後、教員組合、固有名詞でいえば、日本教職員組合、つまり日教組の支持するところとなる、ということですか。

杉原　親ソ反米は占領軍の意図ではないと思いますが、占領軍として押し付けた自虐史観が日教組によって賞揚され、親ソ反米に使われる。

日本にあって自虐史観は、廃除し難いものとなります。

波多野　しかし、日本政府として黙っていた訳ではないですよね。

杉原　そうです。昭和二十七年、占領解除後、文部大臣は岡野清豪、大達茂雄、安藤正純、松村謙三、清瀬一郎と続き、日本の伝統の教育の復興を目指しますが、左翼に支配された組合運動のなか、多勢に無勢、自虐史観は克服できなかったといえるでしょう。現在、日教組そのものは、その後弱体化し、現時点（令和元年）では加入率は二三パーセントを切っており、大きな勢力ではなくなっていますが、教育界全体は、かつての日教組が席巻した時の影響のままになっています。さらには昨年（令和二年）、自虐史観克服という観点で最も努力している「新しい歴史教科書をつくる会」の作成した中学校歴史教科書が不当な、同じ記述が他の教科書では問題ないとされているのに、「つくる会」の教科書のみ不合格理由にされている、はっきり言ってまさに「不正な」な検定によって不合格にされました。文部科学省自体が自虐史観勢力に侵されているといわざるをえません。

こういう状況は、占領軍が去って約七〇年、占領軍の行ったＷＧＩＰの所為にすることはできないと思っています。自虐史観克服のためには、新しい分析、新しい洞察、新しい対応が必要となっているんですね。

いずれにせよ、占領下で教育における民主化については、ルース・ベネディクトの『菊と刀』について言及しておくと分かりやすいと思いますので、そのことにも一寸触れておきたいと思います。

波多野　戦後よく読まれた本ですね。私も読みました。

原書は一九四六年（昭和二十一年）に出た *The Chrysanthemum and the Sward*（Charles E. Tuttle Company 1946）で、日本では、昭和二十一年に既に「菊と刀－日本文化の諸類型」として訳されていますが、一般には長谷川松治の訳で昭和二十三年にルース・ベネディクト『菊と刀－日本文化の型』（社会思想研究会出版部　一九四八年）として出ています。これと民主主義とがどう関わると、杉原先生は言われるのですか。

杉原　『菊と刀』はですね、麗澤大学特任教授の高橋史朗氏がよく研究していますが、「礼儀正しく従順で寛容な日本人が、何故反対の方向に暴発してしまうのか」ということで、アメリカの文化人類学者の研究を纏めた本です。文化人類学というのは、どちらかというと未開社会の文化を上から目線で研究する学問ですが、しかし基本において文化相対主義を採っており、日本の文化をそれ自体一つの在り方だとして示しており、そしてその特色を「恥の文化」として位置付けています。そして欧米の文化を「罪の文化」として、結果的には「罪の文化」の方が優位にあるとしたものだといってよいでしょう。したがって日本から見れば、異論は出てくるのですが、その「恥の文化」の下で記されている数々のことは日本人として思い当たるところが多かったと思うんですが、波多野先生の場合はどうですか。

波多野　私がベネディクトに関心をもったのは、ベネディクトが一九四二年（昭和十七年）からアメリカの戦時情報局の海外戦意分析課に属し、日本人や軍人の戦意や心理の分析に従事していたからです。特に『菊と刀』のもとになった〝Japanese Behavior Patterns〟という報告書に注目していました。この報告書の骨子は『菊と刀』と変わりませんが、日本人の倫理観の根幹をなすのは、義理を果たすこと、名誉や面目を重んじ、「恥を知る」ことが最も気高いことだという観念が、道徳体系の基礎にあるといったことを指摘しています。この報告書は、（福井七子訳）『日本人の行動パターン』として平成九年（一九九七年）にＮＨＫ

ブックスとして日本語訳が出ています。

杉原 そうですか。

波多野 ルース・ベネディクトの『菊と刀』を挙げたのであれば、ヘレン・ミアーズの『アメリカの鏡・日本』も紹介しなければなりませんね。アメリカで一九四八年（昭和二十三年）に出た本で、原書のタイトルは Mirror for Americans: JAPAN で、占領下、これを日本で翻訳出版しようとしたが、マッカーサーが「この本はプロパガンダ（宣伝）であり、公共の安全を脅かすもので、占領下日本でこの本を出版することに何の正当性も認められない」として日本での出版を禁止したんですね。

この本は、原百代の訳で、占領解除後昭和二十八年に文芸春秋より『アメリカの反省－アメリカ人の鏡としての日本』で出ますが、その後、伊藤延司の訳で平成七年『アメリカの鏡・日本』としてメディア・ファクトリーというところから出版され話題になりました。そしてこの本が実質的に占領政策を批判していた。

杉原 そうです。だからマッカーサーは占領下でこの本の翻訳出版を許す訳にはいかなかった。

波多野 そうです。ミアーズは、占領政策には、日本人には伝統的に好戦的であり、世界征服の野望を抱き続けていたという根拠のない日本人の国民性に対する偏見があると言うんですね。ミアーズは、日本人は生まれつき攻撃的で侵略的、軍国主義的であるという偏見を前提に「精神的武装解除」をしようとしている、と批判している訳ですね。

杉原　占領政策に、少なくともですね、初期の占領政策においてですね、日本に対する間違った錯覚、偏見を前提に占領政策が進められたという訳ですね。

波多野　アメリカは日本人の精神的武装解除の下に、民主主義化を進めたけれど、そこには大きな錯覚があった……。

杉原　そうです。日本がアメリカの民主主義をすんなりと受け入れたのは、日本にも民主主義の土台ができており、だからアメリカの民主主義を肯定しながら容易に受け入れることができたのです。占領軍は精神的武装解除のために民主主義教育が必要だと思ったのだけれど、日本人は民主主義を受け入れたから、それ故に精神的武装解除をしたというのではなく、もし、日本が精神的武装解除をしたというならば、それは、日米戦争に完敗し、改めて開戦への過程を振り返ったとき、この度の戦争には、日本側にも遣り過ぎがあり、反省すべきところがあると思ったからでしょう。もっとも、左翼にとっては、自虐的であった方が好都合だったから、そのために民主主義を積極的に受け入れ、積極的に支持したこととはいえるでしょう。波多野先生がＷＧＩＰに日本側が好意的に対応した面があると言われていたと思いますが、それはこのことでしょう。

波多野　そういうことになるかと思います。占領軍の様々な改革について、全部ではありませんが、ある改革については、自ら進んで自発的に応じていったという側面があるということです。

杉原　例えば、婦人解放や農地改革ですね。

波多野　そうです。

杉原　本節のテーマは、「占領軍が押し付けた民主主義とは何であったのか」でしたが、このテーマの下で、私としては、もう一点付け加えておきたいことがあるんですが、よろしいですか。

波多野　どうぞ。

杉原　「民主主義」を人間一人一人を大切にすることだとすれば、場合によっては、日本の方が民主主義として優っているということも、いえなくはないということです。

日本では、大きくは中国文明の下にある文明ですね。中国文明では、個人一人一人を大切にするのに機能する、「自由」とか「権利」の概念がありません。その限りでは、欧米の文明の方が中国文明より確実に人間一人一人を大切にする文明です。

その中国文明の下で日本文明は開化する訳ですが、中国大陸の中国文明では、一人の人間、例えば天子などですが、その人の都合によって、いともたやすくその周りの人が殺される文明ですね。簡単に一言でいえば中国文明は人殺しを平気でする人殺しの文明です。その文明の下で、大陸の東の海の中にある日本列島に育った文明は穏やかで人殺しをしない文明です。人殺しだけでいうと、「自由」や「権利」のある欧米よりも更に少なく、平和裡に文明を築いたのではないでしょうか。考古学によれば、縄文の時代から戦争は少なく、人殺しは少なかったようです。

そこでベネディクトの言うように「恥の文化」では、善や悪も、それ自体としてではなく階級も含めた人間関係に拠って決まると指摘しているところがありますが、しかしその結果、人殺しは欧米文化よりはるかに少ない。つまり、人と人との間の「公平さ」が日本の方が遥かに考慮されて穏やかな文明、文化が発達したのではないでしょうか。

日本人は正直で嘘は言わない、誠実であると言われますね。そこで国際関係では、日本が悪ければ直ぐに謝罪するという謝罪外交をすることにもなる訳ですね。

この謝罪外交も考えてみれば、日本が悪ければ謝罪をするのは本来正しい外交ではないですか。しかし、現在の国際環境の下では、謝罪すれば、相手国は日本を貶めるために更に非難してくる。本来、日本に対して感謝すべきことでも感謝を返してこない。そんな状況では安易に謝罪すべきではないということになる。外交の専門機関である外務省が謝罪外交をしたとき、それは自虐外交となる訳です。

日本人のように、悪ければ直ぐに詫び、嘘を言わない国民はいないでしょう。しかしそれが今の世界の中では通じませんね。しかし、本来は、悪いことをしたら直ぐに謝り、嘘を言わないのが良い文化なのではないでしょうか。悪いことをしたら直ぐに謝る日本人はある意味で、世界で最も普遍的な在り方をしているんではないですか。その普遍的な在り方を極めていけば、日本人が最も人間一人一人を大切にし、民主主義的であるといえるのではないでしょうか。

ベネディクトの偏見を排すれば「国体の本義」は、やはり一つの民主主義の教典ということになりますね。

第五節　占領軍のWGIPは成功したか

波多野　それでは、検閲も含めた広い意味のWGIP、いわゆる自虐史観の培養計画は成功したのかしなかったのか、この難しい問題に入りましょうか。

杉原　私もこの問題は難しい問題だと思います。しかし私としては、占領が終わった時点で、成功していなかったというべきだと思っています。少なくとも占領が終わった時点では、そして少なくともその後の「戦後」といわれる時期程に影響はしていなかったというべきだと思っています。WGIPが成功していなかったといえるところがあるといえるし、いわなければならないと思います。

波多野　といいますと…?

杉原　明確にいえるのは、戦争犯罪に対しての場合ですね。占領軍から見て犯罪であっても、日本から見れば犯罪ではない。また仮りに戦争犯罪が日本側、日本軍隊に有ったというのであれば、同程度、東京空襲や広島、長崎の原爆を考えれば、戦争犯罪はアメリカ軍にも有ったのであり、にも拘わらず、日本側のみ裁かれ刑に処せられるのは公平でないという、確信というべき認識は、いかにWGIPによって洗脳されたとしても、確乎としてあったと思います。その点では全くWGIPに侵されていたというようにはいえなかった。

波多野　そこで、杉原先生は、いつか言われていた戦犯の「法務死」の問題を提起される訳ですね。

杉原　そうです。そこで昭和二十七年五月一日、日本が占領解除して主権を回復した翌々日ですね。この日、木村篤太郎法務総裁が次のような通達を総理大臣、各省大臣等に出しています。

連合国の軍事裁判により刑に処せられた者の国内法上の取扱について

さきに、昭和二十五年七月八日附をもって、「人の資格（任命若しくは就職又は罷免若しくは失職等にかかる条件又は許可、認可、登録若しくはその取消又は業務の停止等にかかる条件を含む。）に関する法令の規定の適用については、軍事裁判により刑に処せられた者は、日本の裁判所においてその刑に相当する刑に処せられた者と同様に取り扱うべきものとする」旨の解釈を参考のため御通知したが、この解釈は、もともと総司令部当局の要請に基づいたものであり、平和条約の効力の発生とともに撤回されたものとするのが相当と思料するので、この旨御了承の上、貴部内関係機関にも徹底せしめられたい。

要するに連合国が行った軍事裁判によって刑に処せられた者を、日本の裁判所で刑に処せられた者と見なし、つまり占領軍の軍事裁判によって犯罪者は日本の国内法での犯罪者と同等に見なすようにとの昭和二十五年七月八日付の法務総裁の通達は、占領軍の要請に基づいたものであり、平和条約発効とともに撤回し、効力を失わせるという通達です。

要は、占領軍の行った軍事裁判で犯罪者となっても、日本の国内法では犯罪者ではない、という強い確信です。

東京裁判でA級戦犯として、一九四八年（昭和二十三年）十二月二十三日、絞首刑によって死せられた者も、日本から見れば犯罪者ではなくて、戦闘の中の死ではないものの、戦争の延長としての占領の中で連合国軍によって刑死させられた者であり、戦争の犠牲者に外ならず、日本から見れば「法務死」として扱うべきだということです。

波多野　そこで問題になるのが、「日本国との平和条約」つまり講和条約第一一条の問題ですね。読者によく分かってもらうために、私の方から、その原文を掲げておきます。

日本国との平和条約

第一一条　日本国は、極東国際軍事裁判所並びに日本国内及び国外の他の連合国戦争犯罪法廷の裁判を受諾し、且つ、日本国で拘禁されている日本国民にこれらの法廷が課した刑を執行するものとする。これらの拘禁されているものを赦免し、減刑し、及び仮出獄させる権限は、各事件について刑を科した一又は二以上の政府の決定及び日本国の勧告に基く場合の外、行使することができない。極東国際軍事裁判所が刑を宣告した者については、この権限は、裁判所に代表者を出した政府の過半数の決定及び日本国の勧告に基く場合の外、行使することができない。

杉原　「裁判を受諾し」となっているが、これは「判決を受諾し」の誤訳ではないかという問題がありますね。

ですが、その前にはっきりさせておかなければならない問題があります。昭和二十六年十月十七日、サンフランシスコで講和条約を調印した直後ですね。衆議院の講和条約に関する特別委員会で、西村熊雄条約局長がこのように答えています。

西村条約局長　第十一条は戦犯に関する規定であります。戦犯に関しましては、平和条約に特別の規定を置かない限り、平和条約の効力発生と同時に、戦犯に対する判決は将来に向って効力を失い、裁判がまだ終っていない者は釈放しなければならないというのが国際法の原則であります。従って十一条はそういう当然の結果にならないために置かれたものでございまして、第一段におきまして、日本は極東軍事裁判所の判決その他各連合国の軍事裁判所によってなした裁判を承諾いたすということになっております。後段は内地において服役しております戦犯につきまして、日本が判決の執行の任に当るということと、こういう人たちの恩赦、釈放、減刑などに関する事柄は、日本政府の勧告に応じて、判決を下した連合国政府においてこれを行う、極東軍事裁判所の下した判決につきましては、連合国の過半数によって決定する、こういう趣旨でございます。

要するに、占領期間中に占領軍及び連合国によって為された全ての裁判の効力は主権回復と共に原則的に効力を失うということを大前提とし、その上で、占領軍の執行していた刑で執行中の場合にあっては、その刑の執行について、日本が代行を請け負うことになったということであり、そのことは、したがって、裁判そのものや判決そのものを受け入れたことにはならないということを言っているんですね。

もっと、言いますね。西村条約局長は、戦犯に関しては平和条約の締結に因って、戦犯に関する裁判はその効力を失うという国際法の原則に日本は則ると宣言している訳です。それ故に、昭和二十七年五月一日、木村篤太郎法務総裁は、占領期に占領軍の要請を受けて軍事裁判によって刑に処せられた者を犯罪者としていたが、主権回復と共にこれを否認し、占領期の軍事裁判によって犯罪者とされた者は国内法では犯罪者ではないと通達することになったのです。

もし、裁判であれ、判決であれ、その全てを受諾し、日本は主権回復後も永久に拘束されるというのであれば、木村篤太郎法務総裁の通達は不可能ですね。

波多野　にも拘わらず、後日、この条約の「裁判を受諾し」は「判決を受諾し」の誤訳ではないかという問題になります。

杉原　今はもう亡くなっていますが、渡部昇一氏などがしきりに言った。

波多野　しかし、平和条約、つまり講和条約を締結した時点で、日本政府は、刑の執行を受け負っただけだとはっきり言っていた。とすれば、あの保守の人たちの間で争われていた「誤訳ではないか」という論争は何だったのでしょう。

杉原　何だったのでしょうね。

波多野　唯ですね、少し補足しますが、条約のここの所を「判決を受諾し」とするか「裁判を受諾し」とするかには、外務省にも迷いがあったようです。実際、講和会議の一カ月前の昭和二十六年八月、外務省によって公表された『日本国との平和条約草案の解説』では、「判決を受諾し」と訳し、講和発効前の「判決が平和条約締結後も効力を有することを確認し、法廷が課した刑の執行に当たらなければならないことを明白にした」と説明しています。

つまり、判決の結果たる「刑の執行」のみを日本は行えばよいということになります。しかし、講和会議までに、外務省は「判決を受諾」という部分を「裁判を受諾」と日本語訳としたため、その後の解釈を混乱させてしまいます。裁判全体を認めたことになるという批判がある一方、有罪の印象を薄めようとしたものだ、と解釈される余地を残しました。

誤訳ではないか、という指摘もなされたことがありますが、これまでの政府の説明は、「裁判を受諾」は正しい訳であるとする点では一貫しています。

しかし、講和条約の正文は、英語、フランス語、ロシア語、スペイン語であり、スペイン語などでは「判決」と書いているとはっきりいえるようです。

杉原　私は、「裁判を受諾し」は必ずしも誤訳とはいえないという研究報告を知っているのですが、もう少し詳しく紹介してよろしいでしょうか。

波多野　勿論、どうぞ。

杉原　私は南木クラブというメーリングリストに参加しているんですが、そこで弁護士の徳永信一氏が問題提起して、それを田中誠という会員が纏めたものですが、その論旨は次のことです。つまり「裁判」という言葉は、通常ではいわゆる裁判を指すのですが、裁判官や弁護士の間の専門用語としては、「判決、決定、命令」をも意味するんだそうです。そのために、「判決」と「裁判」の間には差はなく、訳としては「判決」から「裁判」に意味を広げておいた方がよいという判断が働いて、実際の訳では「裁判を受諾し」となったのではないかという訳です。

波多野　とすれば、先ほどの西村熊雄条約局長の国会での説明と相俟って、どちらの訳でもよいということになる。

杉原　しかしこの「裁判を受諾し」が後に国会で問題になるんですよね。そして渡部昇一氏らが問題にするようになる。

昭和六十年十一月八日、衆議院議員土井たか子が衆議院外務委員会で東京裁判の「受諾」に関して質問し、これに対して外務省の小和田恒条約局長の答弁がある訳です。紹介しておきます。

土井委員　そうすると、東京裁判自身に対しては、日本はこれは認めているわけですね。また、東京裁判に対しては国として、政府として、それを是認するという立場にあるわけですね。いかがですか。

小和田政府委員　土井委員御承知のとおり、日本国との平和条約の第十一条に規定がございます。「日本国は、極東国際軍事裁判所並びに日本国内及び国外の他の連合国戦争犯罪法廷の裁判を受諾し、且つ、日本国で拘禁されている日本国民にこれらの法廷が課した刑を執行するものとする。」云々という規定がございまして、ここで極東国際軍事裁判所の裁判を受諾するということを約束しておるわけでございます。

土井委員　受諾するということになると、条約に対しては遵守するという義務が日本としてはございますから、したがって、平和条約の十一条に言うところで、はっきりそのことに対しては認めているという立場に日本の政府としては立つわけですね。日本の国としては立つわけですね。これを再確認します。

小和田政府委員　ここで裁判を受諾しているわけでございますから、その裁判の内容をそういうものとして受けとめる、そういうものとして承認するということでございます。

土井たか子は勿論、日本は東京裁判に今なお拘束されているということを確認したい訳ですね。日本は法的に自虐史観に拘束されているという答弁を引き出したい訳ですね。その小和田恒条約局長の答弁は、まさに土井たか子が喜びそうな日本は自虐史観に拘束されているのだというように聞こえている答弁です。

波多野　しかし厳密にはそうではない、というんですよね。

苦しい答弁ですが、小和田局長は、東京裁判の判決文や判決内容を受け入れている、とは言っていないことが分かります。「裁判を受諾」という意味は、政府は、東京裁判の全体を「そういうものとして受けとめる」ものの、判決内容を受け入れている訳ではないのだ、という訳です。

杉原　そうです。拘束されているとは絶対に言っていない訳ですね。外務省はその後も小和田恒条約局長の言い方と酷似する答弁をするのですが、外務省自身は、西村局長以来、答弁は一貫しているというんです。だとしたら、日本は「判決」の結果の刑の執行を請け負っただけで、また、その立場において、異議を述べる立場にないが、軍事裁判は日本の主権回復とともに効力を失うものであり、したがって軍事裁判そのものに拘束されることを受諾した訳でなく、その結果、東京裁判にも拘束されている訳はないということになります。事実、先ほど述べたように、主権回復時に木村篤太郎法務総裁は拘束されていないことをはっきり明示する政治上の行為を行っているのです。

繰り返しますが、小和田氏の答弁は、裁判の内容をそういうものとして認識していると言っただけで、裁判そのもの、判決そのものを受諾し、判決の内容そのものに主権回復後も拘束されている、と言っているのではないということになります。

この第一一条に関する誤訳か誤訳でないかの問題は、次の節の敗戦利得者の問題のところでもう一度取り上げたいと思います。

いずれにせよ、主権回復後、軍事裁判による受刑者に対して、国会ではいずれも事実上満場一致によって受刑者の釈放について次のような決議がなされています。

昭和二十七年六月九日、参議院本会議「戦犯在所者の釈放等に関する決議」
昭和二十七年十二月九日、衆議院本会議「戦争犯罪による受刑者の釈放等に関する決議」

昭和二十八年八月三日、衆議院本会議「戦争犯罪による受刑者の赦免に関する決議」
昭和三十年七月十九日、衆議院本会議「戦争受刑者の即時釈放要請に関する決議」

その熱気たるや正に目を見張るものがあります。こうしたところを見ると、占領下で占領軍は熱心にWGIPを実行しましたが、占領下の日本国民は、心の底では大袈裟にいえば少しも影響を受けていなかったといえるのではないでしょうか。

波多野　一面では確かにそういえるでしょう。そこで、自虐史観の総結集ともいえるいわゆる東京裁判が日本国民にどう受け取られていったか、そこのところに焦点を当てて見てみるのも大切なのではないでしょうか。

杉原　そうですね。確かにそうですね。それで波多野先生はどのように言われたい訳ですか。

波多野　東京裁判は結局、敗者に対する「勝者による懲罰」と見なす外はありません。連合国側も、「復讐」ではなく「懲罰」という考えで一致していました。日本はこの懲罰を、国際社会に早期に復帰するために、已む無く受け入れたということになっています。

問題は、単に交戦法規など国際法違反というだけではなく、「文明による裁き」、「平和に対する罪」といった、第二次世界大戦後に連合国側によって作られた新しい法概念が適用されたことです。「文明による裁き」なら、なぜ原爆や東京大空襲が裁かれないのか。中立条約を侵犯して日本に侵攻し、そしてポツダム宣言の規定に反して日本兵六〇万人を違法に抑留したソ連が、何故「裁いた側」にいるのか。占領解除の時点で納得している人は少なかったでしょう。

東京裁判の判決文は、一週間にもわたって法廷で朗読されたのですが、多くの日本人は、そこで示された「侵略戦争」という歴史の見取り図を聞かされていきました。これを「東京裁判史観」と呼ぶならば、裁判自体の政治性の故に、永続的な歴史観として定着するに至るなどとは考えるべくもなかったのではないでしょうか。

杉原　論理的にも感情的にも無理ですね。

波多野　先ほど主権回復直後の戦争犯罪受刑者の釈放に関する決議の中に、「赦免」に関する決議をしたものがありましたね。それに関係していると思うのですが、戦犯釈放論の一つの根拠は、古典的な「大赦論」にありました。日本側弁護人であった滝川政次郎、林逸郎、清瀬一郎らは、戦争が苛烈であるほど双方が犯した罪は相互に「永遠の忘却」に付すところに真の平和があり、「正義」の原則のみでは平和構築は不可能であると主張しました。講和条約によって過去の戦争に区切りをつけ、悪感情の再燃を防ぐためには、通常の犯罪でない限りは責任を相互に免除すべきだという大赦論は、多くの日本側弁護人が当面の戦犯釈放の論理として依拠したものでした。

東京裁判の「正義」に異を唱えた「大赦」論は、古典的ではありましたが、一つの意味があったと思います。

杉原　なるほど。

波多野　ここで、少し脇道に入りますが、東京裁判を含む国際軍事裁判で、「裁いた側」の戦争犯罪が不問に付されたという意味で、あまり知られていない事例として、敗戦後、東南アジアのイギリス軍管理下で抑留された日本軍人に触れておきたいと思います。

イギリス軍は東南アジア各地の一〇万を超える日本軍人を戦後復興と食糧増産の目的で過酷な労働に従事させています。ソ連を除く連合国が日本軍人の送還を終了するのは一九四六年（昭和二十一年）七月ですが、それ以降も、彼らは作業隊として残った。彼らは「降伏軍人」と呼ばれていましたが、実質的には「捕虜」でした。一九二九年（昭和四年）成立の俘虜の待遇に関する条約」（ジュネーブ条約）によって保護されず、労働に対する賃金も支払われなかった。

当時、南方総軍下の将兵たちが、「捕虜」として扱われることを拒否し、自発的に降伏軍人の地位を受け入れ、復興事業に従事したので、「俘虜の待遇に関する条約」が適用されなかった、ともいわれますが、国際法に精通していれば、捕虜としての権利を主張できたという評価もありますので、残念な結果でした。

こうした「裁いた側」の犯罪行為を日本側が公然と問題にすることはありませんでしたが、講和条約の締結を契機として盛り上がった戦犯の釈放運動は、日本国民の釈然としない気持ちを反映するものだったとはっきりいえます。

だから、占領解除時点で、日本国民は、ＷＧＩＰにすっかり侵されていたとはいえない、といえるのです。

杉原　そうです。

波多野　しかしＷＧＩＰをすべて拒否していたかというと、それも言えないと思うんです。広義のＷＧＩＰによる洗脳について、ある意味で日本人が望んだという面がある。反省すべきだと考える人々も少なくなかった。

第三節で言ったことと重なりますが、東京法廷の開廷から半年前の昭和二十年十二月八日から主要各紙に連載された総司令部民間情報教育局提供の「太平洋戦争史」は、ある意味で日本人の戦争観の形成には影響が大きかったというべきだとも思います。翌年四月には冊子体として刊行され、二カ月後には再版されています。この「太平洋戦争史」は、東京裁判と一体となって、ＷＧＩＰプログラム遂行の一翼を担ったといってよいかと思います。

内容を一瞥すると、まず前半では、一九三一年（昭和六年）から一九四一年（昭和十六年）に至る一〇年間を「日独伊三国が世界制覇の政策を強引に推進した時期」とされ、日本軍国主義による内政と外政の支配のプロセスと共に、ドイツによる欧州制覇のプロセスが並行的に描かれる。この間、「平和と国際協調」を旨とする幣原、若槻といった日本の「穏健派」や「自由主義思想団体」は、一九三〇年代前半に力を失い、軍部に対抗する勢力としては無力であったことが、駐日大使ジョセフ・グルーの言をもって語らせています。

盧溝橋事件以来、軍事行動が拡大するなか、米国は日華双方に紛争の調停を申し入れるが、日本は応ぜず逆に事変を大規模なものにしてしまった。事変の遂行過程では、「近代史最大の虐殺事件」として南京事件が特記され、「二万人からの男女、子供が殺戮された事が確証されている。四週間にわたって南京は血の海と化し、切り刻まれた肉片が散乱していた」とその惨状を記しています。

開戦後の太平洋における戦闘史の叙述に全体の半分のスペースが割かれ、マッカーサーの戦争指導が称賛されています。既にマニラで開廷していた山下裁判や本間裁判を意識してか、バターンとコレヒドールにおける米フィリピン軍捕虜に対する「死の行進」やマニラにおける残虐行為が強調されています。

最終局面の連合軍による本土上陸作戦計画は、日本軍を最後まで戦わせ、「国家的自殺」に追い込もうとするものでしたが、並行して開発が進められた原爆は、「戦闘の終結を促進し、数千の人命を救うため」であった、と弁明しています。

総司令部による言論・報道統制の重要なポイントの一つは、原爆投下による非戦闘員の大量殺傷が国際法違反であり、戦争犯罪であるという報道を封ずることにあったのですが、それを意識し、原爆投下の正当性を示しておく必要があったのでしょう。

繰り返しますが、この「太平洋戦争史」は、序言において、「日本国民は如何にして敗れたか、又如何に軍国主義によってかかる悲惨な目に遭わねばならぬか」を理解させることにある、と述べています。併行して民間情報教育局がＮＨＫのラジオ・ドラマ形式で流した「真相はこうだ」と共に、日本国民に対する、一種の歴史教育がその狙いであったと見なすことができます。

この「太平洋戦争史」は随分、強引な論証でもって日本がかかる悲惨な目に遭ったのだと言っている訳で、かなりの部分に、日本国民は納得していなかったと思います。が、しかし、日本に反省すべき点があるということにおいては、共感しうるものがあったのではないでしょうか。共感している日本人がいたのは確かでしょう。

杉原　完璧なる敗戦のもと、アメリカに対して復讐戦、報復戦を発想できるような状況ではなく、憲法第九条第一項の、「国際紛争を解決する手段」としての戦争の放棄は十分に日本国民は納得し受け入れたでしょう。

でも、中国との戦争も含めて考えてよいでしょうが、日米開戦の責任を一方的に日本側のみに着せる、日本が侵略戦争を始めたという「侵略戦争論」を受け入れることはそれほど容易なことではなかったでしょう。

波多野　私は「太平洋戦争史」で自虐史観、東京裁判史観を語る場合、日本から見て相対的に同意できる部分と、受け入れられない自虐史観の核となる部分とを分けて論じなければならないと思っています。

核となる部分は、いうまでもなく、我々日本側も、戦うだけの理由があり、それを論じるのを封じたということだと思います。彼らの押し付ける「侵略戦争論」を日本人は受け入れた訳ではないけれど、「侵略戦争論」を押し付けられることによって、日本側の大義を一切論じることができず、そこに江藤淳式にいえば「空白の言語空間」が生まれたと思います。

杉原　波多野先生に言われてみれば、そういえるでしょうね。

波多野　その空白を突いてマルクス主義の影響が出てきます。

「太平洋戦争史」より少し後のことになりますが、戦前からのマルクス主義史学や、それに依拠する「天皇制ファシズム論」が歴史学や歴史教育に圧倒的な影響力を持ち、日本をして「改造されるべき邪悪な国」といったイメージが広がっていったことも重要です。殊に言論界では、太平洋戦争を帝国主義戦争や侵略戦争と決めつけることを前提とし、その戦争責任を一体、誰が引き受けるのか、といった形で議論がなされ、太平洋戦争に一片の「義」や「名分」を認めることはなかったことです。一片の「義」や「名分」を認めなかったその典型が占領解除のことですが、昭和三十年に刊行され、国民に広く読まれた遠山茂樹ほか『昭和史』(岩波書店　一九五五年)だったと思います。

東京裁判が行われた一九四〇年代の後半は、マルクス主義による歴史観、階級史観が学会の主流となっており、判決文の歴史観を大枠で受け入れる土壌が作られていきました。その潮流に乗って、「東京裁判史観」は、内容と形を少しずつ変えながら一九六〇年代まで、更にいえば、今でも根強く続いているとはいえるでしょう。

杉原　マルクス的言辞は、検閲で排除の直接の対象ではなかったので、占領下では寧ろ歓迎されているところがあった。戦争の贖罪意識を培う目的では手を繋ぐところがありました。日教組（日本教職員組合）は昭和二十二年占領軍の支援を受けて誕生しましたが、これが当初から共産党や社会主義政党の影響を受けていたんですね。そんなことが占領下で可能だったんです。

占領末期にレッド・パージというのがあります。占領軍も、占領後半は、やはり気がついて共産主義者を排除しようとします。つまり、一九四六年（昭和二十一年）の公職追放令による公職追放に準じた公職追放をしようとします。このレッド・パージによって、確かに民間企業、官庁も含め新聞社やＮＨＫから解雇される人がかなり出ました。日本政府の音頭取りによって昭和二十五年に職場を追われた者は多く見積もれば約一万三千人程度のようです。しかし、ポツダム宣言の字句に直接基づいた一九四六年（昭和二十一年）一月四日のいわゆる公職追放令に拠る公職追放に比べれば極めて小規模です。この公職追放令によって追放される者は、教職追放も含めていうと、約二一万人の人が追放されました。

波多野　だから、杉原先生は、レッド・パージの言論界に対する影響は、それほど大きいものではなかったと言われる訳ですか。

杉原　左翼の言論が活発になっていく訳ですから、敢えて言えば、そうですね。言論の自由を認めた日本国憲法のもと、言論の自由をあからさまに弾圧することはできなかった。

それより先ほど波多野先生が言われたマルクス主義史観や階級史観そのものですね。このような史観の論述は、検閲で直接の削除の対象ではなかったから、論じられてきた訳で、それが占領解除と共に一挙に花咲き乱れることになる。戦前は、治安維持法によって、官憲から直接弾圧されていたから、なかなか表に出して表現することができなかったけれど、日本国憲法下の表現の自由のもと、社会主義、共産主義の言論は自由に表現でき、社会主義者、共産主義者にとっては、言論界で未航海の大海原が広がったような感じになります。

例として、一人だけ人物を挙げて説明しておきます。柳田謙十郎という人がいます。明治二十六年の生まれです。彼は四十歳ころ西田哲学を信奉します。彼は西田幾太郎の人格と思想について、「これこそまさに私が十数年来求めてやまなかったところのものであり、世界最高の真理として私の人生のよりどころとすることのできる唯一の哲学」とまで言って西田哲学に心酔します。にも拘わらず、昭和二十五年、五十七歳の時にマルクス主義に転向します。そして昭和二十八年の時点ですが、「私は今、民主主義者であり、唯物論を以て哲学最高の真理と考え、社会主義をば我々の政治実践の原理として行動するばかりでなく、さらに共産主義を以て歴史発展の究極の形態であると信ずるものである」とまで言います。共産党に入党したのは、昭和三十五年、六十七歳の時ですが、共産党への入党はともかく、占領解除後、いかに共産主義、社会主義の思想が猖獗を極めたか、この人物の例で、実によく分かります。

波多野　そこで杉原先生に問いたいのですが、杉原先生はマルクス主義にどのような考えを持っておられるのですか？

杉原　私がマルクス主義についてどう考えているか、ですか？　私ははっきり言ってマルクス主義には正しい側面があると思っています。貧富の差を無くそうというそのこと自体は正しいと思います。マルクス経済学は、経済学としては極めて幼稚な経済学だと結論しているのですが、貧富の差を無くそうとしたこと自体は正しく、それが戦前でも、日本の知識人に広がっていた。

波多野　戦前、マルクス主義や社会主義の思想は、労働者や農民の間で広がったのではなくインテリの間でまず浸透していったといわれますね。

杉原　そうです。戦前、インテリになるために大学に進んだのはいわゆる有産階級で、生家が地主など裕福でないと大学には進めません。その人たちが、資本主義は、労働者を搾取する経済制度だといわれた時に、心優しければ心が疼く訳ですね。

今ではあまり知られなくなった作家で大正十二年に亡くなった有島武郎という作家がいますね。彼は北海道で所有していた広大な農園を投げ出して小作者の共同所有にするんですね。これほど社会主義、共産主義の思想は、インテリに、そして軍部の一部に影響を与えたんですね。

しかし、マルクス主義、共産主義は、全体としては間違いです。一挙に、労働者や農民だけの平等な国家を作ろうとすれば、暴力によってしか国家を作ることができない。そしてそれぞれの国の伝統や文化を破壊することになり、それを正義だと言い張ることになる。

でも、一面では確かに正しいから、占領が終わると、占領軍が植え付けようとしていた反戦の感情が底にあって、あっという間に広がり、言論界を席巻する。そして資本主義の否定だから、反米親ソとなる。そして、占領に対しても、それは、結局は日本を総ぐるみアメリカ帝国主義の支配下に置くことが目的だったということになります。

波多野　ここまで来ると、話は最初のところに戻りますが、アメリカのWGIPは成功したのか、どう考えたらよいのか分からなくなりますね。

戦争に対する罪悪感を培養、植え付けることには成功したように思え、一九四五年（昭和二十年）占領開始時の「降伏後ニ於ケル米国ノ初期ノ対日方針」の最初に書いてあった「日本国ガ再ビ米国ノ脅威トナリ、又ハ世界ノ平和及安全ノ脅威トナラザルコトヲ確実ニスルコト」は完璧に実現しましたが、反米となってソ連に付いては元も子もない。

杉原　アメリカもそこまでは読むことができなかった…。

波多野　私は、ここでも、思うんです。占領期間中、アメリカが言うところの太平洋戦争で日本にも戦う理由があった、という「大義」について一切語らせなかった。このマイナス面が占領解除後、顕著に出てきたと思います。

杉原　今から思えばあまりにも大きな愚策でしたが、終戦に向けて、日本はソ連に仲介を頼もうとした。ソ連はそのような日本の仲介依頼を逆に騙すような形で、なお且つ日ソ不可侵条約がまだ有効であったのに、日ソ不可侵条約を一方的に破って日本に侵攻し、更にはポツダム宣言に書いてあることを無視して、日本兵約六〇万人を拉致し、労役に使った。その間多くの兵士が亡くなった。それだけの非道を重ねながら、占領期間では、「ロシアに対する批判」は検閲において削除及び掲載禁止となった。ソ連に対する批判は一切できなかった。

暴力革命を肯定する共産主義者にとっては何でもなかったでしょうが、逆に、ソ連の悪行を思い出してソ連を許せないと思っている兵士にとっては、ソ連に抑留されたとき、その抑留の過程で社会主義の正しさを説かれたとき、戸惑ったでしょうね。

ですから、私はこの点でも思うんです。WGIPは必ずしも成功していたとはいえなかった、と。

マルクスの唱導する社会主義や共産主義は搾取のない平等な社会を築くということで、支持する人は、良心に基づいて支持している訳ですね。また、それ故に大戦末期に行ったソ連の悪行も目を瞑る訳ですね。そして、アメリカの強いた東京裁判史観にも反戦思想に利用できるところがあるとして、積極的に肯定する訳ですね。とすると左翼にとっては占領軍が培養し植え付けようとした戦争への贖罪意識は、社会主義、共産主義信奉の手段として利用しようということになりますね。でも、私は、やはり、日本人全体として、少なくとも昭和三十九年（一九六四年）の東京オリンピックの頃までは、戦争体験が風化していなかったと思うんです。そうすると、社会主義や共産主義に靡かない方の人たちにとっては、WGIP

の効果は極めて限られていたというより外はありません。そのことによって日本人全体にとってもＷＧＩＰの効果は限られていたと思うんです。

波多野　杉原先生は、そういう風に考えておられる訳ですか。ともあれ、独立回復後、戦前からのマルクス主義史学や、それに依拠する「天皇制ファシズム論」が歴史学や歴史教育に圧倒的な影響力を持ち、猛威を振るったことは事実です。

私として言いたいのは、ＷＧＩＰの核としてアメリカから見た戦争観を押し付けるため、日本側に存在していた戦争の大義を議論させなかったのは、この左翼の問題から考えても、占領解除後、非常に大きく負の効果を齎した、ということです。

杉原　本節が少し長くなりましたから、この辺りで最後に申し上げておかなければならないと思うのは、高坂正尭が昭和四十三年に出版した『宰相吉田茂』（中央公論社　一九六八年）です。

私は阿羅健一氏との共著『吉田茂という反省－憲法を改正しても、吉田茂の反省がなければ何も変わらない』（自由社　二〇一八年）で詳しく述べているんですが、高坂は、そのころ厳しい批判に晒されている吉田を、その評価を不当であるとして、「彼の外交はめざとい計算とともに、第二次世界大戦後の国際政治の構造の鋭い認識に根ざすもの」と高く評価したんですね。

私から言えば、吉田に対するこんな馬鹿げた評価はない。私に言わせれば、占領期という重要な時期に、為すべきことを為さず、為すべからざることを為し続けた吉田は愚人の中の愚人であるということになるんですが、しかし、私は、高坂が吉田を高く評価した昭和四十三年の時期には、吉田を高く評価することの必要さというものが社会的に在ったと言っているんです。

それは昭和三十五年のいわゆる安保闘争があることから分かるように、日本は分裂するのではないかと思われるほどに国論が分かれていた。先ほど語り合ったばかりですが、左翼の親ソ反米は物凄く猛威を振るっていた。経済学的にはマルクス経済学の方が優れているように見えた。

そういう状況の中で、年々経済的に豊かになっているのを根拠に、それを吉田が親米路線を選択したからだといえば、左翼に対して唯一防戦することができ、国民を説得することができた。

実際は、占領解除後、日本が親米となったのは、選択でも何でもなく、親米である以外に主権回復の道はなく、必然不可避の親米路線ですが、それを吉田の慧眼の所為だとして、親米路線は吉田が選んだことにし、それ故に、昭和三十九年には東京オリンピックの開催に漕ぎ着けるなど、日本の復興繁栄は成ったのだといえば、国論の統合に繋がる訳ですね。高坂の吉田を高く評価する意義は、その時点では在ったということです。

あれだけ打ちのめされて、あれだけ悲惨な焼跡の中から僅か十九年で東京オリンピック開催に漕ぎ着けた訳です。国民は一心不乱に努力しました。と、すると、この偉業を称えるのに誰か英雄が必要なのです。そうすれば差し当たり吉田茂しか目に付くものがない。吉田茂が何をし、何をしなかったかが、まだ十分に鳥瞰的に明らかになっていないこの時点では彼を大宰相として英雄にする以外にはない。そういう意味で高坂の吉田を高く評価する意義は、この時点では在ったということになります。

そこで、今、波多野先生に言われて思うのですが、もう一つ付け足すことがあります。それは、この時期に、占領期封じられていた、かの戦争で我が国が持った大義について語ることができるようになったということです。その限りでは、すでに存在しなくなった占領軍、そして駐留するアメリカ軍と何ら争うことなく、日本にも大義があったのだという思いと重なる形で、日本が豊かに成ったことを背景に、アメリカと張り合う英雄が必要となり、吉田を高く評価するようになったということです。

波多野　それでは、その辺りのことを、占領軍のＷＧＩＰは成功したか、しなかったか、次の節でもっと語り合って明らかにしましょう。

第六節　居並ぶ敗戦利得者

波多野　前節でＷＧＩＰは成功したのか、ということで話し合ってきましたが、結論は、占領軍のWGIPは必ずしも成功していたとはいえないのではないか、ということであったと思うんです。そこで、杉原先生の強調しておられる「敗戦利得者」の問題を扱わなければならないと思いますが、杉原先生、どうですか。

杉原　そうだと思います。対中国の戦争も含めて、日米戦争の原因を全て日本側に押し付けたアメリカの戦勝国史観が、敗戦からの七年間占領されたといっても、それで多くの日本人が生々しい戦争の記憶がある中でそう簡単に洗脳される筈がありません。日本が敗れ、アメリカが勝った戦争だから、アメリカの戦勝国史観を一応は聞くけれど、心から靡く筈はありません。だから主権回復をすると直ちに連合国によって戦争犯罪者として服役している者への釈放を日本国民は大声で叫ぶ訳ですね。

波多野　にも拘わらず、現在は、アメリカの戦勝国史観とまでは言わなくても、東京裁判を中心とした自虐史観が日本には明確に生き生きと息づいている。

杉原　その点で、「敗戦国利得者」の存在と、その負の行跡を明らかにしなければなりません。第三章の第三節、「自虐史観とは何だったか」のところで、有馬哲夫氏の紹介したクリストファー・シンプソンの「強制の科学」、つまり「コミュニケーション論」を紹介しましたね。洗脳のためのコミュニケーションの第三の柱は、洗脳の目的を与える制度の構築ということでした。洗脳を受け入れざるをえないような制度の構築というようなことです。これを考えなければならないとありました。

そういう広い観点から見た場合、アメリカに依る日本の占領の場合、敗戦利得者の存在と、その負の行跡を見てみなければならないということです。

波多野　大規模な見方ですね。

杉原　鳥瞰的な見方です。

波多野「敗戦利得者」という言葉は、平成二十九年に亡くなった渡部昇一氏が最初に使ったと聞きましたが……。

杉原　そうです。渡部昇一氏が言っていましたが、「敗戦利得者」という人たちが居ます。渡部氏の場合、占領期に卑怯な行動を取った一部の知識人を指して言っていましたが、私の場合はもっと広いんです。日本が敗戦し、占領軍が昭和二十一年（一九四六年）一月四日に出した公職追放令に拠って、戦争責任があるとして公職から追放された人たちがいますね。公職だけではなく、財界、言論界にも職場を追われた人がおり、約二一万人の人が職場を去りました。これによって、その空いたポストに就いた人が要するに敗戦利得者です。この人たちには高いポストにやがて就くべき人で、単に早めに就くことになったに過ぎない人もいますが、多くは、通常では絶対にそうしたポストに就ける筈のないのに、公職追放があったために就くことができた人たちがいます。純粋な敗戦利得者ですね。更に敗戦利得者には、戦争責任があって本来はポストを失われなければならない筈なのに、旨く立ち回り、あるいは画策して、そのポストを守り抜いた人たちも含まれます。この人たちも渡部昇一氏が言っていた「敗戦利得者」という言葉の中に含めて問題ないでしょうね。
そして逆算していうと、この人たちには共通した社会的な性格というものがあります。敗戦利得者というのは、かの戦争で戦地で斃れていった兵士や空襲や原爆で死んだ人たちの思いを受け止めていないことですね。かの戦地で敵の銃弾に当たり、病気となり、飢えて死んだ人たちの思いを無視し、自己の利益のみに走り、空襲や原爆で焼け死んでいった人たちの思いを汲もうとはしていなかった。
敗戦利得者のことを考えるとき、この共通の社会的性格をいつも考えておかなければなりません。

波多野　杉原先生は、敗戦利得者を考えるとき、年齢に関わる世代の問題もあると言われていますね。

杉原　そうです。敗戦利得者の行為は卑怯な行為として見ることができるのですが、それを年齢的な「世代」でも見ておかなければなりません。振り返ってみると、かの戦争で最も多くの犠牲者を出したのは、昭和二十年（一九四五年）八月十五日に二〇歳から三五歳だった人たちです。即ち大正生まれの人たちだったということになります。更に思い返してみれば、かの戦争はこの八月十五日に三六歳から六〇歳までの人たちが日本を動かしていた時に起きた戦争です。つまり、かの戦争は明治後半に生まれた人たちが日本を動かしている時に起きた戦争です。その動かしていた人たち二一万人が占領下で公職追放によって、国家、社会の指導的地位から追われた。そして、その空いたポストに就いた人たちも、実は、八月十五日に三六歳から六〇歳の明治後半に生まれた人たちだった。この人たちの圧倒的多くは、敗戦がなければこうした地位には就けない人たちだった。私から見れば、志が低く、他者を思いやらず、個人的利益のみを追求する人たちだったといわざるをえません。

この敗戦利得者に関係すると思うのですが、私は、今年春、明星大学戦後教育史研究センターの研究紀要『戦後教育史研究』第三四号で「戦後教育から見た戦前教育の一側面－唐木順三『現代史への試み－型と個性と実存』を介して」を書きました。敗戦利得者世代の教育の弱点を纏めたものです。

波多野　杉原先生も言われるように、確かにかの戦争は、明治後半に生まれていた人が日本を動かしていた時期の戦争であり、最も犠牲になったのは、大正に生まれた世代ですね。そして杉原先生の言われる敗戦利得者も考えてみれば、明治後半に生まれた人たちといえるのでしょうね。

杉原　それで、ＷＧＩＰの効果を考える上で、まずは敗戦利得者の生き様を具体的に人物を挙げて見てみようと思うのですが、どうでしょうか。

波多野　是非、挙げてみてください。

杉原　それでは先ず第一番目に挙げたいのは、当時の東京帝国大学の法学部教授宮沢俊義ですね。これは最近出た高尾栄司氏の『ドキュメント　皇室典範－宮沢俊義と高尾亮一』（幻

冬舎　二〇一九年）に出ています。

一九四六年（昭和二十一年）二月十三日、いわゆるマッカーサー草案なるものが日本側に突き付けられました。幣原喜重郎内閣の、憲法問題調査委員会の委員を務めていた東京帝国大学法学部憲法学教授の宮沢俊義は、秘密のために占領軍から番号を付してまでして渡された厳秘の草案を入手することができました。すると宮沢は、その極秘の文書であるマッカーサー草案を、その日の内に南原繁東京帝国大学総長のところに持ち込んだんです。翌日、南原の下で、法学部の主だった教授が集められました。そして学内に憲法研究委員会が立ち上がり、宮沢はその委員長に就任したのです。

時は、同年一月四日に発令されたいわゆる公職追放の嵐の吹き荒れている真っ最中です。占領軍に睨まれたら、たちまち帝国大学法学部の教授の地位を失う恐れがあります。法学部には他にも公職追放になる恐れのある教授はいました。その人たちも含め、法学部の教授たちは、マッカーサーの提示したいわゆるマッカーサー草案なる憲法改正案に平伏したのです。そして、研究としては未消化のままにこのマッカーサー草案を元にして、その後に改正されてできた日本国憲法の解釈を行う訳です。

悲惨なのは、天皇や政教分離に関する解釈です。

この問題はこの対談本と同時に出版する続編のテーマですから詳しくはそこに譲ることにしますが、第一条の「天皇は、日本国の象徴であり日本国民統合の象徴であって」の「象徴」

ですが、これはマッカーサー草案のまたその元となった、マッカーサー三原則の最初の「天皇は元首である」から出てきた表記であって、つまり「元首」であるが故に「象徴」となった訳です。それを知らないで占領軍に媚びて解釈すれば「象徴」である故に「元首」ではないという解釈になる。東大法学部は後者の解釈を正しい解釈であるとして喧伝し、そしてそれが今日の日本の官民挙げて〝公式〟解釈になっている訳です。

「象徴」は「天皇は元首である」という指示によって出てきたものだと分かったのは、日本では、昭和二十六年です。アメリカの公表文書によって知ることができるようになりました。しかし日本のことを考えず、占領軍に媚びることを優先した彼らは解釈を変えようとはしませんでした。

宮沢の不届きなのは、マッカーサー草案を突き付けられる以前にもありました。

昭和二十年九月二十八日、外務省において憲法改正について講義をしたとき、原則的には運用の問題であり、変える必要はない、というに等しいことを言い、その後、外務省内で外務省官僚によって考えられた憲法改正構想より遙かに劣ったお粗末極まる改正論しか話さなかったのです。また、その後幣原内閣の下で、憲法問題調査委員会の筆頭委員になりますが、そこでけしからないと思うのは、憲法改正に関するアメリカ側の意向は、別途に憲法改正を検討していた、東久邇内閣の副総理をしていた近衛文麿に伝えられており、そこから報告や意見を聴取しておれば、昭和二十一年二月一日、『毎日新聞』がスクープしマッカーサーを激怒させた憲法問題調査委員会の改正案のようなものを作る筈はなかった。余りにも微改正の改正案である故に、マッカーサーは激怒し、憲法改正案をアメリカ側で作ることになった。そんなことを考えると、宮沢俊義の憲法改正に関する失態は今まで考えられていたより遥かに大きいということになります。

そんな宮沢が、公職追放に脅えて一夜のうちに占領軍に平伏すこととなる。そして先ほど述べた高尾氏の本に出ていますが、皇室典範の審議では、男女平等のため女性も天皇になれるようにすべきだと主張し、占領軍に媚びようとします。

宮沢も含め、当時の東京帝国大学法学部の糾弾については、倉山満『東大法学部という洗脳』(ビジネス社　二〇一九年)があります。また「昭和12年学会」というのがあって、そのホームページに倉山氏の「昭和12年の宮沢俊義」という論文が掲載されています。読まれるとよいと思います。

波多野　杉原先生は、どこかで同法学部の横田喜三郎も敗戦利得者として指摘されていませんでしたか。

杉原　そうです。横田喜三郎については、この章の第二節でも関連することで少し触れましたが、昭和二十年十月付となっていますが、外務省の中で、「ポツダム宣言及び降伏文書の法的性質、ポツダム宣言及び降伏文書と主権」なる報告を行っています。そこでは「ポツダム宣言」は条約として解することができるとはっきり言っているんです。紹介しておきましょう。「ポツダム宣言ヲ内容トシテ含ム降伏文書ハ上述ノヨウニ国際合意デアリ、シカモ文書ニヨル国際合意デアル。一般ニ文書ニヨル国際合意ハ実質的意義ニオケル条約、マタハ広義ニオケル条約トイハレル」と言っていたんです。更にはですね、九月二十四日に日本人にも知らされることになった「降伏後ニオケル米国ノ初期ノ対日方針」や「連合国最高司令官の権限に関するマッカーサー元帥への通達」については「アメリカの内部文書」であり、直接日本を拘束する文書ではないとまで述べていたようなのです。

が、翌年昭和二十一年十一月三十日に出した『ポツダム宣言と日本の将来』(社会教育連合会　一九四六年)では「はしがき」の初っ端から「日本は太平洋戦争に完全に敗れ、無条件降伏をした」と述べているのですね。同じ口から出た言葉とは信じられません。

既に第一章で述べたと思いますが、その横田は昭和十六年、国際法学者として、日米開戦時の、宣戦布告になるのかどうかと問題となるあの「最後通告」文について、外務省から相談されて、問題ないと太鼓判を押すんですね。それなのに戦後は、つまり、公職追放令が出て以降は、「最後通告」は国際法上宣戦布告にはならないと言い出し、昭和二十三年八月には、天皇制は民主主義に矛盾すると言い出し、昭和天皇退位まで言い出しました。

そんな横田が、その後最高裁判所判事になり、昭和五十六年、文化勲章が授与されるんですね。横田も典型的な変節の徒であり、典型的な敗戦利得者ですね。

波多野　杉原先生は、教育学者として、教育学関係にも典型的な敗戦利得者がいると言われていますね。

杉原　そうです。私は人を非難することはあまり好きではないのですが、公共性があるから言わなければなりませんね。私の『新教育基本法の意義と本質』（自由社　二〇一一年）で詳しく述べています。海後宗臣です。この人は戦時中は東京帝国大学文学部教育学科の助教授でした。戦後は、東京大学教育学部を創設した人といってよいでしょう。戦争中は当然ながら戦争に協力していました。それで追放になる恐れがあったんですね。

占領軍は一九四五年（昭和二十年）十二月三十一日に「修身、日本歴史及ビ地理停止ニ関スル件」なる指令を発してこれら三つの科目を中止するという指令を発します。海後は回想の記録で、このとき相談を受けて占領軍は酷いことをするものだと思った、というようなことを書いていたんです。が、昭和五十九年、アメリカの公開された占領文書の研究が進んで分かったのですが、アメリカ側の史料では、海後は事実上、逆のことを言って占領軍のこの指令を唆すような勧告書を提出していたことが分かったんですね。

それればかりではありません。先ほどの修身停止の指令は、軍国主義的要素の削除が済むまでの一時的停止の指令だったんです。再開を前提とした指令だったんです。そしてこの指令を担当した担当官は、この「修身」の科目を評価していたんですね。しかしその後、海後は、占領軍に迎合するつもりで「社会科」の開設を進言するんです。社会科は、児童生徒の社会生活に関わる科目ですから、社会科の開設は、修身再開は不要ということに成っていきます。

つまり海後は、日本の教育の伝統であり、アメリカの担当官も評価していた「修身」を潰した張本人になります。これで日本の教育は戦前との繋りが切れてしまうんです。

こんな経緯を知らなかった日本の教育界では、占領軍が、修身は非民主的なので潰したと思い、そういうことで定着し、日本の教育において、戦前の教育と戦後の教育の関係で、大変不自然な関係に陥ります。戦後の教育の中核となる教育基本法は明らかに教育勅語に敬意を表しながら制定されたのに、教育勅語は教育基本法に依って否定されたと逆の関係でいわれることになる訳です。この不自然な関係を無理矢理に当然の関係とする訳ですから、戦後の日本の教育学は正常なものではなくなるんですね。

波多野　杉原先生は教育学者だけあって、教育については指摘が鋭いですね。

杉原　ともあれ、海後の「敗戦利得者」としての行為によって、日本の教育学は不正常になって今日に至っています。もっとも、最近、道徳が教科として復活し、教育学の対象たる教育は少しは正常化しました。

波多野　敗戦利得者について三人の学者を挙げられましたが、官僚にも剔出したいと思っておられる人がいるんではないですか。

杉原　居ます。私が言うまでもないことですが、日米開戦に当たって「最後通告」を指定時間に手交できず、日本海軍の真珠湾攻撃を無通告の攻撃となさしめ、アメリカの国民をして「リメンバー・パールハーバー」と叫ばせ、日米戦争を原爆投下まで拡大させる原因たる事務失態を犯した二人の人物、日米開戦時、ワシントンの日本大使館にいた参事官井口貞夫と一等書記官の奥村勝蔵ですね。

　この二人が、占領終結前後に、外務次官に栄達しました。吉田茂の采配に因るものですが、しかし二人としても、このような辞令を受けるべきではなかった。

「最後通告」の遅延が日米戦争をいかに凄惨なものにしたか。ルーズベルトがその事務失態を活用したからには違いありませんが、降伏交渉を一切受け付けないとする無条件降伏方式をアメリカ国民が支持して疑わなかったのは、日本が意図的、計画的に騙し討ちをしたと思い込んでいたからですね。トルーマンが広島、長崎に原爆を投下したとき、その度ごとに、真珠湾の仇を討ったと言ったんですよね。真珠湾「騙し討ち」に関わる事務失態がいかに大きな問題かということですね。

　二人は外務省にあってそのことを知っている訳ですね。だとしたら、一職員として留まっているならばまだしも、外務省の最高官職外務次官に就任し、さらにその後、井口は駐アメリカ大使、奥村は駐スイス大使を務めます。

　吉田の采配とはいえ、それを受ける二人は典型的な敗戦利得者ですね。彼らには、東京空襲や沖縄戦、そして広島、長崎で叫びながら死んでいった人たちの思いは受け止めることができなかったのですね。典型的にして想像を絶する敗戦利得者ですね。

波多野　確かに、真珠湾「騙し討ち」は、アメリカ人の戦意を大きく高揚させてしまったのですが、第一章第五節でも少し述べましたが、問題は誰かにあるというより、構造的に見て、対米開戦を「自衛戦争」と見なしてしまった、そのことに根本的には原因があるように思います。そのために「最後通告」の文言は曖昧であったし、通告も三〇分前というぎりぎりのものとなった。そのような状況を考えた上で、その上で個人を特定するとすれば、ご指摘の二人にありますが、この二人から反省の弁は聞いたことがありませんね。

杉原 敗戦利得者にはそうした反省の弁はないのです。

波多野 まだ他に、敗戦利得者の典型として挙げたい人がいますか?

杉原 政治家としては、当然この対談本のテーマである吉田茂が突出した敗戦利得者であり、敗戦利得者の親玉ですが、もう一人、政治家として典型的な敗戦利得者だとしていっておかなければならない代表として、佐藤栄作を挙げておきましょう。

佐藤は、占領と関係して沖縄返還という賞賛すべき業績があるのですが、吉田茂自由党総裁のもと、昭和二十九年、造船疑獄事件を起こします。個人的利益のためのものではないのですが、自由党幹事長であった佐藤は、逮捕寸前になります。どれほど逮捕寸前かといえば、彼の自宅にはぎっしりと記者が囲み、逮捕の瞬間を把らえようとしていたんです。そのとき、吉田茂が法務大臣を使って指揮権を発動させて逮捕を免れさせるんです。その後、昭和三十五年から昭和三十九年まで続いた池田勇人内閣で、吉田茂によって執拗に次期首相として推薦されるんですね。勿論、佐藤も吉田へ日参していました。

本来、刑務所の塀の中で過ごす時期があってもおかしくない人です。そうすれば首相のチャンスは無かった人です。佐藤は長期政権となり、最後にはノーベル平和賞も授与されます。吉田茂と同様とても幸運な人です。

その彼が、首相任期中に、吉田茂が亡くなり、これを国葬にします。敗戦利得者としての吉田のことは、この対談本の続編でじっくり話し合うことになると思いますが、この国葬は、集団と化した敗戦利得者集団の勝利の儀式のような意味になります。

敗戦利得者はかの戦争で死んでいった人たちの思いを受け止めないと、この第六節の始めで述べましたが、佐藤は、東京空襲の司令官カーチス・ルメイに航空自衛隊の設置に功労があったとして勲一等旭日大綬章を授与します。東京空襲で死んでいった一〇万人の国民のことを思えばとてもそんなことはできません。

昭和天皇は、国民の思いを受け止めて、親授しなければならないのに、憲法違反を犯して、ルメイには親授しなかったといわれています。昭和天皇としては、昭和二十年八月十五日玉音放送の「終戦ノ詔書」の一節にある「帝国臣民ニシテ戦陣ニ死シ職域ニ殉シ非命ニ斃レタル者及其ノ遺族ニ想ヲ致セハ五内為ニ裂ク且戦傷ヲ負ヒ災禍ヲ蒙リ家業ヲ失ヒタル者ノ厚生ニ至リテハ朕ノ深ク軫念スル所ナリ」の通りの行為だった訳ですね。

波多野　昭和天皇は、国民のことを思って筋を通されたということですね。

杉原　そうです。佐藤栄作について、ここまでの私の言動では、この対談本の読者の中にピンとこない人がいるかもしれませんね。佐藤栄作の罪状として纏めておきますね。

佐藤としては占領期の佐藤の側近として吉田の為したことには誤りがあり、日本を歪めてしまったということを十分に知っていた筈です。しかし彼は、それを是正しようとしたのではなく、吉田茂の死を国葬にすることによって、彼を大宰相に位置づけ、吉田への批判を封じ、吉田の作り上げた日本の歪みを固定化させ、それを国民が気付くことができないようにしてしまったんです。そして将来、その歪みを是正しようとする者が出てきて是正しようとしても、それは甚だ困難で是正できないものにしたことです。吉田によって生まれた日本の歪みを「吉田茂という病」と呼ぶならば、佐藤はその病を慢性化させ、重症化させ、治癒し難いものにしたということです。

佐藤が吉田によって首相になることができた訳ですから、吉田に個人的に恩義を感じるのはそれは良いでしょう。しかしその恩義を国家全体のものにして国民を騙し、吉田の為した失政を失政として糾弾できないものにしたというのが佐藤の罪状です。

波多野　杉原先生の佐藤批判、厳しいですね。この流れに沿ってですが、杉原先生は、ここで吉田茂も敗戦利得者の一人として話されておいた方がよいのではないですか。

杉原　そうです。吉田茂は単に敗戦利得者の一人というのでは済まされず、正しく最大の敗戦利得者で、敗戦利得者の親玉として位置づけることができます。敗戦利得者であるというその流れからどうしても吉田茂の批判をしておかなければなりませんね。結局、吉田茂は先ほど述べた昭和二十年八月十五日玉音放送の「終戦ノ詔書」を、敗戦利得者の親玉として、他の敗戦利得者と共に平然と踏み躙ったことになるんですね。

昭和二十一年四月十日、総選挙が行われますね。婦人参政権の実施のもと、三九人の婦人代議士が出た選挙ですね。この選挙で鳩山一郎の率いる自由党が一四〇人当選し、第一党となりました。そこで鳩山が首相となる筈でした。そのとき、鳩山は公職追放となるんですね。それで吉田が鳩山に頼まれて、内閣を組閣することになった訳ですから、この点だけで見ても、吉田は典型的な敗戦利得者ですね。

そうした手続き、形の上で敗戦利得者というだけでなく、吉田のものの考え方、判断の仕方が典型的に敗戦利得者のそれでした。

この話は、私が阿羅健一氏と対談してできた『吉田茂という反省―憲法改正をしても、吉田茂の反省がなければ何も変わらない』（自由社　二〇一八年）では話しておらず、その後に改めて言っておかなければならないと気が付いたのです。既にこの章の第二節で簡単に触れたのですが、ここで詳しく言っておきます。吉田は憲法改正の帝国議会で、ポツダム宣言受諾による降伏に対して、「無条件降伏をした」と答弁していたんですね。

吉田は昭和二十一年七月四日、衆議院本会議であっさりと次のように答えています。

内閣総理大臣　吉田茂　ポツダム宣言は条件なりやと云う御尋ねでありますが、是は条件ではなくして、日本降伏の条項の内容を成すものであります。ポツダム宣言は日本降伏の内容を成すものであって、所謂条件ではありませぬ。

これは何ということですか。終戦末期の命がけでポツダム宣言として有条件降伏を勝ち取った人たちの努力はどうなるんですか。

ポツダム宣言が出て終戦に向かわせるために外務省内の、有条件だと解釈して軍部を説得した努力はどうなるのですか。確かに、九月二十四日に公表された九月六日付のアメリカ政府からマッカーサーへの伝達たる「最高司令官の権限に関するマッカーサー元帥への通達」では、日本との関係は、「無条件降伏を基礎とするものである」となっていましたよ。しかしこれはアメリカ政府内の内部文書です。日本がどんなに窮地に立っていても、形式上ははっきりいえるところの有条件降伏であることを言い張るのが、占領期の首相の役割というものでしょう。占領軍の権力がどんなに大きいものであろうと、形式的にはいえる有条件降伏をあっさり引き下ろして、しかも憲法改正の帝国議会でそのことを言うとは、吉田がいかに戦争で死んでいった人たちの思いを受け止めていなかったかを物語っています。

前節、第五節で波多野先生は、日本人に自虐史観を抱かせるためのＷＧＩＰの核は、日本人に、かの戦争に関する大義、日本側から見た言い分を語らせなかったことだと言われましたね。私はＷＧＩＰのもう一つの核は、ポツダム宣言受諾の降伏を無条件降伏と思い込ませることだったと思うんです。

私から見て厳密な言い方をすると、日本側が勝手に言い出したところの「日本は無条件降伏した」という言い方を総理自身が公式の場で言うのは、戦争で死んでいった人たちの心情を思うと絶対にできないことだと思うんですが、ともかく、吉田首相の誘導もあって、日本人は無条件降伏したと思い込み始めていった訳ですね。それは正に日本人の側から戦争で死んでいった人たちを無視して、自らＷＧＩＰに飛び込み、大義を語るのを放棄したということになりませんか。

波多野　日本人がいつのまにか無条件降伏を受け入れてしまった、という意味では狙い通りだった。昭和五十三年（一九七八年）から始まる江藤淳氏の主張の通りですね。

杉原　そして吉田の安全保障問題です。昭和二十八年七月二十三日には、参議院内閣委員会で木村篤太郎保安庁長官を使って保安隊は近代戦に対応しうる実力を備えてはいないから戦力ではないというような、安全保障の本質を無視した法解釈を日本国家の正式な解釈とする訳ですね。これもいかに吉田が首相としての器ではなく、首相としての慎重さを備えていないかということが分かります。この考え方では、日米安保条約を考える際に戦力を持たない日本が、戦力たるアメリカ軍の駐留を認めるということですから、論理上、日本はアメリカの保護国、植民地になるということになる訳ですね。安全保障面で自虐史観の上に立った構造だというより外はないではないですか。

吉田がいかに首相の器ではなく、敗戦利得者だったかということが分かります。そのうえ、先ほど言った、「騙し討ち」の原因を作った井口貞夫と奥村勝蔵の外務次官任命の行為ですね。戦争で痛ましく死んでいった人たちのことを少しでも受け止めたら、絶対にできませんよね。これでもって日本は事実をもって戦争を語れなくなります。

更には、韓国との親和の関係を築く努力をしなかった、など。

これほど不適切な人物が占領期の首相を務めたことは、日本にとって不幸なことでした。正に能力と節操のない敗戦利得者の典型ですね。吉田は、同じく敗戦利得者として、吉田に次ぐ地位にある佐藤栄作に依って、昭和四十二年に亡くなったとき、国葬となる訳です。そして国家的に大宰相ということになる訳ですね。こんな嘘、許せますか？

第七節　敗戦利得者は占領政策の負の面をいかに継承し発展させたか

波多野　杉原先生、以上、典型的な、または大きな影響を与えたといってよいでしょうが、ともかく典型的な敗戦利得者を挙げていただきました。それでは、この人たちが、どのように日本に働きかけを行ったのか、どのように影響を与えていったのかを、この対談本の読者に分かってもらうべく、論じなければなりませんね。

杉原　そうです。この第七節は前節の第六節の一部のような意味を持っているかもしれませんが、ともあれここでは、前節の続きとして、敗戦利得者は、占領と関わってどのような働きをし、どのような影響を齎したのかを追究しなければなりません。

波多野　杉原先生は、法学も勉強されたようで、東大の法学部の憲法学にも厳しい批判をお持ちのようですね。

杉原　前節で、昭和二十一年二月十三日、いわゆるマッカーサー草案と呼ばれる憲法改正案を占領軍から突き付けられたのですが、その翌日、東京帝国大学法学部の教授が集まり、占領軍が押し付けた憲法改正案に服従を誓ったと話しましたね。

それでともかく同年十一月三日、現在の日本国憲法が公布されます。そうすると、その解釈が法学者の仕事ということになります。東京帝国大学法学部は事実上総出で、新憲法の解釈に邁進します。そして間もなく、「法学協会」という団体名称で次のような注釈書を発行します。発行月日も注目してみてください。

『註解日本国憲法　上巻』(有斐閣　昭和二十三年（一九四八年）十月二十日)
『註解日本国憲法　中巻』(有斐閣　昭和二十四年（一九四九年）七月五日)
『註解日本国憲法　下巻』(有斐閣　昭和二十五年（一九五〇年）十二月二十日)

端的に言って、憲法学としては占領軍に媚びた憲法学ですね。併せて言えば、幼稚極まる敗戦利得者の憲法学ですね。

占領軍がマッカーサー草案を作成するとき、マッカーサーより受けていた三原則で、天皇は元首であると書いてあることを知らなかった。そのことをもって、安易に天皇は元首ではないと解釈したんですね。第九条の戦争放棄では、いわゆる芦田修正の意味が十分に分かっておらず、占領軍が最終的には自衛のためには軍隊を持ってよいという意味で、第九条に押し付けたことを十分に知らなかったこともあって、日本の安全は国際連合に委ねるのだとし、自衛のためにも戦争はできないとし、日本は軍備を廃止したのを喜ぶかのような調子で解説しているんです。

それに政教分離に関する解釈が幼稚だった。第二〇条の信教の自由を定める条文が政教分離の根幹となる条文ですが、これは強いていえば、通常の近代国家の政教分離の原則を降ろしてきたものに過ぎないといえるもので、それほど異常なものではなかった。イギリスは政教分離の原則を維持しながら、王室を中心に国教を持っています。第二〇条の解釈では、イギリスを参照しながら解釈できるのに、東京大学法学部の注解では、文字通りの文理解釈しかしていない。そのために第八九条の公金の支出に関して、宗教系の私立学校には公的補助はできないというような馬鹿げたことを言っている。

日本側で独自に作った憲法ならば、政教分離について第二〇条のごとく、たとえこのような条文であったとしても日本の宗教文化に合った豊かな解釈をするでしょうが、ともかくこの時点では占領軍に迎合することが先に立って、このような幼稚な注釈、憲法学となった。

　問題はこのような解釈が、原則的に今でも日本国家の解釈の基本となっていることです。過剰な忖度をして占領軍の押し付けた憲法より、歪曲して遥かに劣る自虐的な解釈をして今日に至っている。つまり、敗戦利得者に依って作られた敗戦利得者憲法学が今日なお日本の憲法学の基本になっており、そしてそれは占領軍の押し付けたものより遥かに歪んだ自虐的な憲法学です。それが今日の日本の憲法学の中心に成っているとすれば、敗戦利得者集団たる当時の東京帝国大学法学部の教授連の影響はいかに大きいか分かろうというものです。

波多野　でも、政府は別でしょう。政府は内閣法制局を中心にして、別の解釈をするでしょう。

杉原　そうなんです。本来、学界でどんなことが言われていようと、政府が国の解釈として立派な解釈をしておれば、聽てはそこに収斂して、日本の憲法学は立派になり、敗戦利得者憲法学は淘汰されていく筈のものです。

　ですが、憲法第九条の解釈を見てください。今まで何度も言いましたが、政府の第九条解釈は吉田茂が主導して、自衛権はあるが戦力は持てないという、学界での解釈よりももっとひどい解釈をしている訳ですね。

　これはこの対談本の続編で詳しく述べることになると思いますが、政府の解釈は、東大の「敗戦利得者憲法学」の中でも最も敗戦利得者憲法学というべき、「天皇はロボットだ」と言った宮沢俊義の憲法学が占領解除後、段々と政府に浸透していくんですね。

ここでも、ＷＧＩＰの効果は占領軍に依って作られたものではなく、その占領政策を引き継いだ敗戦利得者に依って作られているのだと分かる訳です。

だいたい、この第九条の問題は、一九五〇年（昭和二十五年）五月、ダレスがやってきて、再軍備を要請した時に始まります。ダレスは、吉田は喜ぶと思って再軍備を促したら、吉田は第九条を盾にして再軍備はできないと言う。日本が国防のため軍隊を持たないということは、占領初期に軍隊が解体されたままの無防備のままでいくということではないですか。ということは、占領開始の当初、つまり日本軍を解体していく時の、日米開戦の全責任を日本が負い、日本が何故、日米開戦に入っていったのか、日本から見た戦争の大義を一切語ることのできない占領体制を持続させるということではありませんか。自ら、ＷＧＩＰを受け入れ、そこから脱出していかないという意思表明ではありませんか。賢明な首相ならばですよ、ダレスが再軍備の要請をしてきた時にこそ、かの戦争の開戦には日本側にも言い分があったことを一言、言ってくれと、それこそ一言言っていたに違いないではないですか。

喜ぶと思って再軍備の要請をしたら、再軍備を断るので、ダレスは吉田に呆れて怒り蔑むことになる訳ですね。

ここでも、第九条を巡って、結局、ＷＧＩＰの効果の継続を図ったのは日本側であり、敗戦利得者の親玉たる吉田茂に依ってではないですか。

波多野　吉田茂に依って、占領終了時、つまり主権回復時に、外務省の中枢を、日米開戦時に最も重要な部署にいた者、つまり日米開戦時のワシントンの大使館とベルリンの日本大使館にいた者に中枢を固めさせていた。

杉原　そうです。真珠湾「騙し討ち」の原因を作った井口貞夫と奥村勝蔵、その他にもドイツのベルリンの日本大使館に開戦時に詰めていた者も、解雇されず、残った。占領下、外務省では大量の解雇がなされたのに、です。

波多野　昭和二十三年（一九四八年）頃からの外務省人事は、吉田の「Y」をなじった「Y項パージ」と揶揄されたように、その意図が皆目不明な吉田の恣意的な解雇や左遷の人事が横行していました。

杉原　いずれにしても、懲戒解雇されるべき人物が外務次官に栄達している。これが誰でも知るように白日に照らし出されたら、国民は激怒しますね。

占領が解除されたばかりで厳しい検閲のもと、戦争に関わること、戦争責任に関わることが報道されてこず、国民は全く気づくことができなかったのです。が、日米戦争が原爆投下まで拡大、発展した原因を作った当該人物が外務次官になっていることを知ったら、国民は激怒しますね。

これを防ぐには、外務省は、ＷＧＩＰに侵された振りをして、国民が開戦への経緯や大義について語り合わないように誘導していかなければならなくなりますね。自虐史観を堅持しなければ成り立たない官庁に成る訳ですね。

開戦への経緯を洗っていけば、外務省の戦争責任は明々白々になります。そのうえ、常識では考えられないような事務失態に因って、真珠湾攻撃が「騙し討ち」になった。そうしたことを知れば、責任追及が起こる。

そうだとしたら、WGIPに侵された振りをして、このまま戦争への経緯を語らせず、日本側から見た大義を語らせなかったWGIPを受けているままの方がよい。そして自虐史観にどっぷり浸かって、謝罪外交を続ければよいということになる。

つまり、外務省は最も戦争責任を負った者が占領解除後、中枢を占めることによって、戦争責任を隠し、戦争に関しては全て日本が悪いのだという謝罪外交に徹することになる。WGIPの継承、維持、発展の機関となっていく以外にありません。

そしてそれが占領軍の指示によって行われた人事ならば、占領軍は占領が終わってアメリカに帰るとき、外務省をして、WGIPを継承し持続させる機関に作り替えて、日本に遺していったということになります。つまり、占領軍引き揚げ後にWGIPの継承、発展をさせるために、外務省をして計画的にそのように改造したのだということになります。しかしそういう事実は一切ありません。この人事は首相兼外相の吉田茂によって為されたことなんです。つまり、外務省をしてWGIPの継承、発展、強化の機関にしたのは日本側であり、吉田茂なんです。

外交は、国政の半分といわれます。外交は国の在り方を決めるための半分を担っているという意味です。

国家の機関たる外務省がかの戦争の日本の大義を一切語らず、自虐外交を繰り返していたら国民はどうしてＷＧＩＰから抜け出すことができるんですか。

波多野　そういえますね。

杉原　そこで、外務省がＷＧＩＰの継承、維持、発展の機関となったことの絶大な効果として見ることのできる例を言っておきたいのですが、その前に、吉田茂はどのような考えでこのような人事をしたのでしょうか。何か分かるものがありますか。

波多野　私は、外交史料館に長く出入りしていますが、この人事に関する考えについて何か語っている史料は見たことがありませんね。

杉原　人事に関することは、資料の上で殆ど出てきませんからね。

波多野　杉原先生は、吉田がこのような人事をしたことについて、吉田はどのように考えてそうしたのか、考えておられるんですか。

杉原　一つは、これら戦争責任を持った者が吉田に気に入られるように振る舞ったところも無いではないだろうと思います。しかし、井口貞夫と奥村勝蔵の場合、一度外務省を去っている時期があるんですね。そうすれば吉田と接触する機会は少なく、気に入られるように振る舞う機会もそれほどあるとは思われない。

私はやはり、吉田に外務省の戦争責任を隠すということ自体に動機があったからと思います。昭和二十年九月二十七日の天皇とマッカーサーの会談のとき、真珠湾「騙し討ち」の問題が出るのは必至と吉田は見て、その話が広がらないように、その通訳にまだ一度も面識がないのに「騙し討ち」の直接の責任者である奥村勝蔵を付けた。先ずは、外務省の恥になる「騙し討ち」に関わる事務失態の話が外務省内でも広がらないようにするためですね。

この時の延長で、外務省の戦争責任や、「騙し討ち」に関する責任問題の追及が外務省内で起こるのを阻止しようと思った。そのためには、そうした問題の直接の責任者を外務省のトップにしておけばよい。

こうした異常人事のもと、外務省内でも失態責任を問うことができなくなった。

そして外務省は、その異常人事に同意する者しか昇進していくことのできない政府機関になったんです。そういうように思うんですね、私は。

恐らく、吉田は思考力のある人物ではありませんから、外務省をＷＧＩＰの継承機関にするという意図は直接にはなかったかもしれないと思うのですが、そのような人事を行えば、外務省はＷＧＩＰの下請け機関になる以外はない。

外務省の名誉を守るために、平然と日本の名誉を失わせた。やはり吉田茂は首相の器ではありませんね。

波多野　それで杉原先生は、そんな外務省でも占領解除時点では、ＷＧＩＰの効果はそれほど大きくはなかったと言われていましたね。

杉原　そうです。第五節で話したと思うんですが、占領が終わると堰を切ったようにいわゆる戦争犯罪者の釈放を要請する決議がある訳ですね。そして外務省自身も「戦争犯罪人」というのは連合国が言っていることであって、日本にあっては犯罪者ではないと堂々と言う訳です。

そして例の講和条約第一一条の「裁判を受諾し」の問題についても、外務省の西村熊雄条約局長も戦争犯罪人は、講和条約締結と共に原則としては釈放されるのだと堂々と言っていた。そして、昭和三十四年の時点では十一月二十五日の外務委員会においてですけれど、外務省の高橋通敏条約局長は「判決に至る理由まで受諾するという意味合いではない」と言っていた。混乱は昭和六十年十一月八日、社会党土井たか子議員の質問に答えた小和田恒条約局長の答弁から始まった。小和田氏は、丸ごと受諾しているかのように聞こえる答弁をしたのです。

つまりは、講和条約に拠って、日本は今なお、東京裁判の拘束下にあると聞こえる答弁をした。厳密に見るとそう答えているのではないのですけれど、そう聞こえる答弁をした。

その後、平成十七年十月十七日、民主党の野田佳彦の質問に対して、外務省の答弁は一貫して変更していないとの趣旨の答弁をしているので、結局は、刑の執行のみを受諾しており、その限りでは軍事裁判に異論を唱える立場にないと答えていることになったのです。だからこの「裁判受諾」か「判決受諾」かの問題は一応は決着し解決している。

波多野　それにしても年月が経つとどうしてこのように冷淡な言い方になるのでしょうか。

杉原　私は直接の体験からくる体感の欠如からだと思います。占領が終わったばかりの時は、戦争犯罪者は身近で具体的な人物ですよね。東京裁判で審議していることでも、たったこの間終わったばかりの戦争の問題ですよね。東京裁判は連合国が戦勝国の立場で一方的に行った裁判だということを、体験的に実感している訳ですね。そんなところで、日本は永久に東京裁判に拘束されることになっていると言えば、日本国民は絶対に承服することはできず、強烈なるブーイングが寄せられますね。

波多野先生も、たくさん歴史史料を見てこられたでしょうが、体験的な実感をもって史料を見る時と、そうした実感が全く失せている史料を読む時の、気分の違いを知っておられるでしょう。

波多野　おっしゃるような「体験的な実感」といいますか、時代感覚のようなものは、歴史資料を読む際に、資料や事実の解釈に大きな影響を与えると思います。特に、戦争に関わる事象や、その後始末の問題を考えようとする時に、どうしても逃れられません。

杉原　ともあれ、ここで言いたいのは、敗戦利得者の所業です。外務省では、占領終結時において、最も大きな戦争責任を持つ者がその中核を押さえたことによって、それ以後、外務省ではその態勢に批判する者は生き残れず、その態勢を支持、同意する者しか昇進できなくなります。

そして他方では国民の戦争体験が干からびて、戦争の実感が忘れられていきます。そうすると昭和六十年の時点では、日本は東京裁判を丸ごと受諾しているかのように聞こえる答弁をし、また、国会でも土井たか子のようにそれを喜ぶ議員が居るようになります。

結局、占領軍は居なくなり、占領軍のＷＧＩＰの作用は全く無くなったのに、実際には自虐史観がより一層色濃くなっていくということですね。現象的には、ＷＧＩＰの影響が却って大きくなるように見えるところがある訳です。

波多野　おっしゃること、分かります。

杉原　敗戦利得者がＷＧＩＰを継承、維持、発展させていったというとき、もう一つ重要なことを言っておかなければならないと思っているんです。

敗戦利得者同士の連携ですね。敗戦利得者同士がつるんでいたというか、東京裁判に真似て言えば、一堂に会したことはないのに「共同謀議」をしたということですね。

既に話したことと関係しますが、宮沢俊義の場合を言っておきましょう。宮沢は保身のために例の「八月革命説」を唱え、「天皇はロボットだ」というように占領軍に過度に迎合する憲法学を樹立する訳ですが、これを東大の法学部で教え続け、そこから多くの官僚が育つ訳です。その官僚によって問題が作成される国家公務員試験を通じて、全国の憲法学説を征覇していきます。そして、昭和四十四年、佐藤栄作内閣の下で、文化功労者として顕彰されます。敗戦利得者が日本を動かしている真っ只中であり、敗戦利得者の事実上の結託が無くしてありえない話ですね。

これまた既に話したことの繰り返しになりますが、国際法学者横田喜三郎は、天皇は民主主義と矛盾すると言い、天皇退位まで大々的に言った節操を欠いた国際法学者であることが分かりながら、最後には最高裁長官になり、文化勲章を授与される訳ですね。これは結局、敗戦利得者が集団と化して日本を動かしていて、暗黙のうちに示し合わせて、仲間の敗戦利得者に栄誉を与え、集団としての敗戦利得者の行状、つまり日本を歪めたという共通の行状を、広く一般国民に気づかれないようにする仕打ちだったということですね。でなければ、これほど変節漢であることが鮮明な人物に、文化勲章が授与されるというようなことはありえないでしょう。かの戦争で亡くなっていった人たちの思いを平然と無視できる敗戦利得者が日本を動かしていたが故に在りうることです。

宮沢や横田が臆面もなくこのような勲章を受け取るということは、その周辺も敗戦利得者で固まっていたと考える外はありません。

こうして、占領が終わった時点で、戦争贖罪意識の培養計画、ＷＧＩＰは必ずしも十分な効果は生れていなかったのに、占領軍が居なくなり、占領軍が直接行うＷＧＩＰの作用はぴたりと止まったのにも拘わらず、占領が終わって年月が経つに従って、一方では戦争体験の風化が起こり、他方で敗戦利得者が日本を動かし、その影響力が増したので、ＷＧＩＰの効果は却って段々と大きくなるのです。

そして前節で申し上げましたが、敗戦利得者の親玉たる吉田茂は佐藤栄作によって国葬となります。これは敗戦利得者の親玉の吉田茂の第一の子分佐藤栄作が、敗戦利得者の集団を代表して、自分たちの為したこと、為していることを批判されないようにするための仕上げとなる国家行事だったといえます。吉田茂を大宰相として奉って偉人だということにすれば、自分たちが自分たちの利益のために為した行為によって日本を歪めたことに対し、他の世代から告発されるようなことは無くなると思ったんです。全く戦争で死んでいった人たちの思いを受け止めていませんね。

このように見たら、敗戦利得者は、目に見えぬけれども、強く連携をしており、事実上、共同謀議をしているというより外はないのではないですか。

敗戦利得者の定義を思い出してください。明治後半に生まれた約二一万人の人が公職追放で追放され、その後を襲った、やはり明治後半に生まれた人たちで戦争で亡くなっていった人たちの思いを受け止めなかった人、自己の利益のためＷＧＩＰに積極的に協力していった人、こういった人が敗戦利得者ですから、占領が終わってから、申し合わせたように、占領政策の継承、延長を図る。そう思われませんか。

波多野　世代を分けて見れば、敗戦利得者世代があったというのは確かにいえるでしょうね。

杉原　私は、敗戦利得者の連携は、具体的な例を持っていえるとも思っているんです。

昭和二十一年七月二十五日から、衆議院の帝国憲法改正のための小委員会が始まります。

ここで第九条第二項に「前項の目的を達するため」の字句が入るいわゆる芦田修正なるものが行われます。この小委員会は一応秘密会だということだったんですが、この秘密会の議事録が公表されたのはいつだと思われますか。

波多野　いつですか。

杉原　平成七年九月二十九日なんですね。ということは、昭和三十二年、法律の裏づけをもって設置された憲法調査会にも見せなかったということですね。時の衆議院議長が日本国憲法第五七条を盾に公表拒否をしたんですね。憲法調査会法に基づき内閣に設置された、憲法を改正することになるかもしれない重大な調査会ですよ。そこからの要請があってもこの議事録を見せないとはどういうことでしょうか。しかも第九条問題ですよ。憲法改正をさせまいという敗戦利得者の意向と重なっていたといえるでしょうね。

もっとも、厳密にいえば、委員の矢部貞治らが特別な部屋でメモも取らない条件で閲覧している。が、原則的に非公開とするそのような措置に唯々諾々と従う憲法調査会も問題ですが、公表しないとする衆議院議長は横暴の極みですね。

もっとも、この小委員会の議事録の内容は、日本国民として平成七年まで全く知ることができなかった訳ではありません。『産経新聞』は当時『サンケイ新聞』といっていましたが、その『サンケイ新聞』が昭和五十年六月二十五日と二十六日、アメリカで公開されている英語版の議事録を翻訳して発表しています。もっともこの英訳の議事録は日本側で作成されたとき、一定の思惑があって欠如する部分もあり、必ずしも十分に議事の内容が分かったということにはなりません。

ともあれ、この議事録の非公表は、芦田修正の意味をはっきりさせないための、敗戦利得者の連携プレーだったといってよいのではないでしょうか。

波多野　杉原先生のおっしゃる敗戦利得者の問題を更に深く追究するに当たっては、江藤淳氏の占領と検閲に関する仕事を検討しなければならないと思います。

江藤淳氏は、結局、日本国民はどのようにWGIPの下に置かれていたのか、どのような言語空間に置かれていたのか、それを占領軍の内部文書を使って、占領軍はどのような組織体制、構造で、どのようにWGIPの下に日本国民を置いていたかを明らかにしました。

杉原　実にそうです。波多野先生は、若くして、江藤淳氏のこの研究を手伝われたのでしょう？

波多野　私は大学院生だった昭和五十三年（一九七八年）のころ、江藤淳氏から頼まれて占領期の外交文書の編纂ですね、既に『占領史録』としての刊行に手伝ったことがあることはお話ししたと思いますが、同じころ江藤氏は、GHQによる情報統制や検閲の問題に取り組まれておりました。特にWGIP計画について、時々私に話されましたが、検閲問題に着手された頃は、「日米関係にひそむ甘えの構造をたださなければ」、と頻りに言われたことを覚えています。

江藤氏は、一九七〇年代後半に占領研究に着手されるのですが、最初は「無条件降伏」研究でした。ポツダム宣言は日本と連合国側の双方を拘束する協定文書であるにも拘わらず、それを一方的な降伏だ、と言いくるめたのが占領軍であり、それに加担したのが宮沢憲法学、「八月革命説」だということです。ここから占領軍による広範な検閲、言論封殺が始まり、その影響は現代まで続いているというのです。

調査が進むにつれ、彼の勝れた洞察力によって、占領軍は、広汎な検閲攻勢によって、言語空間を占領権力の意のままに造り変える計画を有し、「いったんこの検閲と宣伝計画の構造が、日本の言論機関と教育体制に定着され、維持されるようになれば、日本人のアイデンティティと歴史への信頼は、いつまでも内部崩壊を続ける」、といった主張として、前に紹介したと思いますが、占領三部作として結実していきます。

要するに、アメリカに取り込まれた言語空間の中で、日本人は自らのアイデンティティや歴史、伝統を喪失してしまったということです。その裏返しとして過度なアメリカ依存の精神構造が日本人の中に根づいてしまい、一種の「甘えの精神構造」ができあがってしまった、ということだと思います。

江藤氏の検閲研究は、民族の記憶を取り戻す、という意味もありました。昭和五十四年（一九七九年）にメリーランド大学のプランゲ文庫から、発禁処分となった吉田満の『戦艦大和ノ最期』の校正刷りを発見され、それを復刊したのも重要な仕事だったと思います。翌年の昭和五十五年に帰国されたとき、昭和二十七年年刊行の創元社版の復刊として『戦艦大和の最期』（北洋社　一九七八年）を復刊されましたが、さまよう英霊のためだ、死者に配慮しない政治は貧しい政治だ、などとよく話しておられました。

もう一つ記憶に残っていることですが、レイ・ムーア教授から提供された民間情報教育局のWGIP文書について、その具体的な形が、一九四五年（昭和二十年）秋に占領軍が有力紙に掲載した「太平洋戦争史」の連載であること、それは歴史記述を装った宣伝文書だ、と最初に断定されたのも江藤氏だったと思います。

特に江藤氏は、占領軍が、何故、日本が対米戦を戦わざるをえなかったかという「大義」（言い分）を全く認めなかったことは、その後の日本の教育や歴史観に大きな影響を与えたことを強調されていました。

杉原　無条件降伏論争もありましたね。

波多野　そうです。前に紹介しました江藤淳氏の『忘れたことと忘れさせられたこと』（文芸春秋　一九七九年）に収められています。この論争の発端は、昭和五十三年の年初の『毎日新聞』の文芸時評で、文学者の平野謙氏の「日本が無条件降伏の結果、ポツダム宣言の規定によって、連合軍の占領下におかれることになった」という文章に、江藤氏は「重大な事実の誤認がある」と問題視しました。さらに同年五月の『週刊読書人』でも、「ポツダム宣言は降伏条件を提示した文書」であり、国際協定であるというのが国務省の見解で、「ポツダム宣言は日本のみならず連合国をも拘束する性格を備えている」と論じました。

これに反論したのが、文学者の本多秋五で、本多は、ポツダム宣言は非力な男が大男に無理やりサインさせられたのだから「日本人の常識」では無条件降伏だという。これに対し江藤氏は、占領下に置かれた日本国民がその力に逆らえないのは是非もないが、日本は無条件降伏をしていないという事実を隠遮蔽し、封殺しようという圧力が存在したことは、終戦時の条約課長の下田武三や、戦後の条約局長の萩原徹の証言がある、と再反論しました。この論争は更に政治学者などに広がっていきました。この本の趣旨は、昭和五十三年秋からのアメリカにおける本格的な検閲資料の調査で更に深められ、占領の三部作となる訳です。

杉原　しかるに江藤氏の研究では、時代状況から、限界があったといえます。ＷＧＩＰの構造については解明できたことになりますが、しかるにそれが何故、占領が終わった後も影響が極めて顕著に残るのか、占領軍は居なくなったのだから占領軍が直接出す作用は無くなったのに、なお作用を出し続けているように見えるのは何故か。そしてその影響は大きく成っていたのではないか。そうしたことについては解明が無かった。

洗脳されたのだから、占領軍が居なくなっても、洗脳された者が洗脳された状態で日本の社会に生存するのだから、ＷＧＩＰの作用は、占領軍が居なくなっても出続けるともいえますが、占領解除時点で、連合国が言う「戦争犯罪人」は我が国では「戦争犯罪人」ではないという澎湃として湧き起こる国民の声は、占領軍のＷＧＩＰの洗脳は必ずしも十分には成功していなかったことを証しています。しかるに年月を経て時代が下がるに連れて、作用は拡大しているように見える時がある。これは何だろうということについては、見解がなかった。

本章、第三節で紹介しましたが、もう一度簡単に紹介しておきますね。有馬哲夫氏の本『日本人はなぜ自虐的になったのか－占領とＷＧＩＰ』（新潮社　二〇二〇年）で、ＷＧＩＰを成功させるためには、

①マスコミュニケーション手段の独占
②回路形成
③制度化

が必要と有馬氏は、ある人の研究を借りて言っていました。

①は確かに占領期徹底的に行われていました。しかし②は必ずしも成功していなかったのは、占領終結とともに戦争犯罪者の釈放の運動を見れば分かります。③は労働組合とか民法とか、日本政府による検閲の禁止とか、あるいは婦人参政権や農地解放などで、占領軍への評価を勝ち取るなどしてＷＧＩＰの効果が持続するような、制度改革はあった。

でも、ＷＧＩＰの継承、維持、発展に最も強力に協力し、決定的に影響力を行使したのは敗戦利得者でしょう。そしてそれはアメリカ側の問題ではなく、日本側の問題であったということです。憲法問題などは、敗戦利得者が占領軍が押し付けた憲法を、占領軍より更に悪い解釈を施して、それが今日まで残って、現在の日本を混迷に陥れ、現在の日本国民をして

喘ぐ状況に陥れている訳ですね。更にいえば、厳密には、敗戦利得者は、占領軍の意図をも超えていた訳ですから、占領軍を裏切っていたとさえいわなければなりません。

だから私が言いたいのは、WGIPを嘆くとき、占領軍の所為にして占領軍を責めているだけではWGIPから脱却することはできないということです。日本人自身で、日本を歪めた明治後半に生まれた敗戦利得者が居たということを認識しなければならないということです。特に外務省の場合は、国政の半分を担っている訳ですから、敢えて意図的に自虐史観からの脱却を目指して改革をしなければならないということですね。

波多野　私はWGIPからの脱却には研究者の責任も大きいと思います。

先ほど、江藤淳氏らの研究によって占領期の閉じられた言語空間が明らかになり、占領期に関する研究の条件は飛躍的に整ったと思うんですが、後に続く研究者がそれを発展させたかというと必ずしもそうはいえないと思うんです。

いわゆる自虐史観の走りとも言える岩波版の遠山茂樹ほか『昭和史』（岩波書店一九五五年）について、文学者の亀井勝一郎氏らが批判したことの一つは、歴史家が歴史上の人物の「限界」を指摘し、「軍国主義者」といったレッテル貼りを行う傲慢さでした。この批判に対して、著者の一人である遠山茂樹は、現代史記述の困難さに触れつつ、「歴史の客観的内在的批判がいかにして可能であるか」と問い掛け、「それは被支配者の立場、変革の立場に立つほかはない」と答えていますが、しかしその後、「被支配者の立場」から歴史を綴る傾向が益々強くなり、歴史研究や歴史教育の主流となっていきます。

杉原先生に依れば、遠山茂樹らも敗戦利得者となるんでしょうが、ともかく時代の風潮に合わせて左翼的になり、日本人は何のために戦った戦争なのか、戦争の「大義」を語ろうとしませんでした。

そもそも、日本の歴史学界や歴史研究者には、特定の出来事について、公的組織の責任や問題点にメスを入れたりはしますが、組織の長や組織の中の個人の責任を追及するというマインドには乏しいといえるでしょう。ある歴史的な出来事は一つの要因だけでなく、複数の要因が絡まり合って起こるので、特定の原因だけに縛ることはできないという感覚があること、更にいえば、個人の責任追及は、思わぬ形で自分の身に降りかかってくるかもしれない、という恐れを感じている人も少なくない。「通告遅延」問題についても、責任の所在は明白なのに、その解明を躊躇させる背景がそこら辺りに在るように思われます。

杉原　それは、マルクス主義の階級史観ですね。それによって広くは敗戦利得者としての歴史家が、後ろめたさを消して正義感に酔うためですね。敗戦利得者として研究者の地位を得たけれども、その後ろめたさを消すためには何か正義が欲しかった。多くの敗戦利得者として出発した歴史研究者にある顕著な弱点です。研究する研究者こそ、自由な立場にあり、事案に向けて公正に対応しなければならないのに、研究者こそ社会の状況を忖度して、偏った研究をする。存在することを故意に無視して対応をしようとする。あるいは存在することを牽強付会に特定の結論に近づけようとする。時には、政治的イデオロギーを確信的に持ち込み、その政治的立場に有利な結論を出そうとする。

敗戦利得者で無い場合でも、公正な精神を持たず、例えば、日米戦争に当たっての「最後通告」手交遅延問題は極めて重要な問題なのに、外務省その他の意向を忖度して、この問題を積極的に解明しようとしない。

波多野　でも、最近は少し変わってきましたね。平成時代に入って、つまり開戦から約五〇年以上経った平成時代には、史料の発掘も進み、この通告遅延の問題も、杉原先生の場合は例外として除くとして、二〇〇〇年代に入ると、漸くこの問題について、いくつかの研究が出るようになります。例えば、中京大学教授の檜山幸夫は、「対英米宣戦布告と開戦責任」『東アジア近代史』（東アジア近代史学会）（第一二号　二〇〇九年）で、通告遅延問題は「卑劣な日本人論」としてアメリカで生き続けている限り「過去の問題」ではないとして、次のように書いています。

「国家と国民に重い負債を負わせた政府も外務省も、未だに国家と国民に対して説得力のある説明責任を果たしていないばかりか、（研究者側でも）十分な解明がなされているようにも思われない」。檜山氏は特に「何故先例に従って東京での通告をしなかったのか」を問題にしていますが、研究も未だ道半ばです。

杉原　歴史研究において、健全性が芽生え始めたことは大変結構なことなんです。が、私がまだ憂いているのは、憲法学や教育学です。憲法学の場合、現在流布しているのは、紛れもなく敗戦利得者の作った「敗戦利得者憲法学」です。さすがに最近はこの敗戦利得者憲法学に批判が出ていますが、しかしまだ実際に日本国民を拘束しているのは敗戦利得者憲法学です。

これを打破するのは、世間で騒いでいるだけでは駄目で、この敗戦利得者憲法学を取り込んでしまった現在の政府の憲法解釈を改めさせなければなりません。元は敗戦利得者の憲法学とはいえ、それを取り込んで政府の憲法学にしたのは政府ですから、政府の力で自ら解釈を正して、我が国の憲法学を正常化させなければなりません。

また、教育学は教育学者の力量の問題ということになるかもしれませんが、占領軍も評価していた「修身」という教科を、反動的であるので占領軍が排除したという間違った前提の下での教育学では、真の教育学とはいえません。「国体の本義」の中に優れた民主主義の原理を見出せない教育学は敗戦利得者の教育学です。

波多野　この第七節は長くなりましたので、そろそろ終わりにしなければなりませんが、杉原先生が言われる敗戦利得者の親玉たる吉田茂が、かの戦争の大義について本人も語らず、その後、占領が終わった後に、日本国民にも語らせず、語れない体制、態勢を作ったことについて指摘しておかなければならないと思います。

杉原　そうですね。かの戦争の大義を語らないようにさせるのは、波多野先生が言われるようにＷＧＩＰの核ですからね。占領下では、アメリカは正しい戦争をしたという前提で占領政策を進めている訳ですから、日本国民にかの戦争の大義を語らないようにさせるのは、アメリカ軍の立場からすれば当然ですね。

波多野　それを、吉田茂は主権回復後の日本国民をして、語らないようにさせた。杉原先生が先ほども言及されたことですが、一九五〇年（昭和二十五年）六月、ダレスが日本にやってきて、首相の吉田に再軍備をしろと言ったとき、吉田はダレスに「日本にもかの戦争には言い分があった」と一言言わせればよかった。そうすれば、主権回復後に、日本国民はかの戦争での言い分を健全に語り合うことができた筈というわけですか。

杉原　そうです。アメリカは、日本が二度とアメリカの脅威にならないようにと、日本軍を解体していたのに、それから六年後に再軍備をしろと言ってきた訳ですから、それは日米戦争でアメリカ側にも過ちがあったということを言外に語っていますね。このとき「日本側にも言い分があった」とダレスに一言言わせることは、いかに日本の名誉の回復にとって重要であったか。

波多野　ところで、第一章の冒頭辺りで触れたと思いますが、敗戦直後の昭和二十年十一月、幣原喜重郎内閣は、幣原が自ら総裁となって「（大東亜）戦争調査会」を立ち上げましたね。一〇〇名にも及ぶ調査官や事務官を動員して日本は何故、道を誤ったかというテーマを掘り下げようとしました。戦争責任の追及が目的ではなく、「大なる過誤を将来に繰り返さないため」でした。

しかし、占領軍や極東委員会、特にソ連は東京裁判に代わる自発的な戦争の検証を許さず、その活動は翌昭和二十一年九月に幕を閉じてしまいます。日本政府が「先の大戦」の大規模な公的検証に取り組んだのは、これが最初で最後となってしまいます。それでもその間の活動の記録が全一五巻にも及んで、膨大な議事録や調査書類が残っていまして、今でも有用です。この調査に、幣原首相は極めて熱心に取り組みますが、その理由は天皇から直接、お言葉をいただいていたという背景があるようです。

吉田茂はこの種の国家的な規模の歴史調査に極めて冷淡で、極東委員会の指示で活動が停止されたとき、幣原の継続のための努力に助力しませんでした。戦争の総括とか、教訓とか、あるいは戦争の意味といった事業に関心が低かったといえます。

杉原　そうです。吉田茂は政治家としての定見を備えた人物ではありません。ですから、そうした活動の重要さを感知する能力はありません。

私は先ほども言いましたように、占領期間中は、占領軍が日本国民にかの戦争の大義を語らないように仕向けるのは仕方がありません。占領期間中は日本政府もそのことを黙認する外はありません。しかし、主権回復後は違います。占領軍は去り、そのＷＧＩＰの直接の作用は、一九五二年（昭和二十七年）四月二十八日、主権回復とともにぴたりと止まった。しかるに、主権回復後に、敗戦利得者の吉田茂が引き続き、かの戦争の日本の大義を語らないように、語れないように仕向けた。そのことに因って占領軍が去ってもＷＧＩＰは、日本人自身に依って継承され、拡大したことになる。

再軍備問題でも、昭和二十五年十一月十五日発表の『朝日新聞』の世論調査では、再軍備に賛成する意見が五三・八パーセント、反対する意見が二七・八パーセント、賛成者の方が大きく上回っていたんですね。

また日米安保条約がまだはっきりと形を取っていた時点ではありませんが、占領解除後もアメリカ軍が継続駐留することには、賛成は二九・八パーセント、反対は三七・五パーセントだったんです。反対が多いのは、ポツダム宣言には、「平和的傾向ヲ有シ且責任アル政府ガ樹立セラルルニ於イテ連合国ノ占領軍ハ直ニ日本国ヨリ撤収セラルベシ」とあり、これに反すると思ったからですね。

改めて言いますが、こうした世論調査の数字を見ていくと、日本国民は、ＷＧＩＰによってそれほどは洗脳されていなかったということがより一層はっきりと分かりますね。いうべきは、再軍備をするため、憲法改正をする考えが十分にあったということですね。

今はどうですか。憲法改正がこんなに困難を極めているではないですか。「再軍備」というのも、自衛隊の設置で事実上強力に行っていますが、しかし、にも拘わらず、議論として行うと再び「再軍備反対」などと現実離れした議論が沸騰するのではないですか。

こうしてＷＧＩＰの効果の大きくなっているのは、結局は日本人に依ってその体制が作られたのではないでしょうか。日本人といっても、敗戦利得者ですね。敗戦利得者が日本を動かしているとき、その体制が固まったんではないですか。そしてその上に戦争への風化が重なったのではないですか。

波多野　実にそうですね。

第八節　「アジアの解放」という大義について

杉原　日本の敗戦があってから今年は七五年、現在の日本の病は、「吉田茂という病」といえる。吉田茂の引き起こした病の中に、今の日本がある、とは波多野先生の強調されているところですが、そしてその病の中核は、かの戦争について大義を語ってこなかった、語らせてもらえなかったということを強調しておられますね。

波多野　そうです。昭和二十六年九月のサンフランシスコ講和条約のとき、会議の冒頭で各国の意見陳述が行われるのですが、大半の国が「過去の戦争」に対する日本の認識や責任意識に言及しました。しかし吉田茂の受諾演説は、「太平洋戦争において人類がなめた恐るべき苦痛と莫大なる物質的破壊」に言及し、「この大災厄において古い日本が演じた役割を悲痛な気持ちをもって回顧する」と述べてはいましたが、「古い日本」から「新しい日本」への脱皮を強調するのみで、「古い日本」が引き起こした過去の戦争に対する自責の念や贖罪の気持ちは全く読み取れないものでした。それどころか、「わが国も先の大戦によって最も大きな破壊と破滅を受けたものの一つであります」と、恰も「大災厄」を被った被害国代表の演説でした。

杉原　波多野先生は、これが中国との戦争も含めた日本でいう「大東亜戦争」の大義を自責の念や贖罪の気持ちと共に語るのが、主権回復後の日本の最初の舞台であった筈だと言われる訳ですね。

波多野　そういうことです。

杉原　私は、吉田茂のことですから、深い政治的計算の上から言わなかったのではなく、単に彼の感情本位の判断から言わなかったのだとは思うのですが、この講和会議でのそうしたことへの沈黙は別の観点からは正しかったと思うんですが、どうですか。

波多野　と、おっしゃいますと？

杉原　占領下、東京裁判を押し付けられたりして、かの戦争の大義については一切語ることが許されませんでしたね。それは占領下では許されないことですね。

その延長として、この講和会議で、かの戦争における日本側の大義を語ることは、到底、許されることではありませんね。

したがって自責の念や贖罪については沈黙することが、「大義」が全く言えないことへの抵抗の最大の表現だったということです。

波多野　しかし、その後の日本における大義の語り合いの先駆けとしては何かを言い残し、取っ掛かりを付けておくべきだった。そして自責の念も語っておくべきだった。吉田はそのどちらも為さず、それどころか、被害国かのような発言をした。

杉原　そこが吉田の吉田らしいところですが、かの戦争は実質的にはアメリカから仕掛けられた戦争だという意味も込めて言えば、日本も被害国だというのは当たっていますね。しかし真面目に言えば、そのどちらも為しておくべきでしたね。

実際にはどうだったかといえば、勿論、吉田にとっては単に感情的に過去を無視し、振り返らないということに過ぎないのでしょうが。

波多野　要するに、吉田にとっては過去の失態や過ち、忌まわしい出来事は、できるだけ隠しておきたい、封印しておいて前に進もうといった感覚が大変強かったように思います。真珠湾「騙し討ち」という汚点も、組織の記録や記憶として遺しておきたくないという、そうした感覚のなせる業なのでしょう。

杉原　吉田にとっては、そうすれば日本が将来どうなるか考えなかったんですね。

波多野　こうした過去に対する一種の「健忘症」が蔓延したため、大東亜戦争について、自ら検証する意思もなく、拠るべき統一的な見解も形成できませんでした。一九八〇年代に入って、靖国参拝や教科書問題が日中関係を揺るがしたとき、日本外交が対応の術を失ったのは、こういう背景に依るものでしょう。

杉原　「健忘症」というのは自然に無意識的に忘れたということではなく、意図的に忘れた、意図的に忘れさせられた、ということですね。

波多野　そうですね。昭和五十七年（一九八二年）に起きた教科書誤報事件の際の宮沢喜一官房長官のいわゆる宮沢談話とそれに基づく「近隣諸国条項」、更に首相の靖国神社参拝問題への対応などを見てみると、友好関係のためとはいえ、いつまでも相手を傷つけないように配慮するだけでは、当面の打開策とはなっても、独立大国の「国のかたち」という意味では将来的には禍根を残すことになるだけです。

こうした自虐的ともいえる外交も元を正せば、日本が国内において、かの戦争の大義を語ってきていなかったからで、恰も忘れたかのようになっていたからです。

既に申し上げたことですが、昭和二十年末に幣原喜重郎内閣が各界の識者を集めて戦争調査会をつくって、大規模に大東亜戦争の検証に乗り出しました。これに参加した当時『読売新聞』社長だった馬場恒吾は、「連合国が戦争犯罪者を糾弾するのはそれでよいとして、それとは別に我々日本人は国民として、此の戦争に吾々を駆り立てた為政者の責任を問はなければならぬ。敢えて責任者に報復せんとするのではない。只事実を事実として明らかにしておかなければ、日本の明日の政治の方針が立たないからである」とその決意を述べました。馬場恒吾『近衛内閣史論－戦争開始の真相』（高山書院　一九四六年）に出ています。

正に馬場の言う通りでしょう。

結局、戦争調査会の活動は極東委員会の介入もあって停止されるのですが、吉田は、幣原の怨念に満ちた熱意を他所に、この戦争調査会に極めて冷ややかでした。主権回復後、即ち独立後も、吉田首相のもと、自らの手によって大東亜戦争を検証するという機運は起こらず、首相としての吉田は全く無策でした。

杉原　私はこんなところに、吉田の宰相としての器のなさを感じる訳ですね。他方で、外務省の戦争責任を隠して、結局、かの戦争の大義を語るどころの話ではない状態を作る訳ですね。

波多野　吉田茂への批判はともかく、その結果、昭和三十年鳩山一郎内閣の下でですが、昭和三十年六月三日衆議院予算委員会で、戦争責任といった問題が国会で問われたとき、花村四郎法相の答弁のように「戦争の責任が何人にあるかを詮索すべく苦労するよりも、戦争を放棄し、これから戦争をやらぬということに全国民が反省することがむしろ望ましいことであり、必要であろう」といった答弁しかできなくなります。この花村法相の答弁は、その後に続く政府見解の原型に成りましたね。

この対談本の続編の『続・吉田茂という病－日本が世界に帰ってくるか』でも詳しく話し合うことになると思いますが、更に言えば、戦後の日本社会の言説は、平和を声高に説く割りには、個々の戦争の実相についての認識が実に希薄で、平和を語ることによって、戦争を抽象化し、戦争の時代の持っていたリアリティを喪失させてしまったのです。

杉原　波多野先生の父君淑夫氏は、かの戦争で中国を転戦されたのだそうですね。そうすると命を懸けて戦う兵士として、大義を考えざるをえませんよね。そのことについて改めて語っていただけませんか。

波多野　そうですか。話しておきたかったことです。

　やや個人的な体験に属し恐縮ですが、私の父は、自ら志願し七年ものあいだ、中国各地を転戦したすえ、昭和二十一年に復員しました。

　その父親は、何のために大東亜戦争に従軍したのか、と人に問われると、従軍間もない頃は、「アジアの解放」や「新秩序の建設」のためであることを信じて疑わなかったが、戦争が長引くに連れ、そうした「大義」に疑問を持ち始めたと言いました。そして何のために中国人と戦闘を交えているのか分からなくなり、結局、国体護持や天皇制の維持のためだ、と自分に言い聞かせるようになったと語っていました。

杉原　そうしたところから、かの戦争の反省すべきところの反省も起こってくる訳ですね。そうしたことの無いところで、平和を語るのは先ほど言われたように抽象化し、リアリティーの無い平和論となる、浮遊する平和論となり、真実の平和論では無くなるということですね。

波多野　ともあれ、あれだけの戦争をした訳ですから、国家を生命を懸けて護ろうとした価値は何か、戦争を通じて、何を達成しようとしたのか、そのことを日本人は語っておかなければなりません。

そもそも日本は、「アジア諸民族の解放」や植民地の処遇を死活的な争点として戦争に突入した訳ではありませんでした。国策決定のレベルでは、国防資源の確保による日本帝国自体の経済的生存、更に帝国圏の安全保障の確保こそが主要な争点でした。「自存自衛」ですね。

杉原　私は自存自衛も十分に戦争の大義になると思います。というより決定的な大義ですね。

波多野　当然のことでしょうが、私は、先の大戦は、「利」ばかりを追求した「義」のない戦争であったということはできない。私の父は、日本が死を賭して護ろうとした「義」に意味が無かったとは考えていません。唯、父が戦争の「義」を「アジアの解放」から「国体の護持」へと変化させたように、戦場の兵士が戦争に託した「義」は一様ではなかった。それは国が提示する戦争目的、即ち「義」が迷走し続けたために、世界に誇るべき「義」を生み出すことができなかった、ということではないでしょうか。

杉原　いいえ、そうではないと思います。先生の言われる「義」が、具体的には戦況の変化と共に、重点が変わっていって、あたかも迷走し続けたように見えることは認めますが、世界が誇るべき「義」を生み出すことができなかったというのは、必ずしもそうではないと思います。

波多野　といいますと？

杉原　「義」を生み出すことができなかったのではなく、「義」を生み出しながら、戦争に負けたために、その「義」を世界の中で認めさせることができなかった、ということだと思います。

波多野　もしかして、それは私の言っている「アジアの解放」のことですか。具体的には、第二章で話し合いましたが、昭和十八年十一月五日から六日にかけて開かれた、大東亜会議における大東亜共同宣言のことを思い起こしながら言われている訳ですね。

杉原　そうです。一九四一年（昭和十六年）八月十四日、アメリカの大統領ルーズベルトはイギリスの首相チャーチルとともに大西洋上で「大西洋憲章」なるものを高らかに謳いますね。そこには「両国ハ一切ノ国民ガ其ノ下ニ生活セントスル政体ヲ選択スルノ権利ヲ尊重ス。両国ハ主権及自治ヲ強奪セラレタル者ニ主権及自治ガ返還セラルルコトヲ希望ス」とあります。これとほぼ同じ内容が、大東亜会議の共同宣言に「大東亜各国ハ相互ニ自主独立ヲ尊重シ互助敦睦ノ実ヲ挙ゲ大東亜ノ親和ヲ確立ス」とあります。これは実質的に大西洋憲章の言っていることと事実上同じことを言っている訳ですね。

波多野　そうです、その点を第二章で強調した訳です。

杉原　更に共同宣言では、「大東亜各国ハ萬邦トノ交誼ヲ篤ウシ人種的差別ヲ撤廃シ普ク文化ヲ交流シ進ンデ資源ヲ開放シ以テ世界ノ進運ニ貢献ス」と言っています。蓋し、これは、大西洋憲章でいっていることを、アジアの黄色人種の上にも適用しようということです。そして結果として、日本が敗戦となって以後のことも含めていえば、欧米諸国に依って植民地と成っていた諸国の独立を促した訳ですね。

これは世界的意義のある、あるいは人類的意義のある偉業ですが、日本が敗戦となることによってそれを世界に認めさせることができなかった、ということになるのだと思います。

波多野　そうです。そういうことになります。しかし重光外相の意図としては戦争目的の再定義ということになるのですが、国内でも海外でも、必ずしもそのようには受け止められなかった。更に、直接の目的としての自存自衛を否定したものではなかったため、中途半端に終わってしまった。私の父親のような中国に居た前戦の兵士には全く伝わっていませんでした。

杉原　その通りでしょうね。戦争の第一の目的はあくまでも日本の自存自衛でした。日本の自存自衛のために、資源が欲しくて東南アジアに出かけていった。だから、武力による実力行使を伴ったものではあったけれど、しかしそのことによって欧米の桎梏に喘いでいた東南アジア諸国を独立させることができた。

この第三章の第三節の「占領軍が押し付けた民主主義とは何だったか」のところでルース・ベネディクトの『菊と刀』の話をしましたが、その中に、日本人の行動は非行少年の行動に類似したところがあると書いてありましたね。グループへの完全な服従、過剰な面子、規律の厳守などが非行少年のそれに似ているということでした。そしてそのことから、「日本人は伝統的に好戦的であり、世界征服の野望を抱き続けてきた」と全く間違った結論を、ベネディクトは抱いているんですが、つまり、総じていえば日本は人を殺すこともなく最も穏やかに歴史を展開させて現代文明に辿り着いてきているのに、真逆の結論をベネディクトは出しているんですが、当時の日本人の行動が、アメリカの文化人類学者から見ると、そのような非行少年と同じような特色を備えているように見えた。

私は、その非行少年のアナロジーで思うんですが、非行少年は何ゆえにグループへの忠誠や面子の重視、規律の厳守に走るのでしょうか。非行少年は、社会的に非行をしているとはいえ、しかしそれは何かを社会に向けて主張しているからでもある訳ですね。

つまり、大人の作り上げた既存の秩序に挑戦している訳ですね。行動自体は反抗的な非行だから世間からは非難される。だけど、非行少年たちは、一人一人では戦えないから、集まって団結し、それで非行でもって表現をする。したがって集団は、依るところの生き場であり、戦っていくための集団であるから、集団への忠誠、そして強い自意識のための面子の重視、更には規律への厳守が出てくる。

日本人や日本兵のそうした行動は、決して平安時代や江戸時代の平和な時代には直接には無かったものです。日本人の長い歴史の中で培った勤勉性や真面目さが核となって、明治以降の世界的状況の中に投げ込まれて、突然、恰も突然変異の如くそのような行動様式が現れたのだと思います。つまりは明治維新を成功させて、世界の中に投げ込まれて、嫌が上でも世界を常に意識するようになって出てきた行動の仕方だと思うんです。

つまり、日本人が明治以来、常に世界を意識して、世界の人類の課題に向かって突き進んだとき、世界の既存の秩序への挑戦となる。そして世界の既存の秩序からすれば、日本人の行動は、既存の秩序を壊してくる非行少年のその行動に似てくる。

そういう意味で、明治より日本人が背負ってきた、人種平等、白人の植民地支配からの解放、そうしたものが大東亜戦争で出てきたものだと思います。

日本の自存自衛のための東南アジアへの進出であったけれど、欧米から見たところの既存の秩序からすれば、それは「侵略」ということになる。

少し話しが長くなりましたね。

波多野　いいえ。言われてみれば、そういうことかもしれませんね。日本は、大東亜会議を開いてそのことを宣言した。

杉原　そうです。先ほども言いましたように、昭和十八年十一月五日、六日の両日、日本、満州国、タイ、フィリピン、ビルマ、中国（汪兆銘政権）、そしてインドからは自由インド仮政府の首班が出席した。

この大東亜会議を推進したのは外務大臣の重光葵です。会議開催の頃は、戦況は既に傾いていましたが、負けるとしてもアジアの解放は明示しておかなければならないとして開催に漕ぎ着けたのですが、これは賢明なことだったと思います。

重光は東条内閣の下で昭和十八年四月二十日に外相となる訳で、鈴木貫太郎内閣が成立するまで外相を務めます。

重光は、大東亜会議の延長で、仏印、つまり仏領印度支那、今のベトナム、ラオス、カンボジアですね。これらの諸国に対しても賢明な措置を取っている。

仏印はフランスの植民地で、日本が日米開戦前に仏印に進駐したとき、フランスはビーシー政権の下にあり、友好関係があり、進駐は友好裡に行われた。昭和二十年、日本の敗色が正に濃くなったとき、日本の敗れた時にはフランスは有力な連合国の一国となっている筈だから、仏印では日本軍はことを起こさず、現地フランス軍と友好関係を維持したままの方が得策ではないかという考え方がありました。陸軍が主にその考えでした。しかし外務大臣の重光は、日本は敗れるからこそ、アジアの諸国を独立させ、アジアの諸国を全て独立させることに貢献した状況を作っておかなければならないのだとし、現地印度支那で現地日本軍が現地フランス軍に向けて攻撃を開始して、フランスの植民地行政機関を解体させる訳です。敗戦となってその後、仏印には約九万人居た日本軍の中から逃亡者が続出して、仏印諸国の独立を助けるために仏印に残留して一緒に独立戦争を戦うんですね。特にベトナムに対しては、士官学校を作り、日本軍の戦い方をベトナム兵に伝授する訳です。

時代が下り、アメリカがベトナム戦争をしたとき、ベトナム兵が強かったのは、日本軍から戦い方を学んだからだそうです。

ベトナム戦争では、アメリカは勝利することができず、撤退していくことになる訳ですが、何だか、日本軍の代わりに、アメリカ兵を追い出してくれたような感じですね（笑）。

波多野　私も自著『太平洋戦争とアジア外交』（東京大学出版会　一九九六年）の中で、重光の戦時外交、大東亜会議だけでなく、インドネシアや仏印の独立問題を議論したのですが、インドネシアの独立と日本兵の関係はある程度知られていますが、ベトナムの独立と日本兵の関係はあまり知られていませんね。

杉原　そうかもしれませんね。ベトナムはベトナム戦争後、共産党政権が生れましたね。共産党政権にとって、日本は愛すべき褒める国ではなかったから、功ある日本人のことを外交の場面でも顕彰してこなかったからでしょうね。最近は少しずつそうではなくなっているようです……。

閑話休題。それはそれとして重光は終戦に向けて決定的な失政があります。終戦に向けて中国との窓口を切ったことです。

波多野　繆斌工作を切ったことですね。

杉原　そうです。

波多野　小磯国昭内閣で小磯首相が進めていた繆斌工作を、外交権は外務大臣にあると言い出して、この工作を切った。小磯内閣崩壊の原因にもなり、結果的に鈴木貫太郎内閣誕生の契機にもなったといえます。

杉原　そうです。小磯首相は組閣早々、重慶の国民党政府に陸軍から使者を派遣して和平工作を開始していた。これを知った重光は「私を差し置いて和平工作をやるとは何事か。憲法違反である。外交は天皇の大権に属し、外務大臣が直接天皇を補佐し行使する外相の専管事項である」とまで言って阻止に動いたようですね。繆斌の国民党政府内の資格が曖昧であったこともありますが、これは昭和十九年九月五日、最高戦争指導会議で決定した「對重慶政治工作実施要項に基くもので、提案者は重光葵だった。

しかし、それを進めたのが小磯首相であり、重光ではなかったということで、重光は激怒した。そのため、昭和二十年三月二十一日の最高戦争指導会議では、重慶の回し者だとして、小磯の進めていた繆斌工作を軍部と一緒になって葬ってしまった。

波多野　天皇もその結論に賛成だった。それで小磯内閣は四月五日、総辞職をすることになりました。私は、重光が繆斌工作を絶ったのは、繆斌という人物の信用性もありますが、その提案が、日本が承認している南京の汪兆銘政権を無視していたことにあると思っています。

杉原　でも、考えてみてください。ドイツが崩壊すると、ソ連はいつ中国に侵入してくるかもしれません。中国国民党政府にとって、中国共産党軍との関係を考えればソ連の対日参戦は絶対に避けて欲しいことです。だったら、日本と国民党政府は、巨大な共通利益を持っているではないですか。汪兆銘政権だって日本が敗れれば、消えて無くなるもので、正に風前の灯だったのではないですか。

だとしたら、繆斌は国民党から除名された元党員で、このとき南京の汪兆銘政権に属し、勝手に日本と和平案を作りこれを蔣介石の国民党政府に売りつける和平ブローカーのように見えたとしても、それは積極的に利用すべきことでしょう。少なくとも、全く交際を切る必要はないでしょう。

波多野　いずれにしても、この時点では、重慶の蒋介石政権は、連合国陣営の中で信用を失いつつあり、対日和平に応ずる余地は全く無かったと思います。

杉原　いえ、必ずしもそうとはいえなかったと思います。蒋介石は、繆斌工作をこの時点では知りませんけれど、間もなく、ヤルタの密約を知るんですよね。つまり、ドイツ崩壊後の二カ月か三カ月後にソ連が対日参戦をするということを知るんですよね。一九四五年（昭和二十年）六月九日、トルーマンと国務長官代理のグルーは、蒋介石に直結しているアメリカ滞在の宋子文にヤルタの密約を知らせるんです。六月十五日には、ハーレー駐中華大使が直接に蒋介石に知らせます。

たとえ、蒋介石がヤルタの密約を知らないこの時点でも、繆斌の潜在的利用価値は十分にあったと思います。それを、外相の面子が汚されたと言って、結果として倒閣まで持ち込むことは許されません。

大日本帝国憲法の欠陥をまざまざと知らされます。日本国憲法であれば、この場合、小磯によって重光が罷免させられるだけでしょう。

このような重要な時機に、このような巨大な利益が、憲法の欠陥によって失われたことになるのですが、嘆かわしいことです。

重光葵の話はここまでにしましょう。この節の本題の「アジアの解放」という問題に返りましょう。

波多野　分かりました。杉原先生がおっしゃる「アジアの解放」ということをもっと大きく、広く、世界の観点で捉えるべきだというご主張からいうと、インド独立問題に触れる必要があります。

昭和十七年（一九四二年）春に南方作戦が有利に展開している時に、インドに侵攻してインド内の独立勢力に呼応してインド独立を力強く支援するという選択もありえたと思います。しかし、日本軍はそれができなかった。その後、インド独立を視野に入れつつビルマ・インド方面の作戦を構想したのが牟田口廉也第一五軍司令官です。牟田口はビルマに駐在した経験もあり、インパール作戦を実質的に指導しました。昭和十九年（一九四四年）一月に大本営が南方軍に下した命令では、「インパール附近、東北部インド要域を占領確保すべし」となっていまして、インパール作戦はビルマ防衛だけでなく、インド進行に含みを持たせていました。牟田口の強い希望が容れられたものでしょう。チャンドラ・ボースもラングーンに赴いてインド進攻を支持しています。

杉原　アジアの解放という観点から見た「インパール作戦」ですね。言われてみれば確かにそうですね。敗戦がほぼ確実に見えている昭和十九年三月に開始されたインパール作戦ですが、このインパール作戦も、アジアの解放ということから一度見てみるべきでしょう。

波多野　しかし「インパール作戦」というのは、兵站を無視したありえない作戦だったということで、戦史上定着していますね。直接には三個師団、約七万五千の日本軍を飢餓と弾薬不足に追い込んで約三万の戦死者を出しました。戸部良一、寺本義也、鎌田伸一、杉之尾孝生、村井友秀、野中郁次郎諸氏の共著で著名な本『失敗の本質－日本軍の組織論的研究』（ダイヤモンド社　一九八四年）にも「インパール作戦はほんとうに必要かつ可能な作戦であったろうか」と問いかけ、その必要性、可能性を否定しています。

保阪正康氏、半藤一利氏の共著『昭和の名将と愚将』（文芸春秋　二〇〇八年）で保阪氏が言っていますが、従軍した元兵士に会うと口を揃えるように「インパール作戦での日本軍兵士の第一の敵は軍司令官、第二は雨期とマラリアの蚊、第三は飢餓、そして英印軍はやっと四番目だと戦場で話し合った」と言ったといいます。

杉原　そのことを十分押さえた上で、その上で言います。

インパール作戦が実行された背景の一つには、自由インド仮政府のもと、インド国民軍を率いたチャンドラ・ボースの依頼を受けて、東条英機首相も促した作戦ですね。昭和十八年十一月の大東亜会議を受けて「アジアの解放」に繋がるという政治的判断が背後にあった。日本にとっては無茶苦茶な作戦ではあったのですが、その後の印度の独立には確実に効を奏した。

戦争が終わると、インドを支配するイギリスにとっては、チャンドラ・ボース麾下六千人のインド国民軍は、イギリスから見れば反乱軍になる訳ですね。そこでイギリスは、インド国民軍の将校三人を選び出して反逆罪その他で刑に処そうとした。そうすると、インド人の怒りが爆発し、それを鎮静化させることができず、どうしようもなくなるんですね。イギリスはインドの独立を認めざるをえなくなった。

イギリス本国では、まだ日本との戦争が終わっていなかった時期の一九四五年（昭和二十年）七月、労働党内閣が成立します。日本が敗戦となって、その後、この内閣の下で、インドの統治権をインドに移譲する交渉が始まり、一九四七年（昭和二十二年）八月十五日、インドとパキスタンの二つに分かれての独立でしたが、インドは確かに独立したのです。

先に、重光葵が仏領印度支那の独立を目指して、現地のフランス軍を降伏させたと言いましたが、こうした「アジアの解放」を意識して戦った兵士も確実にいる訳ですから、インパール作戦も我が国内の意味だけでは捉えず、世界史的な意義からも考えるべきだということになると思います。

先に述べましたが、大東亜会議で明示した「アジアの解放」は、ルーズベルトとチャーチルの「大西洋憲章」と同じ方向の目的を持っており、日本の場合、それが自存自衛のためというのが第一義の目的であり、そのために武力発動の形を取りましたが、アジアを解放し、人種戦争の中で、大きく一歩前進し勝利に向けて歩んだのだということはいうべきだと思います。

敗戦直後には、そのことを世界に向けて発言することはできなかったけれど、主権回復後、そのことを、世界に向けて堂々と言ってよかったのではないでしょうか。

波多野　その通りだと思います。

それでは、本節はこの辺りで終えてよいですか。

杉原　いえ、最後に、「大義」を語るべきだということの問題も、外務省の問題、延いては吉田茂の問題に繋げて纏めておかなければならないと思います。

明星大学の戦後教育史研究センターの勝岡寛次氏が『抹殺された大東亜戦争－米軍占領下の検閲が歪めたもの』（明成社　二〇〇五年）という本があります。

この本には、占領下の検閲がいかにひどいものであったかを具体的に例を示しながら述べた本です。この占領軍の検閲では、書籍、新聞等で、日本がかの戦争でいかに言い分があったかについて記述するのを、いかに徹底的に排除したかを詳細に例示してくれています。例えば、「堕落論」で有名な坂口安吾の「特攻隊に捧ぐ」という一文が掲載不許可になっています。特攻隊を貶めない一文であるが故に不許可です。

東京空襲や広島、長崎の原爆に関し批判的意味が少しでもあるものは完全排除です。興味深いのは、昭和二十四年に出た長崎の永井隆博士の『長崎の鐘』（日比谷出版社　一九四九年）ですね。これはカトリック信者でもある医師の永井が自らの被爆体験を綴ったものですが、この本を単独での出版は認めず、占領軍提供の「マニラの悲劇」という特別付録を付して発行させたんですね。この付録の序文には次のように書いてあります。

マニラ市民に加えられたこのような残虐非道な行為は、…野蛮人にもまさる蛮行だといえよう。（中略）或る一人の男が突然暴れ出して、路上に行き会う誰彼を見境なしに殺して廻ったとしたら、警官は彼を掴えなくてはならない。これが、日本がアメリカと全世界に課した宿題であり、この無差別な殺傷行為を止め、戦争を終結させるために、アメリカと全世界とが原子爆弾を使用せざるを得なかった所以である。

勝岡氏は、平成七年の時点のものですが、本書の執筆の動機を次のように述べています。

戦後も早五十年、一国の宰相は『侵略戦争』を口にして憚らず、国会議員は恬然と『謝罪決議』を行はんとする時世とは相なった。だが、現在五十歳から七十歳前後であろう、彼等国政の中枢を担ふ者とても、五十年の昔を辿れば全くの赤子から青年前期、多感な価値観形成期を占領下に送った者ばかりに相違あるまい。されば五十年の昔に占領軍の注入した毒は、半世紀の潜伏期間を経て、遂にこの国の政治中枢をも侵蝕しつつあるのだ。

これは、この第三章の第五節で語り合ったことと繋がりますが、占領軍のＷＧＩＰは昭和二十七年四月二十八日をもってぴたりと止まった。にも拘わらず、敗戦後約五〇年経た時点で、ＷＧＩＰの効果が続いているだけではなく、寧ろ大きくなっているんですね。

占領下では、いうまでもないことですが、新聞、雑誌等マスコミは厳しい検閲を受け、日本側から見たかの戦争の大義は一切書くことができませんでした。そのマスコミが占領解除後も、検閲を受けていたときと同じような在り方をした。つまり、かの戦争の「大義」は語らず、自虐的な方向でしか記事を書かないようになっていた。

と、一応はこのようにいえます。ＷＧＩＰの継承、維持、発展にマスコミの果たした役割は大きい。しかし政府がしっかりとしていてきちんと「大義」を語るように国民を仕向けておれば、聽てそれが真実ですから、その真実で国民はものを考え、言うようになります。

しかし波多野先生が言われるように、吉田茂首相は、そういうことに関心を示さなかった。冷淡だった。というより、かの戦争の最大級の責任を負った責任者を隠してしまった。そのことに困って政治の半分である外交を自虐的にしか行えないようにした。勝岡氏はそこまでは言っていないんですが、やはり、この問題はそこまで言わなければなりません。

波多野　結局は、日本は「吉田茂という病」に冒された。そしてその病状が年月が経つに従ってより一層重症化していっているということでしょうか。

杉原　そうです。そうだと思います。

第九節　日本をアメリカの「保護国」にした日本の安全保障

杉原　日本が一個の国家である以上、安全保障の論理がどうなっているかの追究は欠かせません。ここでも、占領期を取り仕切った吉田がいかに愚昧な首相であったかと明らかにすることになると思いますが、波多野先生の場合、防衛大学校の学生であった時がおありのようですが、子供の時から日本の防衛問題に関心を持たれていたんですか？

波多野　私も私の父の影響を受けてか、歴史や軍事という問題については子供の時から関心を持っていましたが、工業高校の電気科に進学しましたので、大学は理工系と決めていました。当時、防衛大学校は純粋に理工系のみでしたので、軍事も電気工学も学べるという訳で昭和四十一年（一九六六年）、防衛大学校第一四期生として防衛大学校に入った訳です。つまりは、防衛問題に特別にそれほど大きな関心があった訳ではありません。

杉原　その頃は、自衛隊は必ずしも十分に社会的認知がされていなくて、本人はそう思っていなくても、周りが、自衛官は肩身の狭い思いをしているだろうと思うような時代でしたね。

波多野　入学は一九六〇年代半ばでしたので、自衛隊は元より、防衛大学校の学生に対する世間の目も温かいものではありませんでした。入校して、理工学ばかり学んで、そのまま自衛隊幹部になるのはやや躊躇があって、何か社会科学系のクラブ活動に参加したいと思って社会科学部に入った訳です。そこで、防衛問題の基本や、自衛隊の歴史とかを学び、自衛隊の原点である警察予備隊の創設が、占領時代にあること、新憲法の制定過程で翻弄されてきた存在であることを漸く知ることになった訳です。

杉原　ともあれ、占領軍の最初の大きな仕事は、憲法改正を強いて、日本に戦争放棄をさせることでした。日本の側から言い直せば、そのようにして押し付けられた日本国憲法の最初の段階では、日本の安全は言うならば大戦後新しく誕生した国際連合に委ね、日本としては全く軍隊を備えないというものでした。このことは制定過程として常識なのでここで詳しく論じる必要はないと思いますが、アメリカで憲法改正案の原案を作るとき、マッカーサーの示した「原則」には自衛のためでも戦えないとはっきり書いてありました。しかしこれは、憲法改正草案作成の中心的役割を果たした民生局次長のチャールズ・ケーディスの段階で、主権国家ではありえないことだとして消され、日本に突き付けられた憲法改正草案には出ていませんでした。つまり、自衛のために戦いうると、しかし戦備はないというものが日本に渡された時の憲法草案だった。

しかし憲法改正の帝国議会の審議の中で、いわゆる芦田修正によって、自衛のためには戦力も交戦権も有するというものに変わり、そのことを占領軍も認め、占領軍の押し付けた憲法の最終段階の安全保障の構造は、厳密には自衛のためには戦力も交戦権も有するというものだった。

しかし、この憲法が公布、施行されてから時の吉田茂内閣はそのことを強調しなかった。第九条を安易に読んで表面的に解すると、自衛権は認められるものの、いかなる場合でも戦力も交戦力も持てないという解釈で、その後を進めていった。

このような安全保障の構造で心配したのは昭和天皇です。当時は、ポツダム宣言のもと、占領が終わればアメリカ軍は引き揚げることになっていました。そうなれば、日本は全く無防備状態で放置されることになる。昭和天皇として心配するのは当然です。日本国民を二度と戦禍に陥れてはならないと思います。それで早くも、昭和二十二年五月六日、第四回の天皇とマッカーサーの会見で、国連の保障では不十分であるとして、占領解除後のアメリカ軍の駐留を要請する訳です。

占領解除後のアメリカ軍の駐留は、その後芦田均内閣時代の芦田首相によっても、また昭和二十四年五月七日、吉田茂内閣の吉田首相によって記者会見で表明されますが、憲法施行の時点で昭和天皇によって逸早く言われていたとは驚きです。

波多野　そこまで前提がはっきりすると、やはり、一九五〇年（昭和二十五年）六月ダレスが訪日した時の、更に翌年一月末にダレスが訪日した時の吉田の対応が問題となるでしょうか。

杉原　正にその通りです。

波多野　本章第七節で、少し出てきましたが、杉原先生はつまり、次のように言われる訳ですね。

一九五〇年（昭和二十五年）六月、そして翌年一月にダレスがやってきて再軍備をしろと言ったとき、アメリカは占領前期の政策が誤っていたことを認めたことになる訳だから、更には再軍備はいずれしなければならない訳だから、アメリカに「かの戦争には日本側にも理由があったと、一言、認めた発言をしてくれ」とでも言って、日本には戦う大義があったことを堂々と明かし、正々堂々と再軍備に着手すべきだった。しかし、吉田は日本国内にも波打つようにある再軍備肯定論を抑えて、日本国は憲法の規定上、軍備は持てないのだとして、再軍備の道を閉ざした。しかしそれでいて警察予備隊を創設して事実上の再軍備には取り掛かった。

私としては、日本の安全保障という重要な問題を、このような曖昧な論理で進めることは、どうしても感心できません……。

杉原　その通りだと思います。吉田は昭和二十七年、警察予備隊を保安隊に改組する過程で、三月六日参議院予算委員会で、「憲法第九条は、国際紛争を解決する手段としての戦力を禁じてはおりますが、自衛のための戦力を禁止してはいません」と答えました。この答弁は、ちらりと第九条の本来の正しい解釈を披露したことになるのですが、全体としては、吉田の日本は軍隊は持てないという憲法解釈の中での衝動的な発言ですから、当然批判を浴びることになります。

そこで三月十日、新任の木村篤太郎法務総裁が前言を訂正するとして、「戦力」とは近代戦を戦うに相当する実力を指すとして、警察予備隊や保安隊の実力は戦力ではないとしたんですね。そのことによって憲法を侵してはいないと言ったんですね。

波多野　明らかに、詭弁の域に入っていますね。

杉原　そうです。波多野先生の言われるように、事は安全保障の問題ですから、曖昧であってはならないのです。

　私は言いたいんです。吉田の用いた論理では、日米安全保障条約を結ぶに当たっても「戦力」を持たない日本が「戦力」たるアメリカ軍の駐留を認めるということだから、論理上日本はアメリカの植民地とまではいえないとしても、アメリカの歴然たる保護国だということになります。「安保のタダ乗」論どころではありません。属国ですね。

　その論理をアメリカが持ち込んだのならば、まだいざ知らず、日本側が自ら掲げたとすれば、本来、言語道断ではないですか。吉田は、ものごとを将来のことを慮って長期的に考えるとか、視野を広げて鳥瞰するとかいうような能力が無かったんですね。正に衝動に因るだけの行動で、正に愚人そのものなのです。

波多野　杉原先生のいつもの吉田への厳しい評価ですね。

　吉田のダレスとの交渉は稚拙だったという指摘は、豊下楢彦氏が平成八年に『安保条約の成立』（岩波書店　一九九六年）という本にふんだんに出ています。豊下氏は、日米安保条約に関わって、アメリカに基地を提供するということは、多大な外交カードであったのにも拘わらず、ダレスとの交渉で、そのカードを一切使うことなく、譲歩を重ねて不平等極まる安保条約を結んだと言うんですね。

杉原　確かに、講和条約を結んだ第一次安保条約は惨めな条約でした。どれくらい惨めな条約かといえば、アメリカ軍の日本防衛の義務の規定が無く、日本国内で暴動が起きた際にはアメリカ軍が出動して鎮圧することができるというようなことが条文に書いてあるんですよね。これって日本がアメリカの保護国でないとありえない文言ですね。この第一次安保条約がきちんとしたものであるならば、そもそも昭和三十五年の安保改定は必要で無くなり、したがって昭和三十五年のいわゆる安保闘争なるものは起きなかった。

波多野　実は、同じ豊下氏の『昭和天皇の戦後日本－〈憲法・安保体制〉にいたる道』（岩波書店、二〇一五年）によれば、第一次安保条約は、ダレスの要求を一方的に受け入れてしまい、自尊心を傷つけられてしまったことから、吉田は首席全権として講和会議に出席することを固辞した、というんですね。佐藤尚武参議院議長に託そうとしたり、執拗に行くのを固辞したといいます。そして最後にその固辞を撤回させてサンフランシスコに吉田自身に行くように促したのは昭和天皇だということです。

杉原　豊下氏のこの本のこの部分を読みました。第一次安保条約が失敗作ならば、それだけ余計にその責任まで取って自分が行かなければならないのに、非常に拙い条約であることが自分にも分かる、それにダレスにも会いたくない、というようなことが大きな理由だったんでしょうね。その条約を決定した張本人の吉田が、全権大使として締結の場には行きたくないという。吉田はやはり感情本位にしか行動しない愚かな人物だったというより外はありません。

波多野　そのうえ、吉田の固辞に関する資料は外務省によって削除されたといいます。昭和五十七年にこの史料は公開となるのですが、吉田の醜態が分かるところは全て削除されていたといいます。

杉原　吉田の醜態の分かる部分の削除、これは外務省の敗戦利得者の末裔の為した行為ですね。やはり敗戦利得者は、そうした日本側の恥は隠して、日本を歪め、その歪めた事実を、恰も日本側がしたのではなく、全て占領軍がしたかのように見せるため誤魔化しですね。

波多野　豊下氏は、「こうした『固辞』の姿は、高坂正尭や吉田自身が描き出してきた、『戦争で負けて外交で勝った』という華やかで誇り高い吉田像とは、余りにもかけ離れたものである」と述べています。

杉原　そうなんです。

波多野　ともかく、日本という一個の独立国家の安全保障の問題ですから、曖昧にしてはいけない問題だった。それを吉田は曖昧なままに、日本国を出発させてしまった。

杉原　そうです。再軍備は必然不可避のことであったのだから、「再軍備」だとして再軍備を正当な過程を経て堂々と為すべきだった。その時の日本国民も再軍備の必要を認めていたのですから、憲法第九条の解釈を自衛戦争の限り戦力も交戦権も保持しているという本来の解釈を明確にするか、あるいは憲法を改正して誰が見てもはっきり再軍備できるような条文にして行うべきであった。

波多野　それに、警察予備隊という形ではなく、歴とした軍隊として、ということですか。

杉原　そうです。その、警察予備隊か、又は歴とした軍隊かの問題について、少し言いますね。

ダレスが吉田に再軍備しろと言った時の再軍備のそれは歴とした軍隊であり、警察予備隊ではありません。それを警察予備隊にしたのはマッカーサーですね。マッカーサーには妄想ともいってよい、日本を完全に非武装にするという夢を持っていました。世界の中に非武装で平和を維持する国がある、というようにしたかったところがあります。もっともこれは沖縄の直轄統治による強力なるアメリカ軍基地が直ぐ近くにあることを前提としていましたから、純粋な意味での非武装ではありません。しかしともかく形式上、国際連合の存在を前提にしながら非武装の国家を作りたかった。しかしダレスが来日して吉田と会って三日目に当たる昭和二十五年六月二十五日、朝鮮戦争が始まった。もう完全なる非武装などとは言っておられない。そこで出てきたのが軍隊と警察の中間の警察予備隊です。マッカーサーは七月八日、吉田に「警察予備隊」の創設を指示します。

さりながら、同じ警察予備隊でも、より警察に近く作るのか、より軍隊に近く作るか、その差異があります。たとえマッカーサーが軍隊ならぬ警察予備隊を作れと言ったのだとしても、一国の安全保障の問題ですから、これを機に実質の軍隊を作ればよかったのです。少なくとも直ぐに軍隊に改編できるように作らなければならなかったのです。

吉田は、警察予備隊も旧軍人を使わず内務省の警察畑の人を使います。これも大変大きな問題です。

波多野　吉田首相が、総司令部参謀二部のウィロビーが軍隊創設のための準備に着手させていた元参謀本部作戦課長服部卓四郎を活用せず、内務省警察畑の人に作らせて、混乱させたという話のことですね。阿羅健一氏の『秘録・日本国防軍クーデター計画』（講談社二〇一三年）に詳しい。

杉原　そうですね。少し細かい話に入りますが、それで私は服部卓四郎案によって創設すべきだったと思うんですが、そこのところは波多野先生はどう思われますか。

波多野　警察予備隊は「警察の予備部隊」というカモフラージュを施してはいましたが、実際には警察ではなく、やはり軍隊でした。軍隊として再建するためには陸海軍の旧軍人の力を借りねばなりませんでした。旧陸軍関係では、ほぼ二つに分けることができます。

その一つは辰巳栄一（元陸軍中将）、宮崎周一（元陸軍中将）、下村定（元陸軍大将）ら、吉田首相の「軍事アドヴァイザー」として相談に与っていた将官グループ。彼らは、旧軍人の追放解除や予備隊に編入すべき元将校の選考などを進言し、講和後の日本の防衛力の規模や防衛政策の策定などについて、しばしば非公式に諮問や相談に与り答申を行っていました。

もう一つは、服部卓四郎（元陸軍大佐）を中心としたグループで、主に旧陸軍の佐官・尉官級の将校です。

彼らは、警察予備隊に批判的で、警察予備隊の創設を指導したコワルスキーによれば警察予備隊を「敵視」してきた将校グループ。コワルスキーの、このグループに対する評価は極めて厳しい。反共主義ではあるが、アメリカ型デモクラシーや文民統制の概念を受け入れようとせず、「規律、服従、自己犠牲など日本古来の美徳」の復活を主張し、旧軍の復活に等しい自立的軍隊の形成を望んだ、と。

この「服部グループ」は警察予備隊成立後も、精力的に研究を継続し、一時は追放解除後の鳩山一郎に接近を試みるなど影響力を行使する機会を伺う。

特に、鳩山一郎の率いる日本民主党は憲法改正や自衛軍の創設を目標とし、その点では服部グループと合致する点が少なくなかった。唯、服部グループの構想は、米軍との協力や共同を前提としない自立的軍隊の創設を目論むものでしたので、アメリカは警戒した。対米協力を前提としない自衛軍建設は、アメリカが望むところではなかったのです。

因みに、予備隊創設に尽力したコワルスキー大佐は、マッカーサーと吉田は適当な野党指導者を招き、軍隊の必要性を説いて憲法改正に支持を求めるべきであった、と書いています。しかし、吉田は野党の支援を求めるどころか野党の介入を避けることに汲々とし、マッカーサーもそれに従ってしまった。こうして日米は「共犯者」となり、一方、野党も「誤った潔癖感」に陥り、膠着した反対姿勢に終始した。コワルスキーは、野党としては現実を認め、「憲法の小規模改正を支持しておれば、社会党は失うところ少なく、得るところが甚大であったであろう」と言っています。コワルスキーの（勝山金次郎訳）『日本再軍備－私は日本を再武装した』（サイマル出版会　一九六九年）に出ていることです。新訳は同じく勝山金次郎の訳で昭和五十九年（一九八四年）ですね。昭和二十五年（一九五〇年）の警察予備隊創設の当時、困難であったとはいえ、日米両国政府と野党が「近視眼的行動」に走ることなく、コワルスキーが指摘するような努力がなされていたならば、自衛隊をめぐる問題のその後の展開は大きく変わったものとなったでしょう。吉田も野党も、目先の問題に囚われて、将来を見通すことができなかった。惜しまれてなりません。

杉原　ともあれ、日本の軍隊は、警察予備隊として、しかも内務省警察畑の人が中心になって創設された。結局は正々堂々としてではなく、日陰者として誕生した。

一度、軍隊を解体した上での再軍備ですからいろいろ議論は出てきますが、吉田がこれに関わる憲法問題を曖昧にしたため、一層、日陰者の存在になった。

今の自衛隊のその歪んだ存在は、ある程度吉田によって意図的に作られたといってもよい。昭和四十五年十一月二十五日、三島由紀夫が自刃する時に残した檄文にあるように、自衛隊は国軍たりえず、建軍の本義を与えられず、警察の物理的に巨大なものとしての地位しか与えられず、その忠誠の対象も明確にされなかったのです。

波多野　昭和二十五年に警察予備隊ができ、やがて保安隊、自衛隊と名前を変えていくのですが、吉田茂の政府は、これらの組織は軍隊ではない、という建前に固執していました。国家を守るという立場から見て、意味のない固執ですね。

当時の武器や装備は米軍から借用するか、あるいは旧軍のものを活用していた訳ですし、人員も幹部は旧軍の大佐、中佐クラスを採用していたにも拘わらず、です。私が昭和四十一年防衛大学校に入校した当時でも、歩兵部隊は普通科、砲兵部隊は特科、戦車も特車、工兵部隊も施設科などと呼んでいました。

階級についても、旧軍の階級制度を踏襲せず、少尉は三尉、中尉は二尉、大尉は一尉、少佐は三佐、大佐は一佐、少将は将補などと呼んでおり、これは今でも変わりません。

これらの措置は、旧内務省の高官によって牛耳られていた内部部局の意向が強く働いたといわれています。

困ったのは外国に対する説明でした。特に現在の「防衛駐在官」という制度があります。これは旧軍では駐在武官として大使館付きとなるのですが、戦後も役割は同じでした。講和後に復活するのですが、英訳すれば「ミリタリー・アタッシェ」ですが、日本は「ディフェンス・アタッシェ」と敢えて訳しました。これをアメリカは渋々受け入れるのですが、フランスは「アタッシェ・デファンス（防衛駐在官）」という呼称を受け入れず「ミリテール・アタッシェ（駐在武官）」でなければ武官として認めない、という態度で任命が難航します。結局、フランス側が譲歩して解決するのですが、国際的には軍を軍として認めない不思議な国と思われていたようです。

杉原　当時は、自衛隊は、外務省は勿論のこと、他官庁からも虐められたようですね。聞くところによると、今のＪＲの前身、国鉄、国有鉄道ですね。これがよく事故を起こしていた。その事故を救済するのに自衛隊が派遣される。旧国鉄はそのとき、自衛隊員の国鉄を利用した移動につき、自衛隊から乗車賃を取っていたようですね。

元々、避けられる筈以上に日陰者として誕生したのですが、誕生後の対応が更に輪を掛けて酷かったようですね。政府関係者、官僚で権力を握っている人が敗戦利得者でしたからそうできるのです。二一世紀に入った令和の今は直接に敗戦利得者である人はいませんし、一般国民からも信頼されている自衛隊に成りましたからね。先輩の自衛官の忍耐と努力の賜でしょうね。

波多野　少々話は変わり、いささか専門的な話になりますが、更に困ったのは、法的な問題です。戦争ないし戦闘が起こった時の法的論理の整理についてです。

思い出すのは、昭和五十三年に当時の統合幕僚会議議長の栗栖弘臣が、「総理大臣の命令がない限りは、いかなる緊急事態でも、自衛隊として何もできない？」と週刊誌『週刊ポスト』の取材を受けて、その中で質問に答えて、「いざとなった場合は、まさに超法規的にやる以外にはないと思うんです。その時は日本国民も、超法規的行動を許す気分になると期待していいるんですけどね」と語った。

これが「超法規発言」として問題化し、当時の防衛庁長官金丸信によって事実上、解任されたという事件です。

栗栖は、内務省に入り、兵役として海軍の法務大尉として終戦を迎えたのですが、戦後に警察予備隊に入りました。その動機は「戦後みずからの受けた処遇や不幸な刑死者の悲痛な叫びから、どうしても新国軍を再建しなければならぬ」と思ったと、述べています。その栗栖は自衛隊のトップに上りつめても、純粋に軍事的、専門的な視野から政府に直言することを止めませんでした。

こうした言動は、自衛隊を統制する政府から見るとシビリアン・コントロールを逸脱するものと見なされたのですが、政治家や官僚がシビリアン・コントロールを全うするというのなら、統幕議長に指摘されるまでもなく、率先して緊急事態に関する法令や環境の整備に邁進すべきだったと思うのですが、それは結局、安倍政権になってからとなってしまいます。

杉原　安倍晋三内閣は、集団的自衛権の問題をクリアーしましたからね。ともあれ、こうした事態は全て吉田茂の、自衛隊を巡る創設の仕方から生じたのだと思います。波多野先生式に言えば、かの戦争の大義を語らず、そこを曖昧にしたまま、アメリカにせっつかれて已むを得ずというような仕方で軍隊ではない形で設置したからですね。日本が一個の国家として必要だからということが明確にされないままの設置だったからですね。そして基本的には、憲法改正が喫急の課題だったということが、今日でも十分に解明されてはいない。全く吉田茂の負の遺産は巨大です。

昭和二十六年締結の旧日米安全保障条約は、その後岸信介内閣で激しい安保闘争を経過して、いささかは改善されますが、自衛隊は戦力ではないということで、波多野先生が言われるように「吉田茂という病」の中にあるままです。「吉田茂という病」については後ほど詳しく話し合いましょう。

波多野　「吉田茂という病」は後で話し合うとして、ダレスらと日本の安全保障問題を議論した時に、日本にも戦争をせざるをえない「大義」があったということを主張しなかったのは、戦後の日本を大きく左右したということでしょうか。

杉原　蓋し、そのような重大な問題に気づくような首相の器ではなかったということです。そのような愚かな首相によって占領期に導かれたことは本当に日本の不幸でした。豊下楢彦氏の言っていた批判は当たっています。

蓋し、かくしてＷＧＩＰが効果拡大されていく訳ですが、それは日本人自身、敗戦利得者によって為されたのです。その中で吉田茂は、他の日本人、他の敗戦利得者を絶して、ＷＧＩＰの効果拡大に巨大にして決定的に貢献したということですね。

第一〇節　日本は未だなお「吉田茂という病」を患っている

波多野　第三章の重要な節ですね。占領というものを総括し、吉田茂についても総括しなければなりません。本節は少しばかり長くなるでしょうが、頑張っていきたいですね。

杉原　そうですね。「吉田茂という病」というのは、波多野先生の命名で、現在の日本が吉田茂という病に侵されたままになっているという意味でしたね。

波多野　そうです。

杉原　それでは対談を始めましょうか。まず波多野先生の方から占領とは何だったのか、総括してみてください。

波多野　日本はあれだけの戦争をし、あのような終結をしたのですから、連合国軍に依る日本占領は已むを得なかったと思います。日本にとって幸いだったことは「間接占領」だったことと、アメリカの単独占領だったことだと思います。

日本の人は、この幸いだったことについてあまり認識しようとしない傾向がありますね。ポツダム宣言が出たとか、八月十五日に降伏することができたとか、そうした幸いさをあまり強く認識しようとしないんですね。日本の降伏が、あと一週間とか二週間遅れただけでも、戦後の日本の状況は、大いに違っていた。

杉原　そうです。そしてそのためには、沖縄で戦って死んだり、東京空襲で死んだり、広島、長崎の原爆で死んだりしていった人たちが居り、ポツダム宣言というのは、その人たちの遺した形見のような意味があった。端的にいえば、沖縄の戦いで多大なアメリカ軍の犠牲があって、その犠牲者のことを考えると、アメリカ軍として日本本土に上陸して本土決戦をするのは大変ことなのだということになり、そのために出てきたものといえる訳ですからね。

アメリカ軍の本来の意図としては、最も厳しくいった場合、アメリカ軍が日本に上陸して最後まで日本軍と戦い、最後にドイツと同様の文字通りの無条件降伏を実現しようというものでした。それは正にドイツで実際に実行されていたんですね。

波多野　そうです。そのことを理解するために、日本が昭和二十年九月二日ミズリー号上で降伏文書に署名して降伏して、その直後に、占領軍最高司令官が九月二日付で出そうとしていた「布告第一号」の冒頭部分を示しておくとよいと思います。

日本国国民ニ告ク

本官ハ茲ニ連合国最高司令官トシテ左ノ通布告ス

日本帝国政府ノ連合国軍ニ対スル無条件降伏ニ依リ日本国軍ト連合国軍トノ間ニ長期ニ亘リ行ハレタル武力紛争ハ茲ニ終局ヲ告ゲタリ日本国天皇、日本国政府及大本営ノ命ニ依リ且其名ニ於テ署名セラレタル降伏文書ノ諸条項ニ基キ本官ノ指揮下ニアル戦勝軍

ハ本日ヲ以テ日本国ノ領土ヲ占領セントス

意味を取りにくいかもしれませんが、要するに日本政府を介さないで直接占領政策の実行に移るという文書ですね。急遽、ポツダム宣言が出て宣言受諾で戦争終結したのにも拘わらず、それに直結した準備が整わず、本来の予定である無条件降伏の場合の文書を出してきて命じた訳ですね。文章の中には文字通り「無条件降伏ニ依リ」とあります。

杉原　慌てた日本政府は、外務大臣の重光葵が、マッカーサーに直談判をしてこの文書を出させなくするんですね。

波多野　そうです。つまり、連合国軍に依る日本占領は、全国の行政機構の隅々まで占領軍兵士や行政官が入り込んで日本政府、地方自治体政府の存在を無視して日本の行政機構を直接に支配し、直接に住民の行動を統制するとする「直接占領」ではなく、そうではなく、地方や中央の行政機構をそのまま存在させて、そのまま利用する形の「間接占領」でした。そのため、敗戦前の統治機構やそれを動かしてきた行政官や政治家が排除されることなく、そのまま戦後も継続したことで、行政の機能や指導的な人材が排除されることなく、政府が継続し断絶が無かったことが重要と思われます。

杉原　それで占領が始まり、九月二十四日には日本人にも分かるようにということで、九月六日付「降伏後ニ於ケル米国ノ初期ノ対日方針」が公表されます。そこには「日本国ガ再ビ米国ノ脅威トナリ又ハ世界ノ平和及ビ安全ノ脅威トナラザルコトヲ確実ニスルコト」とあります。それから約六年半少しの占領期を通じて見通せば、占領初期に掲げたこの目的は十分に実現できた。しかも日本は完全なる親米国家と化していた。

アメリカ軍による占領は成功したのだといえますね。これほど成功した占領は、世界の歴史上無いといってよいでしょうね。

そのように総じて見たとき、本章第四節で話し合ったことですが、アメリカが押し付けようとした民主主義は、日本は既に受け入れるだけの素地を持っていた。日本の文化と衝突するものではなかった。更にいえば、人間一人一人を大切にしようという限り、日本は優るとも劣らない民主主義の素地を十分に持っていたということですね。したがって、アメリカは軍国主義排除のために民主主義を持ち込もうとしたのであるけれども、日本は民主主義国に成ることによって、軍国主義を排した国になった訳ではありません。明治以来の、特にその後半の日本人の在り方を反省して軍国主義を排し、そして占領軍の占領政策の中にある正なるもの、プラスに評価できるもの、即ち占領政策のうち正なる遺産とすべきものを正確に見取り、それを受け入れた。そして日本はアメリカを信頼し、親近感を持つようになった。

波多野先生、そう思われませんか。

波多野　日本占領の評価のためには、占領軍が実施した個々の改革を見る必要があると思われます。何といっても、その究極的目的は、民主化を推進するというより、今、杉原先生が言われたように、日本が再びアメリカの脅威とならないことを確実にすることに置かれた点が重要と思われます。

陸海軍の解体、軍事生産、軍事研究の禁止など非軍事化（非武装化）政策が優先されます。戦争犯罪人の逮捕と国際軍事裁判、戦争指導者の公職追放など、とりわけ、日本の軍国主義や侵略政策を支えた経済構造や産業基盤の解体という観点から実施されました。

財閥解体、農地改革、労働組合の育成、女性の解放などは確かに政治的、経済的民主化という側面もあったのですが、より重視されたのは対外侵略を支えた軍国主義の復活を抑える、という観点が強いものだったと思います。

杉原　だけれど、その軍国主義排除のため行われた諸々の民主化政策が日本にとって正の資産になったともいえる。

波多野　私が注目するのは、財閥解体に始まる一連の大企業改革です。明治以来の財閥企業は、資本と経営が一体化していたのですが、こうした伝統的な企業経営に大きな変化を齎しました。この改革の中心は、資本と経営の分離、資本家よりも経営者の優位という、いわゆる経営者革命を一挙に促進することになったことです。

資本家よりも経営者が企業経営に力を持つという日本の伝統は、戦時の経済統制下で一層強まっていました。また、企業経営者の追放によって生まれた新しい経営者は、企業経営を企業同士で互いに競い合うという状況を作り出し、経営者革命の推進力となりました。こうして占領下で実現した企業改革は、その後の経済成長を支える原動力に成ったと思います。

杉原　農地解放、つまり農地改革もそうですね。

波多野　農地改革も、農村の貧困が対外侵略やファシズムの温床と見なされたことに起因します。日本側でも、食糧危機を克服するためには、農地の生産性を高める必要があるとされて、幣原内閣において、既に自主的に農地改革プランの作成に着手されていました。地主制度の改革は戦前からの課題であり、土地税の「金納」などは、早くから提案されていました。

占領軍と日本政府の緊密な協力によって徹底した農地改革が実行され、農地改革は大きな成功を収めました。農村では、地主のためでなく、自らの農地で自らの利益を得るという自作農が育成され、その結果、農村の生産性は高まり、購買力を増大させて国内需要を押し上げました。

農地改革はその後の経済成長の基礎を作り出すと共に、安定した保守政権を支える基盤にも成ったといえます。唯、大地主から土地を買い上げて自作農を増やしたことは農村を活性化させたという意味では良かったのですが、私の田舎のように、多くの小地主にはあまり大きな影響はなく、土地の大半を占める森林（林野）が対象とならなかった、という問題を残していました。

いずれにしても、非軍事化を究極目的に展開された占領政策でしたが、政策によっては、日本人の潜在能力を引き出すと共に、その後の経済成長の基盤を作り出すという意図せざる効果を齎したのではないでしょうか。もっとも、占領軍の介入がなくとも、敗戦後、改革が自ずから進んだと思われる分野もあり、そこを見逃してはならないと思います。

杉原　農地改革は、戦前にもその必要は自覚され、改革案なども作られていました。しかしながら果たして占領下で行われたほどの大きな規模で為されえたか。つまりは、占領軍の力を借りてこそ、これほど大規模な農地改革が行われたといえるのではないでしょうか。

波多野　そういえるでしょうね。

杉原　農地改革は、思想的な社会の安定にも貢献した。共産主義の浸透を阻止することができたんですね。後に共産党から除名される共産党員山口武秀が言っています。「畜生！　あいつらが農地改革をしなければ、数年以内に東京に革命政権を樹立できたのに」と。

波多野　そういうことを言っていた人がいるんですか。

杉原　繰り返しますが、我々日本人は、軍国主義排除のためにそうした民主主義諸改革を受け入れた訳ではない。それが受け入れるに価値あるもの、受け入れてよいものであるが故に受け入れたというべきでしょう。勿論、占領軍が民主主義諸改革として日本に持ち込んだもののの中には、日本にとって価値あるものなのか、普遍性あるものとして受け入れてよいものか、そうしたことが極めて疑わしく、それを受け入れたことに、今なお感心できないものがあります。

しかし、全体として、アメリカが日本に受け入れさせようとした民主主義諸改革には、受け入れてよい価値あるものが多かったと一応はいえるでしょう。

一九四五年（昭和二十年）十一月十二日には、占領軍は占領下の混乱で美術品や、文化的宗教的遺跡や施設に対する破壊や散逸を防ぐための指令を出している。靖国神社などは占領軍の持った初期の軍国主義排除の方針の下では、靖国神社は軍国主義のシンボルとして破壊することも考えられなくはなかった。が、私的宗教的施設として見ることができるならば破壊してはならないとして、壊すようなことはしなかった。

また、こんなこともあります。日本が戦争に負けて経済的に弱体化したとき、アメリカはなぜ日本の資本を支配しようと企てなかったのでしょうか。アメリカの資本が日本に入ってくれば経済復興が大変早く進み、日本はもっと早く経済復興をすることができた筈です。それなのに占領下、日本にアメリカの資本が入ってこなかった。実は入ってくるのを占領軍が阻止したのです。占領軍は、アメリカの資本は第一次世界大戦後、敗戦国ドイツに乗り込んで政治摩擦の原因となったことに鑑み、占領下の日本にアメリカの資本が入ってくるのを阻止したのです。

また、何といっても、総和二十一年、二十二年、食糧が欠乏したとき、食糧を本国より運んでくれ食糧援助をしてくれたことです。それでどれだけの日本人の命が助かったか分かりません。

波多野　さて、そろそろ議論の方向を変えていきますが、占領軍としてＷＧＩＰ、戦争の贖罪意識を持たせるための洗脳計画を実施していました。これは一方的なものでした。そのことを話し合いましょう。

杉原　そうです。特に占領初期は、占領軍は、かの戦争は一方的に日本が悪く、アメリカは正義のための戦争をしたと思い込んで、ＷＧＩＰを強烈に押し進めました。

波多野　私が思うのですが、占領政策の一環としての東京裁判は、やはり政治裁判であったことは否めないですね。東京裁判を通じて、連合軍が目指したものは、あの戦争を、殊にアメリカの「正義」に照らして、「日本の侵略と連合国による制裁」と明快に性格付ける歴史解釈を確定することでした。殊に、侵略戦争は犯罪であることの立証と戦争原因を国際裁判で確定することは表裏一体として推進された。

この作業の技術的困難を克服するために「共同謀議論」が採用され、枢軸国の行動を、複雑な政策決定の集積でなく、計算された計画の結果である、という単純化された枠組みで解釈してみせようとしました。そこには敢えて強く解釈すれば、占領政策の一環として、日本をして、アメリカとの協調可能な平和国家へ変革していくという意図が働いていました。

そこで大きな問題は、東京裁判を通じた戦争への反省が「アメリカの正義」に即して語られ、戦争の責任が日本の中の一部の指導者に限定されてしまったことから、日本の指導者を取り巻く多くの日本国民の責任という見地からは、必要な日本の反省が抜け落ちてしまった、といえることにあると思います。つまり、その結果、多くの追放を免れた人々、杉原先生がおっしゃるような「敗戦利得者」となって、反省を怠ってしまったことでしょう。

繰り返すようですが、過去の日本への反省が、アメリカの戦争観や「正義」に沿ったものとなり、それが本質的にアメリカの国家利益と結びついた政治的イデオロギーに過ぎなかったにも拘わらず、普遍的なものとして多くの日本人は受け入れていきました。

杉原　そこが大切なところです。今、最後の所で「日本人は受け入れていきました」と言われましたが、「日本人は受け入れさせられました」と言われるべきです。そして受け入れさせた主体は、占領下では占領軍というより外はないでしょうが、占領が終わってからは、日本の敗戦利得者がそうなのです。

占領軍は昭和二十七年四月二十八日、日本の主権回復後に合わせて存在しなくなったんです。だからそれ以降、占領軍がＷＧＩＰの作用を直接出すことはありません。ＷＧＩＰが占領解除後、年月が下がるに従って強化するように見えるのは、敗戦利得者がＷＧＩＰを継承し、発展させ、作用を出し続けたからです。

今しがた、波多野先生は、戦争の責任が一部の指導者に限定されたと言われましたね。

ＷＧＩＰでは、この種の洗脳計画では一般的にいえることですが、軍国主義者と一般国民とを対立させ、一般国民をＷＧＩＰ計画に引き寄せるのは、洗脳教育の常套手段です。そして占領軍からは計算外ですが、大量の敗戦利得者が存在して、この敗戦利得者が、占領軍が居なくなった後、占領軍からＷＧＩＰを引き継いで、その作用をより強化、より発展させていったのです。

自虐史観、東京裁判史観を植え付けるためのＷＧＩＰの核は、日本人にかの戦争の「大義」を語らない、語らせないようにすることです。占領下では、検閲をし、東京裁判を挙行し、そのようにしましたが、日本が主権回復以後にＷＧＩＰを継承し続行してきたのは、日本人自身です。吉田茂を親玉とする敗戦利得者たる日本人ですね。日本人としてＷＧＩＰを継承し、かの戦争の「大義」を語らないようにすれば、占領軍が仕組んだ「軍国主義者は悪で一般国民は善」という対比の中で、自虐史観を受け入れるより外はないではないですか。

波多野　そうです、といわざるとえないでしょうね。

杉原　そこで次に問題にしなければならないのは、かの戦争で、一部の指導者にだけ戦争責任を被せることはできないということです。

波多野　勿論、責任の大小はあります。そのことを前提にすれば、先ほど私が言いましたように、戦争の責任を一部の指導者に限定したがために、一般国民は自らも関わる戦争責任を語らなくて済み、その替わりにアメリカの「正義」に沿ったものを受け入れざるをえなくなったんです。

杉原　なるほど。そうならば、あの戦争をいかに庶民も支持していたか、庶民も戦争責任から逃れられない例をこの対談本の読者のために言っておきましょうね。

昭和六年、満州事変が起こったとき、国際連盟はいわゆるリットン調査団を派遣しますね。

この調査団が一九三二年（昭和七年）十月一日報告書を出します。この報告書は日本が為した満州国建国を否定していましたが、同時に満州国における日本の特殊利益を認めていました。このとき、『時事新報』という一社を除いて日本全国一三二の新聞社が国連非難の共同宣言を出すんですね。即ち連盟を脱退するのを唆す宣言ですね。十二月八日、全権大使松岡洋右は「十字架上の日本」という連盟を脱退する有名な演説をするのですが、その松岡が翌年四月二十八日横浜に帰ってくると、凱旋将軍を迎えるように市民が歓迎のパレードを行うんですね。今の私たちには信じられません。

今なら、顔が真っ青になるような行為に、歓呼の声を上げて祝うんですね。まだ日米開戦ではありませんが、一般国民も中国での戦争を熱心に支持していたことは明らかですね。

波多野　そのような実態が在るのに、戦争責任は一部の指導者にのみ被せ、一般国民には無いというのは擬制ですね。勿論、指導者側により大きな責任がある訳ですが……。

杉原　一言、少し方向を変えて話しますが、このように庶民が狂ったのは、やはり明治に責任があり、特に日露戦争の処理に問題がありますね。あの戦争は本当は勝った戦争ではない、初戦の勝ったように見えたところでアメリカが仲介してくれて、恐るべき敗北から逃れることができたのだということを国民に十分に知らせておくべきだった。にも拘わらず、「勝った！勝った！」の戦史を書き、他方で、アメリカに恩義を十分に返す行為をしていなかった。そういうことが無かったら、日米共に強い親和関係のもと、自制が利いて、日米が戦争に至るまで対立するというところまでには進まなかったでしょう。

　もう少し言わせていただきます。残念ながら、国際連盟脱退当時の国民はこのような考え方をしていた。つまり、国際連盟を脱退してもそれを後押しするような考えですね。それに、社会の中には、共産主義的な革命をすれば是正しうるように見える状態で、貧富の差が歴としてある。そしてその貧富の差のあることを前提に共産主義が浸透してくる。そしてその共産主義は、その根本のところは天皇制否定です。昭和のこの頃は、本当に難しい時代だったんですね。そのうえ、政治は、大日本帝国憲法の所為で、常時不安定。政治がしっかりしなければならないとても重要な時期なのに、政治が常に不安定。何もできない。そういう政治状況を作り出した明治憲法が恨めしいですね。

　一言、余計なことを申しました。

波多野　この時代のことを近衛文麿は「失われし政治」と嘆きましたが、まさに「政治」が失われた難しい政治状況でしたね。ともあれ、今、杉原先生が言われたことを踏まえると、国際連盟脱退への日本国民全体の動きからして、日中戦争を含めた、日米戦争、あるいは大東亜戦争といってよいでしょうが、これは、日本国民皆で戦い、日本国民皆で敗れた戦争だといわざるをえないと思います。
　ですから、第一章の冒頭や本章の第三節で杉原先生が言われていたように、ある意味で、戦争に敗れたとき、東久邇稔彦内閣で東久邇首相が「一億総懺悔」と言ったのは正しいということになりますね。

杉原　そうです。皆で反省しなければならない戦争だったんです。それだけにあの戦争で戦って死んでいった人たちの気持ちを汲まない敗戦利得者は自己の戦争責任を無視しており、許せないということになる訳ですね。

そこでこの脈絡の中で、逆に日本軍はよく戦ったとして、「特攻」、特別攻撃隊のことについて言及しておきたいですね。

波多野先生は、「特攻」についてどのように思っておられますか。

波多野　昭和十九年十月に始まる特攻は無謀な戦争の象徴のように語られることが多いのですが、国家存亡の危機が迫り、それに対処する手段も限られている中で、「特攻」という考え方が軍に生まれてくる状況は理解できます。時に軍人は、組織の任務や利害に忠実なだけでなく、それを超えて国家（国体）に対する忠誠心と使命感から、国家の危機に自らの犠牲を厭わない行動を取ることは、多くの特攻隊員の記録が示しています。軍人の求められる究極的の存在意義は、国家に対する忠誠と犠牲にこそあると思います。これは現在の自衛隊員にも同じでしょう。

そう思われませんか、杉原先生は。

杉原　その通りと思います。それに、歴史事実としても、特攻は日本軍のみに起こったことでは無いことを言っておきたいと思います。

これは加瀬英明氏の『大東亜戦争で日本はいかに世界を変えたか』（ＫＫベストセラーズ二〇一五年）に書いてあります。

特攻が現れてきたのは日米戦争における日本軍においてだけではないんですね。独ソ戦争では、ソ連の側にも、ドイツの側にも、どちらの空軍にも決死隊、自爆隊が出ているんです。独英の間では、イギリスの側にも出ているそうです。独ソ戦争では一九四一年六月にソ連の側にドイツの爆撃機に体当たりするソ連軍機があって、日本より早かったといいます。ドイツでは、敗戦近くにあって、日本の神風特攻隊に触発されて、連合軍爆撃機に体当たりするために志願者を募って決行されたそうです。三〇〇人の志願者によって編成され、連合国軍との間で最後の空中戦を行ったと書いてあります。

波多野　一九四二年（昭和十七年）四月十八日に行われた、アメリカ軍の「ドゥーリトルの空襲」も、その実行に参加した八〇人の海軍軍人は、アメリカが追い詰められた上での決行ではありませんでしたが、日本を爆撃した後に中国への脱出を図るもので、帰還を考えない片道切符の作戦でしたから、広い意味では特攻だといってよいでしょうね。

杉原　そうですよね。かなりの人が生還できず、死んでいますよね。

ともあれ、この「特攻」について戦史に関するノンフィクション作家の保阪正康氏は、下道の戦術、ありえない戦法として非難しているんですね。私は保阪正康氏を尊敬しているのですが、この特攻に対する非難は賛成できないんです。間違っていると思うんです。戦わなければならないという思いがあれば、そのような戦い方をするのは有ってもよいし、有ると思うんです。

例えば、変な例ですが、異星人が地球に攻めてきたとき、ロケットに誰か乗って異星人のロケットの傍らまで近づいて自爆して異星人のロケットを粉砕する以外に、異星人のロケットを粉砕することができず、それ以外には地球の安泰を図ることができない時には、誰かが特攻となって生還できないロケットに乗って攻撃に行くでしょう。

戦わなければならない、負けてはならないという思いがあって、特攻を編成して攻めるのはありうることです。

そのこともあって、かの戦争は皆で戦い、皆で負けた戦争であり、反省するとすれば皆でしなければならないと私たちは語りましたが、確かに、そのために、そのことをはっきり意識して、自ら不帰の作戦として死んだ人がいる以上、そのように評価すべきでしょう。今回の日米戦争を見るかぎり、アメリカは日本に無条件降伏を押し付け、敗戦後の日本がどうなるか分からない状況に置いた訳ですね。一九世紀の戦争のように、戦闘場面で勝敗が決すると、双方が戦闘中止の交渉をして、戦争を終えるというような戦争ではなかった訳ですね。ルーズベルトによって「無条件降伏」を押し付けられた状況では当然特攻は現れるし、現れて特攻として散っていった若い人たちがいる以上、彼らの霊にはいつまでも感謝の意を示さなければなりませんね。

波多野　そうですね。そこで杉原先生が今言われた戦う兵士の立場から見た「大義」はということですが、これに関しては、敢えて私の父の場合を一言言わせてください。

私が近代日本と戦争といったテーマに関心を持ったのは、二つのきっかけがあります。一つは、防衛大学校に入学したことを含めて私の田舎（岐阜県関市）のような山奥にも、日露戦争の忠魂碑や戦没者を顕彰する石碑があちこちにあったことです。村が戦場になったこともなく、中学生の頃から不思議に思っていました。今から思えば日露戦争に勝利していささか歯止めを失った昂揚感が表されている訳ですね。

もう一つは、大正九年（一九二〇年）生まれの父親が、昭和十五年（一九四〇年）から二十年まで七年近くも中国戦線に従軍したことです。父は召集兵で士官ではありませんでしたが、日米開戦前後に湖南省の長沙を舞台に、香港攻略を支援する目的で行われた長沙作戦に加わり、その後も中国各地を転戦し、上海で終戦を迎え復員しました。

歴戦者であると共に、異母兄弟を戦死で失っており、遺族でもある。自らの戦歴について語ることは少ないのですが、戦友会や遺族会の集まりに足繁く通う典型的な旧軍人でした。

復員後の父は、一切の公職を断り、家業に精を出していました。前にも、この章の第八節でしたか、少し紹介しましたが、時々訪れる戦友たちに、平和、平和という割には、戦争とはどんなものかを知らない人が多過ぎる、とよく言っていました。

私が歴史を学ぶようになると、父は忌まわしい中国戦線での体験を時々語ってくれました。

何のために戦場に赴き、激しい戦いに身を委ねたのか、多くの軍人たちの、その心情を国民や政治家には深く知って欲しい、ということだったのでしょう。

唯、忌まわしい体験だけでなく、占領地（和平地区）の中国人と親しくなり、一緒になって壊れた橋の復旧に協力したこともある、などと楽しい思い出も話してくれました。いつも敵意を剥き出しに戦闘ばかりしている訳ではなく、占領地が安定すれば、軍隊といえども衣食住の日常生活が大事ですから、現地の中国人とも仲良くやって、日本人が信頼されることの方が重要だった、とも言っていました。

ところで、平成十一年（一九九九年）、東京の九段に「昭和館」がオープンして間もないころ、私は、昭和館の企画に多少関わった者として、父を見学させようと招待したことがあります。

昭和館は一九八〇年代に日本遺族会が推進力となり、「戦没者追悼平和祈念館」として構想され、漸く厚生省の援護事業の一環として、一〇〇億円を超える建設費をもって国会承認を経て建設されたものでした。

父は遺族会が推進力であればこそ、昭和館の戦争の展示や資料に大きな期待を寄せていたようです。しかし、昭和館は、見てみると外地における戦争の様相を伝える資料展示は一切省かれ、いわゆる〝銃後〟の国民生活資料館に成っていることに失望を禁じえないようでした。

大東亜戦争期の全てを外地で過ごし、内地の生活に触れることの無かった父にとって、銃後の生活は工夫に満ち、意外にも楽しく明るいものであったことに何かしら安堵を覚えたようでしたが、自ら転戦した戦場に想いを馳せることのできないもどかしさに苛立っていました。

この昭和館は、当初は資料館と展示館からなる「戦没者追悼平和祈念館」として、戦没者の追悼の意味を込めると同時に、唯一の国立の総合戦争記念館となる筈でした。しかし、「昭和館」と名称を変えてオープンする迄に、戦前・戦中の国民生活上の「労苦」を伝える実物資料の収集、保存、展示に重点を置くことになってしまいました。開戦や終戦の経緯、外地における戦争の様相を伝える展示は一切省かれ、いわば「銃後」の生活資料館となり、展示物にアジア各地での激戦の様子を窺わせるものは一切無くなりました。千人針とか、隣組とか、防空壕とか、そういったものの展示が大半で、戦場の様相を伝える展示物や資料は一切ありません。

何故、昭和館は戦争記念館として構想されながら、「銃後の国民生活資料館」に成ってしまったのでしょうか。その大きな理由は、国会承認と前後して歴史学関係団体やマスコミから激しい批判を浴びたからでした。

批判の中心はこういうことでした。国立の平和祈念施設は必要であるが、戦没者遺族に対する慰藉のみではアジア諸国の批判に直面するのは明らかであり、したがって謝罪と反省の意思を内外に表示する事業として位置づけておかなければならない、というものでした。

これに対して遺族会側は、元来が遺族のための施設であり、過去の戦争に対する謝罪と戦争の反省がその目的ではないと反駁しました。厚生省幹部の国会答弁も同様でしたが、しかし計画は大幅な見直しを迫られます。その結果、現在のような、銃後の国民生活の「労苦」を伝える資料館に成ってしまった訳です。こういった施設が無意味という訳ではありませんが、欧米にあるような本来の戦争記念館とは掛け離れたものとなり、館の名称も、「昭和館」と成ってしまいました。

恐らく政府（厚生省）は、戦争観を巡る対立が大きくなって、館の建設それ自体が中止となってしまうことを恐れたのでしょう。

父がこの昭和館に失望したのは、戦争の「大義」が否定されてしまう風潮が反映されていたからに外なりません。自ら体験した中国との戦争は泥沼化したとはいえ、「大義」のある戦争であったことを信じた父は、結局は「国体護持」を肝に銘じつつ、「大御心」に従って、戦中・戦後を生きた訳です。

終戦後、曲がりなりにも「国体」が護持されたことを何よりも喜んだ一人であり、新旧天皇制にさほどの差を認めず、戦前・戦後も変わらぬ天皇の「平和精神」が新憲法を創造されたのだ、と考えたとも言っていました。

その父は、昭和天皇の崩御のあと、自ら信ずる「義」を戦争全般の推移の中で確認するために資料や文献を読み漁り、歴戦の地である中国の訪問を最後まで希望していました。

戦後の日本は、昭和館の原型として「平和祈念館」であったように、何でも「平和」の名称を安易に用い、「平和」を安易に語ることによって、戦争の悲惨さと平和の尊さを説こうとしてきましたが、日本人が主体を賭した戦争を抽象化し、戦争の時代の持っていたリアリティを喪失してしまったのではないでしょうか。「平和祈念」を説くことで、恰も戦争の犠牲者に成りすましているようにも見えます。平和を声高に説く割りには、個々の戦争の実相についての認識を持たなくなりました。というより、忘れてしまいたかったというのが実際かもしれません。長くなってしまいました。

杉原　ありがとうございました。正に「吉田茂という病」の症状の一つですね。

これも結局は、波多野先生が言われるように、日本国民がかの戦争の「大義」を語ってこなかった、日本国民に「大義」を語らせてこなかった、ということの結果ですね。しかし「昭和館」が昭和二十七年、主権回復の前後であれば、間違いなく、本来の趣旨に基づく「戦没者追悼平和祈念館」と成っていたでしょう。しかしオープンした平成十一年は敗戦後約五十五年、「大義」を語ってこず、世代交替が進んで戦争体験も風化すれば、言われるような状況が出てくることになるでしょう。

問題は、何でこのようになってしまったのか、その原因です。勿論、それは占領期に戦争の「大義」を語らせなかった占領軍のＷＧＩＰが初因です。しかし何度も言いますが、その作用は昭和二十七年四月二十八日、日本の主権回復と共にぴたりと止まります。その後、その作用を続け、効果を大にしていったのは、明らかに日本側に居る敗戦利得者です。

そこでそろそろ、敗戦利得者の親玉たる吉田茂を総括しなければなりませんね。

波多野　この第三章としての結論ですね。

杉原　そうです。ですが、ここで改めて整理しておかなければならないことがあります。

波多野先生が言われたように、アメリカの占領の究極的目的は、日本が再びアメリカの脅威とならないことを確実にするということでした。民主主義化もそのための手段といえるところがありました。

そのために占領軍は、開戦の責任は全て日本に在るとする戦勝国史観を押し付ける必要がありました。特に占領初期には、日米戦争開戦におけるルーズベルト大統領を中心としたアメリカ側の持っている開戦責任が占領軍自身にも分かっていませんでしたから、アメリカ軍としての占領軍は、本当に全て日本が悪いと思い込んでいたといっても過言ではないと思います。

ともあれ、そのために日本人を洗脳するためのＷＧＩＰを占領期間中ずっと行う訳ですね。しかしそのＷＧＩＰは、何度も言ってきましたが、昭和二十七年四月二十八日の日本の主権回復と共にぴたりと止むんですね。つまり、占領軍として為したＷＧＩＰは、占領終結と共にゼロとなり、この時点で占領軍の行ったＷＧＩＰの作業の総量は決まり、以降はその作業量はいささかも増えない訳ですね。

しかし、占領軍の為したＷＧＩＰは、占領軍の帰還と共に作用は止まった筈にも拘わらず、あたかもＷＧＩＰはしているかのような現象が生まれ、そして年月の経過と共に、その影響力は寧ろ大きくなってきたというべきなんですね。

　とすれば、占領軍のＷＧＩＰというのは、占領解除後のそこまで仕掛けていたのだといってしまえばそれまでですが、どうしても戦後七五年経ってもＷＧＩＰの影響が無くならないのか、その説明では、どうしても納得はできない。

　というより、アメリカ軍が為していたＷＧＩＰのその効果、結果がいつまでも出ているのはおかしいのです。

　我々は改めて効果や結果が絶えず大きく成り続けるその不思議さに注目して見なければならないのです。占領軍が居なくなり占領軍の調節の作用は無くなったのに、時間を経るに連れて、効果や影響が続き、寧ろ効果や影響の増える度合いは年々大きくなるともいえることについて、別の観点で見なければならないということです。つまりは、占領軍のＷＧＩＰに対して、日本側がどう対応したのかという問題を改めて見てみなければならないと思うんです。そのことをはっきりさせた上で、占領軍とそのＷＧＩＰについて考えなければならないと思う訳です。

　その時に不可避に出てくるのが、敗戦利得者の親玉たる吉田茂の為したことと為さなかったこととを改めて考えなければならなくなるのです。

波多野　ＷＧＩＰの目的は、日本に民主主義を根づかせることと、「侵略戦争」という歴史観を日本人に対して植え付けることにあり、その目的はある程度達成されたのですが、おっしゃる通り、占領終結後までアメリカはその目的を追求し続けたか、といえばそれは疑問で、寧ろ日本がどう受け止めたか、それからの脱却を試みたかどうかを問うのが重要だと思います。現在の日本が「吉田茂という病」に罹ったままだとすれば、今言われたことは大切だと思います。

敗戦利得者の親玉と杉原先生が名指しされている吉田茂の問題については、杉原先生の方から言ってください。先生は、阿羅健一氏と共著『吉田茂という反省‐憲法改正をしても、吉田茂の反省がなければ何も変わらない』（自由社　二〇一八年）を出しておられますから。

杉原　そうですか。それならば私の方から少し力んで言いましょう。

吉田茂が首相として為したことで不当な行為として、第一に挙げなければならないのは、既にこの対談の中でも何度か出ましたが、吉田茂は憲法改正の帝国議会で、昭和二十一年七月四日の時点ですが、ポツダム宣言について、「是は条件ではなくして、日本降伏の条項の内容をなすものであります。ポツダム宣言は日本降伏の内容をなすのであって、所謂条件ではありませぬ」と答えているんですね。

このような愚かな発言を苦も無く発言する吉田茂は首相の器だと思いますか。ポツダム宣言を契機としての鈴木貫太郎首相の努力は何だったんですか。そもそも、アメリカが本来考えていた対ドイツの無条件降伏方式を止めてポツダム宣言受諾の降伏方式に、アメリカをして切り換えさせた硫黄島や沖縄や東京空襲や広島、長崎の原爆で死んでいった人たちの思いはどうなるんですか。昭和二十年八月十五日の「終戦ノ詔書」に出てくる犠牲者への悼みはどうなったのですか。

占領軍が一旦降伏した日本に対して、恰も日本は無条件降伏をしたかのように振舞っている現実があることは分かります。昭和二十年九月二十四日、日本国民に分かるようになったアメリカ政府からマッカーサー最高司令官宛ての伝達で、日本との関係は「無条件降伏を基礎とするものである」と書いてあったことは事実ですよ。しかしポツダム宣言は条文を客観的に見れば、降伏条件を示した文書であることは誰の目にも明らかですね。

外務省もそのように分析して軍部を説得して、ポツダム宣言受諾に拠る降伏を容易にしたのではないですか。

それに第一、同じく九月二十四日に日本国民に示された「降伏後ニ於ケル米国ノ初期オ対日方針」では、「自由ニ表示セラレタル国民ノ意思ニ支持セラレザル如何ナル政治形態ヲモ日本国ニ強要スルコトハ連合国ノ責任ニ非ズ」と書いてあり、アメリカもポツダム宣言を守ると意思表示をしているではありませんか。

にも拘わらず、首相たる地位にあって国会で日本は無条件降伏をしていると言ったのでは、日本人の自尊心の余りにも安易な放棄でありませんか。吉田がいかに国家とは何かという国家観を持ち合わせておらず、責任感が欠如し、日本の首相の器でないことを表しています。

敗戦利得者は、戦争で死んでいった人たちの思いを汲もうとしないという共通の性格を、吉田は最も大きく持っているといわざるをえません。

次は二番目の問題です。昭和二十五年六月二十二日、朝鮮戦争の起こる三日前ですね、アメリカから特使ダレスが来て会談をし、そこで再軍備を要請したとき、吉田は憲法第九条を持ち出して再軍備を断った。

独立国家として、自国の安全を自らの力で確保しようというのは、国家論の中での原則の中の原則でしょう。それを占領軍の派遣国、アメリカを代表してダレスが再軍備をするよう言った訳ではありませんか。それを、憲法を理由にして、しかもその意味を捩じ曲げて、つまり、自衛のためには戦力も交戦権も保持しているという憲法であるのに、自衛のためにも戦力も交戦権も保持できないとして、このダレスの申し入れを断る訳ですね。考えられません。

波多野　杉原先生に、一寸口を挟みますが、私もこのダレスから再軍備を言われた時のことを調べたことがあるんです。念のため言いますと、昭和二十五年六月二十二日のダレスに再軍備をと言われた時に、吉田が再軍備を拒否したという証拠はありません。再軍備を明確に拒否したのは、翌年一月のダレスの再来時の時です。

杉原　厳密には言われる通りのようですね。

波多野　にも拘わらず、吉田茂自身も回想録で、また例の高坂正堯も『宰相吉田茂』（中央公論社　一九六八年）でも、再軍備の申し出を拒否したというように述べています。まるで手柄のように、再軍備を拒否したと書いているのですが、それは実際には違うというのは、豊下楢彦氏が『昭和天皇の戦後日本―〈憲法・安保体制〉にいたる道』（岩波書店二〇一五年）で述べています。

杉原　私は、昭和二十五年のダレスとの初会談で、ダレスの再軍備の申し入れを断った言辞はないというのは、波多野先生の言われる通りだと思います。しかし言を左右して、ダレスの再軍備の申し入れを肯ずる、つまり肯定の言辞は吐かなかったと思うんです。しかし、ダレスの国務省への報告などで、言を左右して肯定の言辞を吐かなかったことは拒否したと受け取ったのでしょう。ダレスは激怒し、「不思議な国のアリスになったような気がする」と言わしめたんですね。また、吉田にしても、再軍備を拒否したことを自慢する心境では、この会見のとき、高坂の言うように、再軍備を断ったと書いても仕方ないと思うんです。

波多野　ともあれ、前節の第九節でも話しましたが、豊下氏は、高坂氏が描き出した、吉田が憲法第九条や経済状況などを挙げてダレスの要求に真っ向から対抗し、かくして軽武装・経済重視という戦後日本の枠組みが形成されたという通説は成り立たず、吉田は講和条約締結にサンフランシスコに行くのも渋るのですが、そうした吉田を見て、豊下氏は、高坂正尭や吉田自身が描き出した、「戦争で負けて外交で勝った」という華やかで誇り高い吉田像とは余りにも掛け離れていると、言っているんですね。

杉原　そうです。吉田の場合、「戦争で負けて、外交で更に徹底的に惨敗した」のです。過剰な発言のように聞こえるかもしれませんが、吉田によって生まれた負の遺産をよく見れば、決して過剰な表現ではありません。

いずれにしても、昭和二十五年六月にダレスが来日したその時こそ、「かの戦争には日本にも言い分があったことを一言、言ってくれ」と頼むべきだった。ひたすらマッカーサーの顔色を窺うばかりで、例えば芦田均らの如く政権の外で再軍備論を唱え出すと、それに反発して、更に強硬に非再軍備論を言い出す仕末。それでいて事実上は、警察予備隊、保安隊と実質的に再軍備をしていく。その所為で憲法第九条の解釈を滅茶苦茶なものにする。

そんなことをしていたら将来の日本がどんなに混乱するか、見通そうとしない訳ですね。見通す力がないんですね。その場その場の衝動的行動をしているだけと極論すればいえるでしょう。これを外交として見れば、正に日本は「戦争で負け、更に外交で負けた」のです。

この第九条解釈問題、そして安全保障問題は今も解釈できず、現在、日本は苦しみ続けているではないですか。

波多野　吉田茂批判の三番目がありますね。

杉原　あります。既に何度か触れたと思いますが、三番目は外務省の人事です。例の真珠湾の「騙し討ち」の因となった「最後通告」手交遅延を引き起こした張責任者二人を占領解除前後に外務次官という外務省の最高官職に就けたことですね。軍隊ならば銃殺刑になるであろう職務上の大失態を犯したその二人を懲戒免職に付すどころか、外務省の最高官職に就任させた。何故、こんなことをしたのか。人事のことですから史料が残っていませんが、結局は外務省の戦争責任を隠そうとしたのでしょうね。そこから見ると、日米開戦に最も責任のある部署、開戦時のベルリンに赴任していた駐独大使館の外交官も、何ら咎めもなくその後出世しており、主権回復時、これらかの戦争で最も責任ある者たちが外務省の中枢を固めていたことに成る。

この件について、今の人に非難して話すと、もうこの件は過去の昔のことではないかと言い返す人がいます。しかし考えてみてください。外務省が戦争責任を隠したらどういうことになりますか。かの戦争で、国民が外務省の責任に目が向かないように誘導しなければならなくなるではありませんか。それはかの戦争の責任を、解体された旧陸軍、旧海軍にのみ押し付けることになるではありませんか。そうすれば自虐的な外交しかできなくなるではありませんか。そうすれば自動的に、日本を、日本国民を、自虐史観の中に閉じ込めることになるではないですか。そうすれば、波多野先生が言われるように、かの戦争の「大義」を語ることはできなくなるではありませんか。

結局、外務省は、占領軍のＷＧＩＰに侵された振りをして、自虐外交を展開する以外にない訳ですね。

日本の国の在り方を定めるのは、内政と外交だとすれば、その二分の一の分野の外交をＷＧＩＰに侵された振りをして自虐外交を続ければ、日本国民が自虐史観、東京裁判史観を克服することができますか。

恐らく吉田茂は、そこまでは見通せず、当面の課題として外務省の戦争責任を隠そうとしたのでしょうが、それが将来の日本をどれほど歪めることになるのか、物事を見通す力がなかったんですね。見通さなければならないという責任感もなかったのですね。やはり正真正銘の愚かな人物だということになりますね。

吉田は、国賊のような犯罪を国民に対して行ったのです。

ひとまず、以上です。

波多野 杉原先生の吉田茂批判は相変わらず厳しいですね。

杉原 そうです。外務省の人事について、問題にしない人に対して、そこから齎されている日本の歪みとの関係に対するその想像力の欠如を嘆くのです。この外務省の人事こそ、日本が敗戦後七五年経っても自虐外交から逃れられない根源の中の根源ではないですか。もっとも、最近の外務省はほんの僅かですが、自虐外交から脱出し始めています。

波多野 そうですか。

杉原 しつこくなりますが、対外務省の問題を別な言い方にしておきますね。

先ほど波多野先生は、日本人の過去の日本への反省が、アメリカの戦争観や「正義」に沿ったものとなり、それが本質的にアメリカの国家利益と結びついたものになり、要するに政治的イデオロギーに過ぎなかった「正義」なのにも拘わらず、普遍的なものとして多くの日本人は受け入れて、今日に至っている、という趣旨のことを述べられましたね。

そのことに関わってですが、戦後の日本はアメリカと友好関係、親善関係を築くことは、不可避、不可欠ですよね。日本国民が大いに肯定している自由主義、民主主義の肯定という観点からも不可避不可欠だと思います。

そのような友好的日米関係を構築するに当たって、かの戦争で、原因は全て日本が悪く、アメリカは正義の戦争をしたのだということで友好関係を築く仕方があります。しかし、これは、かの戦争は全て日本が悪いということですね。戦って死んだ人たちの抱いた「大義」は無視されますね。

他方で、かの戦争は本来避けるべき戦争であり、避けられる戦争であったが、外務省の能力不足で避けることができなくなり起こしてしまった戦争だが、また、この戦争は日本から始めた戦争であるから日本側の戦争責任の方が大きいといえなくはないが、そのことを前提にした上で、開戦にはアメリカ側にも相応の責任あると言いながら、アメリカと友好関係を結ぶことができます。そうしたら、かの戦争について日本国民も「大義」を語ることができ、かの戦争で死んでいった人たちの思いに馳せることができます。

そのためには、外務省が自己の戦争責任を認め、国民に一度謝罪しておく必要があります。

しかし、戦後の外務省は、吉田茂によってかの戦争で最も重い部署にいて、なお且つ重大な失態を犯した者を外務次官に栄達させ、外務省の戦争責任を隠したではありませんか。

自虐国家の自虐史観は史実にも外れています。にも拘わらず、日本は自らにして自虐国家に成り続けている訳です。

よって、戦後の日本の自虐国家と化したことの最大の責任は吉田茂にあり、そこから今なお脱せずにいて、日本は「吉田茂という病」に罹ったままになっているのだと思う訳です。

少し長くなりましたね。

波多野　そう言われればそうでしょうね。私の言ったこと、つまり「大義」を語るということでも言っていただきましたが、アメリカの国益に結びついた政治的イデオロギーに過ぎなかった戦争観を、恰も普遍的なものとして受け止めている今日の日本の姿があることは確かです。歴史の真実を語っていないのです。もっとも、占領軍が作り出した「太平洋戦争」という呼称は、当初とは異なり、現在では政治色のない用語として常用されていますが、それはそれで別なところで、時代の変化を反映しているといえるのでしょう。

杉原　しかし今なお「吉田茂という病」は歴然とある。

波多野　そうです。

杉原　話を随分進めてきましたが、アメリカ軍に依る占領と戦後の日本を考えるに当たって、最後に、吉田茂について、間違った評価があるということについても、詳細にかつ明確に指摘しておくことが大切だと思います。

波多野　そうですね。吉田茂には間違った評価があります。そのことを誰が見ても分かるようにしておくことも大切です。

杉原　そのことは波多野先生の方から話していただけますか。

波多野　分かりました。独立回復後から昭和四十八年の石油危機までですが、日本は、ほぼ直線的な経済成長を続けました。この二〇年間の平均成長率は年一〇パーセント弱、実質的な国民総所得で三倍という驚異的な伸びでした。何故、こうした高速の経済成長が可能であったのか。

経済成長を可能とした内外の要因を広く観察しますと、先ず、アメリカの経済力に依って支えられた第二次大戦後の自由貿易システムが全盛期にあったという、国際的な環境に恵まれたことが幸いしたといえます。日本は、負担を強いられることなく自由貿易体制に参入でき、市場や技術を開放するアメリカ経済の恩恵を受けました。加えて成長に必要とされた資源も、一九五〇年代から六〇年代には安く輸入することが可能でした。

もう一つ見逃せないのが朝鮮半島情勢でしょう。一九五〇年（昭和二十五年）に始まる朝鮮戦争は、ドッジ・ラインの強行による超均衡財政に苦しんでいた日本経済を一挙に好転させます。いわゆる「朝鮮特需」は滞貨を一掃し、輸出を飛躍的に伸ばし、国際収支を黒字に転換させました。沈滞していた企業も活力を取り戻しました。

こうした経済面だけでなく、朝鮮半島と日本の安全・安定は不可分という明治以来の安全保障観からすれば、確かに朝鮮戦争は朝鮮半島の共産化の危機、更には日本をも危機に晒しました。しかし、沖縄と本土に駐留する米軍の存在は、日本をして動乱に一切巻き込まれず、日本の共産化の危機を救ったといえましょう。

こうした国際的環境に恵まれたこと、更に戦争の時代に蓄積された技術の上に海外からの技術を積極的に導入したことが、急速な産業発展を可能にする基礎的条件と見なすことができます。戦争のために開発された技術やノウハウの蓄積が、今度は平和目的のために活用されたということです。

例えば、日本の大型タンカーなど造船が一九五〇年代の半ばに世界第一の輸出国となったのは、日本の戦前からの軍艦の建造技術、それに含まれるところの電気溶接や組み立てのノウハウが大きく貢献しています。

更に、大連にあった満鉄（南満州鉄道）の中央試験所は八〇〇人もの技術者を有し、満州の資源開発に取り組んでおり、特に力を入れたのが石炭の液化の研究でした。石炭の液化は成功したとはいえなかったのですが、開発のための技術やノウハウは戦後の日本の石油化学工業の発展に大きく貢献しました。造船、鉄道、製鉄、石油化学などの分野における戦後の発展は、戦争中に開発された技術が無ければ不可能でした。

こうした基礎条件の下で、政府の役割は、自由な競争市場を保証したということです。そのことの意味は大きなものがありましたが、しかし旺盛な設備投資など市場における民間企業の活動こそが成長の原動力だと思います。

その一方、保守政治の役割を重視する見方もあります。そもそも、一九七〇年代まで、歴史や政治の研究者は政権政党から心理的な距離を置き、保守政治の功績を論ずることに慎重でした。したがってその頃までは、吉田茂に対する評価も高いものでは無かったといえます。ところが一九八〇年代になって、エズラ・ヴォーゲル（広中和歌子・木本彰子訳）『ジャパン・アズ・ナンバーワン―アメリカへの教訓』（TBSブリタニカ　一九七九年）で有名なヴォーゲルや、日本の経済発展における通産省の役割を強調したチャルマーズ・ジョンソンらのアメリカの研究者が、自民党政治、即ち保守政治に肯定的、積極的評価を与えるようになります。

こうした意味からすると、経済成長を前提とした高坂正尭氏の『宰相吉田茂』（中央公論社　一九六七年）の刊行は昭和四十年代ですから、この時点では、それまで吉田はかなり悪評であったこともあって、かなり突出した新鮮さがあり、注目されたのだと思います。

しかし、現在の保守政治に対する研究から見ますと、「吉田なき吉田路線」とでもいえるような遺産は残ってはいますが、その経済成長での吉田自身の役割はかなり限定的だったと思わざるをえません。

杉原　一寸、ここで言わせてください。吉田茂への評価に関係することで、波多野先生は、高坂正尭の『宰相吉田茂』が出る昭和四十年前後の頃まで吉田はかなり悪評だった、と言われました。これは吉田茂の評価を考える上で大切なことです。

本来、吉田は主権回復と共に引退するのが筋だったのですが、本人には一向にそのような風が無く、占領解除後も首相を続けました。それ自体が既にかなりの顰蹙ものなのですが、昭和二十八年二月二十八日、国会で「バカヤロー！」という発言をしました。これが結局、原因となって、三月十四日に衆議院解散になります。そしてこの時の総選挙の資金集めで、幹事長だった佐藤栄作が昭和二十九年造船疑獄事件で逮捕寸前になります。それを吉田は法相に指揮権を発動させて逮捕させないようにする訳です。そんなこんながあって、この年の十二月七日総辞職をする訳です。その間の強引で権力にしがみついた姿が国民の誰の目にも悪く映らない筈はありませんね。吉田は高坂のこの論が出るまで、外務省を基盤として隠然たる力を維持しながらも、マスコミではものすごく嫌われ続ける訳ですね。

波多野　そのことは吉田が総辞職する当時の新聞を見ればよく分かります。

杉原　それでは、今の本題に戻ります。吉田の経済成長への貢献の問題です。波多野先生が今言われたように、吉田の経済発展への貢献は極めて限定的だというべきです。占領下、アメリカ本国ではマーシャル国務長官のもと、一九四七年五月に政策企画室が創設されます。その室長になったのがジョージ・ケナンで、この人こそがいわゆるソ連に対する「封じ込め政策」の立役者です。そこでは日本を自由陣営の強力なパートナーにしようとして一貫して日本の経済成長を促す政策を立案し、マッカーサーに実行させます。

この政策室を中心にしたアメリカの対日政策では、日本の再軍備問題については若干揺れがありますが、その殆どは再軍備容認です。

ともあれ、占領期、占領解除後の日本の経済成長は、日本政府も努力しない訳ではありませんが、政策の大要は、占領軍が立てたものです。日本人の勤勉さと、そして戦争で蓄えていた技術が重なったのです。

ですから、波多野先生が言われたように、経済成長を吉田茂の所為にするのは見当違いなのです。

波多野　私は全くの見当違いとまでは思いませんが、吉田自身の役割については過大評価だとはいえます。また、吉田に対する評価との関連で、もう一つ、アメリカは講和条約を結んだあと、日本を再軍備させて朝鮮戦争で日本軍に戦わせるつもりだった、というのがあるやに仄聞しています。これも怪しいものです。

杉原　そうです。吉田が抵抗したから朝鮮戦争に巻き込まれなかったとか、再軍備拒否はそのためだったとか、全く根拠のない見方があります。

それを正すため、まず、朝鮮戦争がいかに悲惨な戦争であったかを概観しておきますね。

兵士の死者では、韓国軍二八万一〇〇〇人、アメリカをはじめとする国連軍四万五〇〇〇人、北朝鮮軍二九万四〇〇〇人、中国軍一三万五〇〇〇人、合計で七五万五〇〇〇人にも上るといわれています。

民間人の死者の数は更に悲惨で、韓国六七万八〇〇〇人、北朝鮮一〇八万六〇〇〇人、合わせて一七四万四〇〇〇人です。膨大な数になります。

大東亜戦争で犠牲になった日本の民間人の数は公式には三九万三千人とされています。即ち朝鮮戦争では民間人の死者は大東亜戦争における日本のそれの四・五倍なのです。

このような本格的な大戦争が日本の隣国で起こったのです。だから、マッカーサーが日本からの動員を考えていたというのは想像としてはありうることかもしれません。しかしマッカーサーにはそのような発言は記録の上でありません。それどころか、警察予備隊の程度のものでは全く役に立たない、と逆になることを言った記録があります。

また、このような状況でも、当の韓国の大統領李承晩は何と言っていたか。「もし日本軍が朝鮮半島に上陸してきたら、北朝鮮軍と一緒になって日本軍と戦う」と言っていたんですね。これでは日本の警察予備隊が動員される筈はありません。

そういう状況からもマッカーサーが朝鮮戦争に日本人部隊を動員しようとしていたという話は誤りなのですが、もっと明確な決定的な理由があります。それは、朝鮮戦争で戦っていたアメリカ軍はアメリカ軍としてではなく「国連軍」として戦っていたということです。国連軍としては他にイギリス、フランス、カナダ、オーストラリア、タイなど一六カ国が参加していました。つまり、アメリカはアメリカの意向だけで日本の武装部隊を動員することはできなかったのです。少なくとも他の一五カ国の同意が必要だったのです。日本はまだ国連に入っていませんし、そんな国の部隊をどうやって動員できるんですか。更には、国連軍参加国のオーストラリアは日本の再軍備に激しく反対している時でした。そんなこんなで考えて、世界世論からも動員はありえません。だから、吉田によって日本は朝鮮戦争に動員されなくて済んだというのはいかに根拠のない唯の妄想だということかよく分かります。

しかしこの根拠のないことを真実として思っている人が有力なジャーナリストの中にもいて困ることがあるんですね。名前を出して申し訳ないんですが、堤堯氏などがそうです。この人は『昭和の三傑ー第九条は「救国のトリック」だった』（集英社　二〇〇四年）を出してそのように語っています。堤氏といえば、江藤淳氏が「終戦史録」を発表するとき、自分が編集長として担当する『諸君！』を貸し切りのように頁を提供して、大々的に発表させた優れた勇断の編集長として名が残っているのですが、それだけにこんな間違ったことを言われると困ってしまいます。

波多野　杉原先生の吉田茂批判の言を引き取って、ここからは私からも言わせていただきます。

アメリカ軍の占領と、占領も含めた戦後の日本を考えるとき、いわゆる「吉田路線」とか「吉田ドクトリン」といわれる戦後国家の在り方について、これまで殆ど手放しで称賛されてきました。冷戦後にあっても国民的議論の中で見直されることなく、今日に至っています。現在に及ぶ吉田が遺した「負の遺産」、すなわち「吉田茂という病」について、そのうち、最も大きな、又は重症なのは、吉田の政治的立場の「あいまいさ」です。

「吉田路線」とは一般的に、日米安保・経済中心・軽武装という三つを構成要素とする政治路線を指し、その再評価の先鞭を付けた高坂正尭は、『宰相吉田茂』（中央公論社一九六八年）に成るのですが、昭和三十八年の論文「宰相吉田茂論」の結論として、こう述べています。

憲法改正論と完全非武装論は、国民の意思をはっきりさせるという点では秀れていた。吉田の立場は論理的にはあいまいであった。しかし、彼は完全非武装論と憲法改正論の両方からの攻撃に耐え、論理的にはあいまいな立場を断固として貫くことによって、経済中心主義というユニークな生き方を根づかせたのである。

吉田路線は、「あいまいさ」故に、その解消を求める「改憲路線」と「非武装路線」という左右の政治路線の挑戦を受けるが、結局、両路線共に、いわば両路線の中庸である吉田路線に取り込まれてしまった、というのが有力な解釈でしょう。

こうした吉田の「あいまいさ」の淵源は、昭和二十一年の憲法改正の帝国議会において示されたように、政府が憲法第九条と自衛権に対する明確な判断を示さなかったことに求められるのではないでしょうか。その後も権威ある判断が為されていない。それは単に憲法解釈上の問題に止まらず、外交と防衛の在り方の根本にも及ぶ問題として今日に至っていると思うのです。これが歴とした「吉田茂という病」の最も重要な部分です。

一九九〇年代になると、活用可能な資料の充実によって、吉田路線はその形成期に遡って様々な観点から問われることになります。

例えば、戦後五〇年以上経って、安全保障問題に関する国民的合意がなおも成立していないのは何故か。占領期の史料を多く公開されるようになって研究が進み、軽武装と安保条約とが、経済成長と政治的安定を齎す重要な条件であったとする理解は、「後知恵」に過ぎないのではないか、といった疑問が提起されるようになります。

「寛大な講和」が実現したのは、吉田の巧みな交渉によって実現したというより、アメリカ側の政策によって実現したもので、その実態はアメリカへの追随にすぎず、少なくとも吉田の「選択」であったとはいえないのではないかということが明瞭に分かってきます。

更に、朝鮮戦争という背景があったとはいえ、自国内に簡単に米軍の駐留を認めてしまった安保条約は、主権国家としてはありえない性急な判断ではなかったのか。「反吉田勢力」が結集して昭和二十九年年に成立した鳩山内閣は、「再軍備論」は国民の支持があったにも拘わらず、何故、定着しなかったのか。これらの疑問や問題提起は、言論界の一部に留まり、未だ本格的な議論がなされているとは言い難いといえるのではないでしょうか。「吉田茂という病」についてその淵源となったところが未だ十分に論じられていない。

杉原　「吉田茂という病」の中の、波多野先生が言われる最も核心の部分を言われた訳ですね。

主権回復前後は再軍備への支持は国民の中に確かにあって、そのような状況の中で「あいまいさ」に因るその場しのぎの政策が、その後の日本をいかに混乱に陥れるかということを吉田は読めず、その場限りの衝動的解釈で済ませ続けたという訳ですね。

吉田についてはこんなこともあります。一九五一年（昭和二十六年）四月十一日、マッカーサーが連合国軍最高司令官の地位を解任されますね。その後に赴任してきたのはマシュー・リッジウェイです。彼は同年五月三日の第四回目の憲法記念日に当たって、ポツダム宣言に従ってあらゆる法律の再検討を日本政府に許可しています。吉田はこれを受けて直ちに有識者からなる政令諮問委員会を立ち上げます。そこまでは良かったのですが、その後は占領解除後も首相を続けようとして、政争に明け暮れます。そのため、この委員会は何ら成果を挙げることができなかったんです。

占領政策の行き過ぎを是正する絶好の機会だったのに、それを生かしていない。今起こっている皇室問題、男系男子による皇統を引き継ぐという問題も、この時点で臣籍降下していた旧宮家を復帰させておけば、今頃何の問題も起こっていなかった筈です。というより、旧宮家の皇族復帰は当然この時期にはしておくべきことだったでしょう。

だいたい、この時点で占領終了後も首相を続けようという魂胆が正しくない。吉田は、昭和二十六年九月、サンフランシスコで講和条約を結んだあと、日本に帰る飛行機の中で彼の私設秘書のような仕事をした白洲次郎より、講和条約を結んだのだから吉田は占領終結と共に首相を辞めるべきだと忠告しました。しかし吉田はその忠告を聞かず、昭和二十九年十二月十日まで首相を務めた。

何のために、主権回復後も首相を続けたのか分からないのです。当然、彼が首相を辞任する時点では、先ほども言いましたように、吉田の評価は最悪でした。我執を捨てない吉田に対してどの新聞も、読むも無残な報道です。しかし昭和四十年代、高坂正尭らによって大宰相としての像が作られていく訳ですね。

波多野　その高い評価は、一種の〝政策〟として、〝政策〟的に作られていったといってもよいでしょうね。

杉原　〝政策〟として？　そうです。そういってもよいでしょう。そこに私の言う「敗戦利得者」の集団が居るのです。そしてその集団の意図が働いたのです。

吉田茂のことをいろいろ知っていくと分かるのですが、彼を大宰相に仕立てるのに不利なものは歴史史料の上でも消されていったようですね。少し時代は下がりますが、例えば、先に紹介された豊下楢彦氏の『昭和天皇の戦後日本—〈憲法・安保体制〉にいたる道』（岩波書店　二〇一五年）に拠れば、ダレスとの交渉が拙く、でき上がった日米安保条約が劣悪で、吉田は講和条約締結のサンフランシスコに行きたがらなかったのですが、それが分かる筈の史料がそこのところだけ消されていたことを詳しく書いています。

先に、佐藤栄作内閣で、佐藤首相が国葬にしたのはけしからんと話しましたが、佐藤がしたことはそれだけではありませんでした。昭和四十年当時、外務省を中心にして、吉田にノーベル平和賞を授賞させようと試みていたんですね。
　吉田は、アメリカ国務省から馬鹿にされ、軽蔑されていましたから、推薦しても授賞されることはなかったと思いますが、その推薦人の中に、敗戦利得者の典型の法学者横田喜三郎最高裁長官がいます。いかに敗戦利得者が集団と化し、彼らの親玉である吉田茂を持ち上げ、敗戦利得者の得た利得を国民の気付かないうちに確乎としたものにしようとしたか、よく分かります。明らかに敗戦利得者の〝政策〟が在った訳ですね。
　今なお、吉田茂を高く評価する人たちは、こうした敗戦利得者の画策に今なお騙されているということになります。つまりは「吉田茂大宰相論」は、敗戦利得者の画策、つまり〝政策〟と呼ぶべきものの上に成り立っているということに成ります。

波多野　杉原先生の相変わらずの厳しいもの言いですね。
　さて、それでも吉田茂が首相としてしたことで一つだけ良いことがあります。それは昭和天皇の退位を認めなかったことです。そのことを指摘して、この第三章を終わることになっていましたね。

杉原　そうです。ですが、その話に入る前にまた繰り返しですが、占領軍の行ったＷＧＩＰとそれを受けた日本側の対応の問題を総括しておきましょう。繰り返しになりますが、重要なのでもう少し押さえておきましょう。

波多野　そうですか。それならば、どうぞ言ってください。

杉原　ＷＧＩＰ、戦争に関する贖罪意識を日本人に植え付けようとする占領軍の計画ですね。繰り返しになりますが、要約しておくと、占領軍が「日本国カ再ビ米国ノ脅威トナリ又ハ世界ノ平和及安全ノ脅威トナラザルコトヲ確実ニスルコト」として、大々的にＷＧＩＰを実施したことは確かです。そのために嘘も一杯入っているのに、ラジオでは「真相はこうだ」で聞かし、新聞では「太平洋戦争史」を強制的に読ませ、さらには厳しい検閲を敷き、戦勝国史観を押し付けたことは確かです。しかし占領解除後に日本人はすっかり洗脳されていたかといえば、実はそうでない。連合国に依って「戦争犯罪人」とされたのは日本の国内法では「犯罪者」ではないと、主権回復後、国会も大いに動いた訳ですね。

しかるに、敗戦後七五年、まだＷＧＩＰの効果は残っています。というより、年月の経つに従って、ＷＧＩＰの作用は大きくなっているように見えます。

占領軍の直接為したＷＧＩＰの作用は、昭和二十七年四月二十八日の主権回復をもってピタリとなくなった筈なのに、ＷＧＩＰの作用がまだ出ているように見えるのは、結局、ＷＧＩＰに対する日本側の対応に問題があるのではないか。

私の言いたいのは、ＷＧＩＰの作用が未だ出ているように見えることについて、いつまでも占領軍の為したＷＧＩＰの作用に非難の矛先を向けていてはならないということです。評論家の加瀬英明氏が言っていました。このままだと日本の自虐的異常さを指摘するとき、一〇〇年経っても相変わらず占領軍のＷＧＩＰがけしからんとだけ言っていくのではないかと。

そこでWGIPの効果を大きくしていったのが、敗戦利得者であり、その親玉としての吉田茂であり、大きくは現在の日本は、正に「吉田茂という病」に侵されている故に、WGIPの作用がなお出ているように見えるということです。つまりWGIPが今なお作用を出しているように見えるという「吉田茂という病」ですね。

そこでWGIPの核は何かということでは波多野先生が、かの戦争の「大義」を語らせないようにしたことだと言われた。その点を少し捕捉していただけませんか。

波多野　はい、分かりました。占領初期は占領軍は、悪いのは日本でアメリカは一切悪くないということで戦勝国史観を押し付けてきました。そして日本国民が日本側の「大義」を語ることを禁止してきました。このことは占領ですからある程度は仕方ありません。

そして吉田内閣主導の下、主権回復してみると、吉田内閣は「大義」を語ることには冷淡で、というより語れない体制や態勢を作ったと思います。外務省で「最後通告」遅延の責任者を外務次官に抜擢しました。そのことに因って、私の使う言葉で言えば、外務省の戦争責任を「あいまい」にしてきました。

杉原　それに吉田は、首相の立場で、ポツダム宣言についてはあっさり無条件降伏だと言い、憲法第九条の安全保障問題では、日本は戦力は保持していないとし、その上で、アメリカ軍の「戦力」を駐留させている、そのことによって、日本は法的にはアメリカの保護国ということになる。自虐国家であることを、憲法的に宣明したことになりますね。自虐史観、東京裁判史観が日本に定着する以外にないですね。

日本は波多野先生が言われるように、「吉田茂という病」に侵されているんですね。

波多野　本節は日本が未だ「吉田茂という病」を患っているというところ論じ合うのが課題でしたが、第七節で話し合ったように敗戦利得者が占領軍の負の面をいかに継承し、発展させていったかを考えていったとき、今、言われた吉田の不適切な政治上の行為、対応が、いかに日本の国家構造と化し、そのことによって吉田が「吉田茂という病」に関して、いかに決定的な役割を果たしているか。今言われたことと同じことになると思いますが、吉田のしたことが国家構造と化したという観点からもう一度言い直していただけませんか。その方が、読者にとって分かり易くなるのではないでしょうか。

杉原　吉田がＷＧＩＰの継承、発展の国家構造を作ったということで纏め直すということですか。

波多野　そうです。

杉原　確かにその通りで、吉田はＷＧＩＰを受け入れて日本の自虐国家の構造を作ったといえるんです。

では、そういう国家構造という観点で、今述べたことを纏め直しておきますね。

先ず、「日本は無条件降伏をした」と、日本を代表する総理の立場で言ったこと。有条件降伏をしたことが歴としているのに、総理の立場で、無条件降伏をしたと言えば、それは自虐史観の核となるではありませんか。次には自衛のためには戦力を持ちうるという憲法を捻じ曲げて解釈し、それで日本には戦力は無いこととし、そのために国家の根幹である安全保障にあっては日本はアメリカの保護国であるという関係を作り出した訳ですね。これは独立国であることを放棄したに等しく、自虐国家の国家構造を作り上げたということになります。そして真珠湾「騙し討ち」の責任をはじめ、外務省の戦争責任を隠したことにより、日本国民が歴史について、国家的には史実に基づいて語ることができなくなった訳ですね。即ち、国家的に自虐史観しか語れなくなった訳ですね。

これらは全て占領軍が強いたものではありません。日本側が吉田茂総理に依って自主的に為したものです。吉田ははっきりいって日本国民がWGIPから抜け出せないような国家構造を作ったのです。そして、その吉田が逝去したとき、第六節で述べましたが、それを国葬にした佐藤栄作は、吉田批判を封じるために言語空間に鍵を掛けたようなもので、これまた「吉田茂という病」から見て、政治的犯罪を犯したということに成ります。

波多野　ということは、吉田が敗戦利得者の親玉として、WGIPを継承し、そこから脱出できないような国家構造を作り上げたということですね。

杉原　そうです。

波多野　そしてそれが今日の日本の基本的な国家構造と成っており、「吉田茂という病」から立ち直れない基本的国家構造と成っている、と。

杉原　そうです。安全保障に関わる日米安全保障条約だけは、その後、昭和三十五年（一九六〇年）に岸内閣において改正され、表面的にはかなり対等なものに成り、また平成二十六年（二〇一四年）安倍内閣では、ある程度の集団自衛権を認めるものとなりましたが、アメリカ軍が日本領土を一つの基地のように使う仕組みそのものは変わらず、ヨーロッパにおける北大西洋条約機構（ＮＡＴＯ）のように、アメリカとアメリカ軍の駐留する国との対等な関係ではありません。

　このように見ると吉田は唯の愚人に過ぎなかったということになります。昭和四十二年の佐藤栄作内閣の行った吉田茂への国葬は、吉田が唯の愚人であることに国民が気付いてはならないようにする、正に日本人自身が行った日本人を「閉じられた言語空間」に閉じ込めて鍵を掛ける儀式だったということになりますね。

波多野　厳しいですね。

杉原　吉田を偉人だと思っている人には悪いですけれど、真実ですね。

第一節　天皇は退位せず

波多野　さて、それでは先ほど申しましたように、最後のテーマ、杉原先生が言われる吉田が行った唯一の良いこと、昭和天皇の退位を認めなかったことについて議論を進めましょう。

そのために先ずは、昭和天皇を巡る退位の問題を概観しましょう。

杉原　そうですね。波多野先生は、鈴木貫太郎の研究に関係して、占領初期、鈴木も天皇退位の問題に言及していたことを言っておられますね。

波多野　はい、昭和二十年の秋ごろ、隠棲していた鈴木貫太郎は、左近司政三（元国務相）に対して、退位に反対する立場をこう語ったといいます。鈴木貫太郎伝記編纂委員会編『鈴木貫太郎伝』（鈴木貫太郎伝記編纂委員会　一九六〇年）に出ています。

> **鈴木貫太郎**　天皇陛下としては戦争の責任をお取りになるのが至当だ。しかし、今日のこの混乱の日本において、他の何人が代っても日本は復興しない。退位など考うべきではない。連合国としても天皇陛下を立てておけば国内も治まるし、天皇陛下としても苦難の途を甘受して「国民と共に在る」ことを喜ばれるであろう。だから退位については、自分は絶対に賛成できない。在位のまま戦争責任を負って行かれねばならぬ。これについて自分にできることがあれば、どんなことでもする。

鈴木が公式に退位問題に言及したことはありませんが、このように左近司に語ったとすれば、天皇の戦争責任を認めている発言として意外に見えます。徹底した立憲的天皇論の立場からすれば、戦争の責任は当然、輔弼者が一方的に負うことになりますが、長く天皇の側に仕えた身として、憲法上の議論を超えて、天皇の心中を察して言ったものでしょう。実際、天皇は幾度かの退位論を退け、崩御まで四〇年以上も在位となりました。鈴木が示唆するように、在位のまま戦争責任を負うという、「苦難の途」を選択されたのでしょう。

ただし、天皇自身の決断によって退位し、道義的責任を示すという選択は、確かにありえました。こうした観点から天皇退位論を逸早く説いた一人に、終戦時の大東亜次官であった田尻愛義がいます。

終戦の詔書案作成にも立ち会った田尻は、確かに、憲法上からは天皇に法的責任は無いが、「天皇の道義心が戦争に反対であっても結局黙認したとなれば、その理由如何にあれ、道義責任がある」という。もし、天皇が自発的に退位するならば、その天皇の心境を国民が理解しない筈はなく、占領下にあることが退位の障害となるならば、そのこと自体を公表されることによって退位の実行に劣らない「国民精神的な効力」があり、「責任を負う」という重大さの意味が国民的に了解される筈である……。

田尻愛義『田尻愛義回想録－半生を賭けた中国外交の記録』（原書房　一九七七年）に出ていますが、こうして田尻は、東久邇宮稔彦首相に、天皇の退位と皇室財産の下附を進言し、「天皇と国民の新しい結びつきが日本再建の根本」であると説いた。宮は「そう思う」と賛同したという。しかし、東久邇宮が退位に向けて動いた形跡はありません。田尻は、吉田外相にも折を見て退位論を進言したが、吉田は取り合わず失望が重なっただけであったといいます。田尻の退位論は、敗戦を契機とする国民と天皇との新しい紐帯を築くことにあったが、これに通ずる動機から、講和発効を間近に控えた国会において政治家の立場で公式の場で退位論を展開したのが中曽根康弘議員（当時、改進党）です。昭和二十七年一月三十一日衆議院予算委員会で、です。

中曽根は天皇には戦争の「形式的責任」は無いが、「過去の戦争について人間的苦悩を感ぜられておられることもあり得る」とその心情に立ち入りつつ、「若し天皇が御みずからの御意志で御退位あそばされるなら、その機会は最近においては、第一に新憲法制定のとき、第二に平和条約批准のとき、第三には最後の機会として、平和条約発効の日が最も適当である」と述べています。

更に中曽根は、もし天皇が自ら退位すれば、「遺家族その他の戦争犠牲者たちに多大の感銘を与え、天皇制の道徳的基礎を確立し、天皇制を若返らせるとともに、確固不動のものに護持するゆえんのものである」と政府の見解を質しています。

これに対し吉田首相は、軽々に論ずべき問題ではないとして、「陛下が御退位というようなことがあれば、これは国の安定を害することであります。これを希望するごとき者は、私は非国民と思うのであります」と応じました。

天皇自身に退位の意思があったか否かは明らかにはできませんが、退位を促す者は「非国民」といった吉田首相の強い拒否反応は、退位は「国の安定を害する」という判断が、マッカーサーやGHQの意向をも超えた信念であったことを示しているように思えます。

杉原　吉田に、GHQ、つまり占領軍の意向をも超えて信念として天皇は退位すべきではないと思っていたことは事実でしょう。

しかし、また、昭和天皇個人に退位を厭う気持ちが無かったことは確かでしょう。天皇の退位に関する天皇自身の発言は占領下、何度もあります。早くは、昭和二十年八月二十九日です。戦争責任者に代わって自分の退位ですますことはできないかとの発言です。しかし特に占領初期、天皇の立場上、軽く退位を口にすることはできません。アメリカ国内には天皇を裁判に掛けろと公言する議会議員もおり、退位論がいつどのように天皇制崩壊に繋がるかもしれません。

当時は「宮内庁」でなく「宮内府」といっていましたが、その宮内府の長官の田島道治が昭和二十三年の十一月頃に認めたものですが、国民への「謝罪詔書草稿」では、戦禍に倒れた国民を慮って「朕ノ不徳ナル、深ク天下ニ愧ズ」としています。天皇自身の認めたものではありませんが、昭和天皇の気持ちをよく表していると思います。加藤恭子『田島道治―昭和に「奉公」した生涯』（TBSブリタニカ　二〇〇二年）によく出ています。

そして主権回復にともなって、天皇の退位を勧めたのは中曽根康弘のみではありません。開戦及び戦争中、内大臣として昭和天皇の戦争指導を支えてきた木戸幸一は、A級戦犯として獄中にいましたが、昭和二十六年十月十七日、昭和天皇に主権回復時に退位しないならば「皇室丈ガ遂ニ責任ヲオトリニナラヌコトニナリ、何カ割リ切レヌ空気ヲ残シ、永久ノ禍根トナルニアラザルヤヲ虞レル」と伝言を昭和天皇に送っています。

昭和天皇には、自分のために退位を拒否するという意向は無かったと思います。そのような状況の中で、吉田は波多野先生が言われるように天皇退位を退けた訳ですね。私は吉田が退けたのは、吉田の信念に拠るところも確かに在ったと思いますが、卑近な意味では吉田のことですから、天皇が退位すれば自分も首相を辞めなければならなくなるから、そのために天皇の退位を否定したといえる部分もあると思っているんですが、実際のところは今、波多野先生が言われたように、吉田としては、天皇退位は「国の安定を害する」という強い信念があったことも確かでしょうね。

波多野　吉田は生粋の「明治人」ですから、退位などはとんでもない、退位を唱える者は「非国民」だ、といった信念のようなものがあった。「非国民」だとは表現の極みですね。

杉原　私は、ですね、この時点、つまり主権回復の時点まで、戦争中は勿論、占領下でも、天皇制維持で、日本国民は一致団結し、この限りではかの戦争で亡くなった人たちに思いを馳せない敗戦利得者すら含めてよいと思うのですが、一片の揺らぎもなく天皇制維持を守ってきたんですね。日本国民のその天皇制維持の強い意志の下に、その延長として天皇退位拒否はありえたと思う訳です。それが「大義」を持って戦って死んだ兵士や一般国民に対する天皇の対応だったと思うんです。

奇しくも、波多野先生も占領文書を調べられてよく分かっておられると思いますが、アメリカの占領文書の中にも、占領の機会を使って天皇制を崩壊させようという文書は見当たらないんです。

これは戦争中でも同じで、アメリカ軍は天皇への侮辱だけは一貫して避けようとするんですね。もちろん、アメリカ国内には、天皇制は時代遅れで無くすべきだという意見は散見します。国民レベルではかなり多数です。しかし日本軍に近いところ、対日政策に携わるところでは、降伏後の占領軍は天皇制を崩壊させようとか、そのために天皇退位を画策しようという動きはなかった。占領が始まると戦争中、対日心理戦を担当したボナー・フェラーズは、一九四五年（昭和二十年）七月二日付でマッカーサーに報告書を出し、「彼らの（日本人の）天皇は、祖先の美徳を伝える民族の生ける象徴である」とし、そのこともあってか、マッカーサーも天皇には慎重になり、昭和天皇を守る立場に立ちます。そして一九四六年（昭和二十一年）一月二十五日、アメリカ本国参謀総長ドワイト・アイゼンハワーに送った電報では「天皇は全日本国民の統合の象徴である」と記して、天皇制及び昭和天皇を守ることを明らかにしました。

要は、かの過酷なＷＧＩＰですら、天皇制崩壊を画策することはなかった。それほど日本国民は結束していたし、この天皇制の問題だけは手を付けてはならないということをＷＧＩ

Ｐ関係者も弁えていた。そのように思われませんか、波多野先生。

波多野　ここで紹介しておきたいのは、後に占領軍でも働くことになる、前に出ましたヘレン・ミアーズが、昭和十七年（一九四二年）に纏めたレポートです。日本で翻訳、発行された『アメリカの鏡・日本』の前です。ミアーズは、「天皇は日本という国家家族の『優しい父親』として、精神的に国家を統一する役割をになっているのであり、それは政治的なものではない。…国民はいつでも天皇に服従するから連合国はそれを利用するのが良い」と述べています。天皇に対するこうした見方は、ＷＧＩＰにも確として引き継がれていたように思えます。

杉原　日本国民は、たとえ戦争に負けてアメリカ軍の占領下に入ったけれども、天皇にだけは手を付けさせないという点では、いかなる迷いも無く固く結束していた。そのため、全ての占領政策は、天皇制の存続を前提にしたものだった。そして天皇を敬うという日本人の心の在り方は、占領が終わった時点でも何ら変わっていなかった。

占領軍からは、究極には東京裁判を押し付けられ、「太平洋戦争史」という嘘の戦争史を押し付けられたけれども、日本国民は、ついに天皇制を守った訳です。だとしたら、主権回復の時点で昭和天皇は退位せず天皇のままでいた方が良いではないですか。退位しないことによって、私は日本側にもかの戦争に言い分があったのだということを明示することになる。

波多野　退位してしまえば、戦争の「大義」も失われてしまう。退位してしまえばかの戦争の「大義」も日本自らが否認したことになる。退位せず、譲位もしないのであれば、「大義」を語り続けるということができるという訳ですね。

杉原　そうです。かの戦争には、日本には語るべき「大義」があったんです。その「大義」を世界に向けて語りうるものだということを、保証していくためには、かの戦争で中心にいた天皇を退位させてはならないのです。事実、昭和天皇は退位しなかった。ということは日本には「大義」があったのだということの証明のために、昭和天皇は退位せず、生涯、天皇であり続けたのです。そういうことですね。

波多野　そうです。

杉原　話は少し逸れて申し訳ありませんが、私は昨年、令和二年に放映されたＮＨＫの連続テレビ小説「エール」を観ました。作曲家の古関裕而の伝記をなぞったものでした。古関裕而といえば軍歌の王ということで、戦前、戦中、多数の軍歌を作ってきました。その歌に誘われて戦地に行って亡くなった人も大勢いました。その戦争が負けたのです。戦争を煽ったのではないかと自責の念が出てきます。しかしついに戦禍の中から復興を目指して立ち上がる人を励ます歌を作曲するようになるんです。その古関に、昭和三十九年の国際オリンピックのオープニング曲の作曲の依頼が来ます。古関に作曲を依頼することに関係した人は、古関の才能を評価してそれのみで決定したと言うでしょうが、しかし戦前の軍歌を担当した人がオリンピックのオープニング曲を作曲したのだ、という意味が出てくることは必定でしょう。それを知った上で依頼したことには違いありません。

蓋し、何を言いたいのかといえば、かの戦争に日本として反省すべきところが多々あるものの、戦わざるをえないとして「大義」をもって戦った筈です。だとしたら、戦ったことを恥ずべきではありません。日本は一貫して戦い、一貫して負け、一貫して復興したのです。だから、日本復興の象徴たる東京オリンピックで、そのオープニング曲を古関に依頼したのは一つの日本の主張なのです。

波多野　文芸評論家の福田恒存は、昭和四十五年の時点ですが、かの戦争を過度に罪悪視し、戦争責任を追及する声が止まないのを憂いて、「真の日本の崩壊は、敗ける戦争を起こしたことにあったのではなく、また敗けた事にあったのではなく、その後で間違った過去を自ら否定することによって今や新しい曙が来ると思った事に始ったといへます。」（「世代の断絶といふ事」（『福田恒存全集（全六巻）』（文藝春秋　一九九八年）に収録）と書いたことがあります。大東亜戦争は罪悪だとして切り捨てることで過去と断絶を図ろうとする風潮に釘を刺し、戦争責任を過度に問う声を戒めている訳です。

杉原　私は昭和天皇に戦争責任がないとは言いません。開戦のとき、なぜ黙って認めたのかと言う以前に、昭和天皇の代に戦争が起こった、それだけで昭和天皇には十分に責任があります。

そして戦争の展開を見れば、大元帥としての昭和天皇は数々の誤った判断をしていることも確かです。

しかし、この戦争は絶対に勝てないのだと分かってからは、一人でも多くの日本国民を救おうとして終戦に取り組み、鈴木貫太郎に内閣総理大臣に就かせた。二人の協力のもと、一人でも多くの国民を助けるために早期の戦争終結を図った訳ですが、その助けようと思った国民の中には、天皇制を否定する共産党員も含まれていたと思うんです。

昭和天皇は最後のところで、日本における天皇の使命を果たしたのです。このことも昭和天皇が退位する必然はなかったということも言っておきたいのです。

つまりは、負けることが分かった以上は、一人でも多くの国民を救うのが日本における天皇の使命だったと私は思うんです。そして昭和天皇は最後のところでそのように動かれた。勝てない戦争ならば一刻でも早く戦争を止め、一人でも多く死ななくて済むようにしなければならないと行動された。そのように私は思うんです。それが鈴木内閣の時の昭和天皇の行動の基本だったんです。

このような天皇制の核となる皇室につき、平成十八年三月七日、日本会議主催で日本武道館で「皇室の伝統を守る一万人大会」が開かれました。このとき、ヘブライ大学名誉教授で、イスラエル日本学界名誉会長ベン・アミー・シロニーは次のようなメッセージを寄せました。日本の皇室を称える意味で紹介しておきます。

シロニー　皇室の伝統を守る一万人大会にお招きいただいたことを、光栄に存じます。本日、この大会にご参集の皆様方が、皇室のご繁栄と存続について、深い思いと熱意を傾けておられますことに、心より敬意を表します。日本国のみならず、世界全体にとりまして、類まれなる大切な皇室がいっそう繁栄し、皇位継承の適切な解決策が見出されますことを、心よりお祈り申し上げげ（ます）。

再び結論を言いますが、昭和天皇が終生、天皇であることによって、そのことによって日本人はこの戦争に最後には勝ったんです。そして吉田茂は昭和天皇の、主権回復時の退位を拒否することによって、唯一つだけれど、掛け替えのない功績があるのだといってよいということになります。

波多野　昭和二十二年（一九四七年）に、憲法普及会が新憲法の普及のため、『新しい憲法明るい生活』というパンフレットを国民に広く配布しました。その中に、「天皇を中心とした私たち国民が一つに結び合っているという昔からの国柄は少しも変わらないのであるから国体はかわらないといえるのである」とあります。この文章は金森徳次郎が書いたと言われますが、日本人の天皇に対する変わらぬ心持ちをよく表わしているのではないでしょうか。というところで、少し長くなりましたが、アメリカ軍に依る占領と戦後の日本というテーマの第三章は終わりにしましょう。

杉原　そうですね。ここまで語り合ったことは、一応、完結したものとして『吉田茂という病―日本が世界に帰ってくるか』という書名で単独の本として出版することになっていますね。この対談として、次には、その応用編として続編の話し合いに入っていかなければなりません。つまり『吉田茂という病―日本が世界に帰ってくるか』を本編として、その続編としての『続・吉田茂という病―日本が世界に帰ってくるか』に入っていかなければならないということです。

我々は、かの戦争は何であったのか、そして敗戦に基づく占領に対する吉田茂の不適切な対応に因って、日本は「吉田茂という病」に陥っていることを話し合った訳です。占領軍総司令部参謀第二部部長として辣腕を振るったチャールズ・A・ウィロビーが、一九七三年（昭和四十八年）の時点で出版した回顧録（延禎監修）『知られざる日本占領―ウィロビー回顧録』（番町書房　一九七三年）において、その冒頭で「私が第一にいいたいことは、太平洋戦争は行なわれるべきではなかった、ということである。米日は戦うべきではなかったのだ。日本は米軍にとっての本当の敵ではなかったし、米国は日本にとっての本当の敵ではなかったはずである」と揚言しています。

占領に関わって占領をした側で、このような客観的で透徹した総括が為されているのです。占領が終わってから約二〇年、今から見ればかなり前の言辞ですが、二一世紀の四半世紀が間もなく迫ろうとしている今日の時点から見て、益々、重みを増しているように思える言辞ではありませんか。

しかるに占領された側の日本は波多野先生が言われるように、「吉田茂という病」に罹ったままになっています。ウィロビーの言辞から言えば、戦うべきでないのに戦ったことにおいて、それ故にこそ、アメリカにあっても反省すべきことはありますが、特に日本にあっては原因を明治にまで遡ってまで究明しなければならないことを示唆しており、そしてかの戦争は占領と共に一体化して、つまり一つのものにして、追究しなければならないことを分からせてくれています。

我々二人が今回の戦争で、原因を明治にまで遡って追究したことは正しかったし、占領と一体にしてかの戦争を論じたのも正しかったと思います。

ここまでで我々の対談は基本的に終わる訳で、したがって、我々の語りたいことは基本的にはここまでで尽きているといえます。しかし我々の言おうとしていることを、読者によろしく理解してもらうためには、ここまでを本編とし、以後はこの本編の延長として位置付けて語り合い、言い換えれば本編の応用編として位置付けて語り合い、対談本としては『続・吉田茂という病－日本が世界に帰ってくるか』を出すことになっています。そこでまた語り合いましょう。そこでこの本編の延長の応用編として、「吉田茂という病」から齎されている最大の問題といえる憲法改正問題を語り合いましょう。そして、もし吉田茂が賢明で、占領に対して最高度に適切な対応をしていたら今の日本はどんなに変わっていたであろうかなどをも、分かり易く語り合っていこうということになっています。

波多野　そうですね。「吉田茂という病」の中からでしかものを見ることができなくなっている今日の日本の人たちにとっては、とても新鮮に聞こえる語り合いになるでしょうね。杉原先生、ありがとうございました。

（な）

（に）

（の）

（は）

（し）

（す）

（せ）

（え）

（お）

（か）

人名索引

【著者紹介】

杉原 誠四郎（すぎはら せいしろう）

昭和 16 年、広島県生まれ。城西大学、武蔵野女子大学（現武蔵野大学）教授歴任。現在、国際歴史論戦研究所会長。専門は教育学。東京大学大学院修士課程修了。修士(教育学)。著書に、『教育基本法－その制定過程と解釈』（協同出版）、『教育基本法の成立－「人格の完成」をめぐって』（日本評論社）『新教育基本法の意義と本質』（自由社）、『日本の神道・仏教と政教分離－そして宗教教育』（文化書房博文社）、『日米開戦以降の日本外交の研究』（亜紀書房）、『杉原千畝と日本の外務省』（大正出版）、『保守の使命』（自由社）など。

波多野澄雄（はたの すみお）

昭和 22 年、岐阜県生まれ。筑波大学名誉教授、国立公文書館アジア歴史資料センター長。専門は日本政治外交史。慶應義塾大学大学院法学研究科博士課程修了。博士（法学）。防衛庁防衛研修所戦史部（現・防衛省防衛研究所戦史研究センター）所員、筑波大学助教授、教授、副学長、ハーバード大学客員研究員などを経て現職。著書に、『幕僚たちの真珠湾』(朝日新聞社)、『太平洋戦争とアジア外交』（東京大学出版会)、『歴史としての日米安保条約』（岩波書店)、『国家と歴史』（中央公論新社)、『宰相　鈴木貫太郎の決断』（岩波書店）など。

吉田茂という病——日本が世界に帰ってくるか

令和3年12月20日　初版発行

著　　者　杉原誠四郎・波多野澄雄
発 行 所　株式会社 自由社
〒112-0005 東京都文京区水道2－6－3
TEL 03-5981-9170　FAX 03-5981-9171
発 行 者　植田剛彦
印　　刷　株式会社シナノパブリッシングプレス
装　　丁　有限会社来夢来人
写真提供　朝日新聞社

ISBN 978-4-908979-18-7　C0021　¥1200E
URL　http://www.jiyuusha.jp/　Email　soumu@jiyuusha.jp